此书的出版得到集美大学学术专著出版基金资助

国家社科基金
后期资助项目

社会的平民化变迁
与儒学变化
—— 对汉初儒学的一种审视

Social Transformation of the Populace and
the Changes of Confucianism
——A Study of Confucianism in the Early Han Dynasty

肖仕平 著

社会科学文献出版社
SOCIAL SCIENCES ACADEMIC PRESS (CHINA)

国家社科基金后期资助项目
出版说明

后期资助项目是国家社科基金设立的一类重要项目，旨在鼓励广大社科研究者潜心治学，支持基础研究多出优秀成果。它是经过严格评审，从接近完成的科研成果中遴选立项的。为扩大后期资助项目的影响，更好地推动学术发展，促进成果转化，全国哲学社会科学规划办公室按照"统一设计、统一标识、统一版式、形成系列"的总体要求，组织出版国家社科基金后期资助项目成果。

全国哲学社会科学规划办公室

内容简介

西周后期以来，贵族社会衰落，原为旧贵族所拥有的上层社会位置为平民所获取的现象越来越普遍，社会出现平民化走势；汉立政之初，当时的社会上层在成分来源上普遍出自平民，社会平民化的历史走势被推向顶点；在随后的王朝历史进程里，上层社会又逐步走向贵族化，并最终完成了它由平民化到贵族化的转变。本书以为，这两个阶段的社会结构变迁是我们理解汉初儒学思潮衰盛变化以及当时儒学思想自身嬗变的根据。

就儒学思潮的衰盛变化而言，汉政权建立之初，社会上层的平民构成造成平民意识凸显于社会，因同平民意识能相接榫，"黄老之说"流行开来，并成为汉初政治的实际指导思想。然而，随着汉初历史进程的推进，儒学亦渐兴盛：其一，随汉初社会的发展，社会上层开始了由平民化到贵族化的转变，社会上层原本具有的平民意识逐步减弱乃至终结，这造成当时以黄老学说为政治指导思想的这个来自统治层自身观念上的依据不复存在，它与上层社会的贵族化教育一道，最终催化出儒学官方思想地位的确立；其二，汉兴之后，平民化的社会背景亦提供儒学文化获得礼仪、器物、民风和教育等层面逐步兴起之契机，促成了儒学的全面复起。

就儒学思想自身所发生的变化而言，先秦的孔孟儒学具有鲜明的贵族性格，与之有别的是，在贵族社会瓦解、社会走向平民化的历史背景下，荀子给儒家学说添加了具有平民性格的思想因素，荀子此举削弱了儒学原有的贵族性格，开启了汉初儒学的发展方向。陆贾处于平民化气息最浓烈的汉初伊始时期，他使荀学所延续下来的儒学的平民性格成分走向极致。而在贾谊的思想里，作为当时上层社会走向贵族化这一时代特征的反映，贵族化思想成分开始被唤起。陆、贾之后的韩婴则倡导心性修养，重建"性善论"，他的学说是孔孟儒学贵族化历史乐章之回响。景武之际，汉初上层社会已经完成了贵族化转变，董仲舒因而有原本儒家传统所拥有的贵族性格的思想成分，但在西周后期开始的社会平民化所带来的君与民相对的新政治格局下，董仲舒的儒家思想也必须面向平民，他通过吸纳平民意识建立起以"天"为核心的新思想体系，在这个新体系中，他又将分别具有平民性格与贵族性格两种不同性格的儒学思想因素整合在一起，造成思想发展史上儒学面貌的改观。

目 录

引 言
——研究视角的确立 …………………………………………… 1

上篇 社会的平民化走向与汉初儒学思潮的兴起

第一章 社会的平民化走向与汉初乍始思想领域里儒家和黄老学的状况 …………………………………… 7

第一节 社会结构的演变：周秦以来贵族社会衰落的历史趋向 ……… 7
第二节 汉立政之初上层社会的平民构成状况及当时社会精神风貌 ………………………………………………… 13
第三节 汉初乍始儒学沉寂、黄老兴盛的思想状况 ……………… 23

第二章 汉初社会上层和执政人员思想的贵族化与政治上的儒术独尊 …………………………………………… 45

第一节 汉初社会上层的贵族化 ………………………………… 45
第二节 汉初中央政府执政人员成分构成上的平民性质之改变 …… 52
第三节 儒学官方思想地位之确立 ……………………………… 58

第三章 儒学文化在礼仪、器物、民风和教育层面的汉初复起 ……………………………………………… 73

第一节 儒学文化在礼仪和器物层面的复起 …………………… 73

第二节　儒家文化在民风层面的复起 …………………………… 84

第三节　知识精英了解和掌握儒学的风潮之形成 ……………… 94

下篇　社会的平民化走向与儒学思想的汉初演变

第一章　前提性问题的探讨
——从孔孟到荀学：先秦儒学的文化性格及其变化 …… 113

第一节　孔孟儒学：心性问题的提出与贵族精神 ……………… 113

第二节　荀学：儒学贵族性格之减弱与平民性格之加入 ……… 124

第二章　陆贾儒学：儒学平民性格成分的极致化 …………… 131

第一节　陆贾承接荀子的法家思想因素及弱化儒家贵族文化性格之
体现 …………………………………………………………… 133

第二节　陆贾承接荀子之"性""礼"思想及其儒家向平民性格
方向的推进 …………………………………………………… 137

第三节　陆贾思想中的黄老因素与平民文化性格成分的极致化 … 145

第三章　贾谊儒学：承接荀、陆之学与贵族性格
思想因素的重拾 ………………………………………… 149

第一节　贾谊对荀、陆平民文化性格思想因素的存续 ………… 150

第二节　贾谊重拾儒学的贵族思想因素 ………………………… 156

第四章　韩婴儒学：儒学贵族化乐章之历史回响 …………… 174

第一节　心性修养——韩婴著作中位置显著的话题 …………… 174

第二节　重建性善论——韩婴学说恢复孔孟儒学贵族精神的
突出表现 …………………………………………………… 188

第五章　董仲舒儒学：吸纳平民意识的儒学新体系与贵族、
平民两种性格思想因素的整合 ……………………… 194

第一节　新体系之儒学的建立与平民意识的吸纳 ……………… 196

第二节　董仲舒学说对贵族性思想成分的留存与贵族、平民两种
　　　　性格思想因素的整合 ………………………………… 209
结语：儒家的文化性格及其启示 …………………………… 217
附　录　文献综述 …………………………………………… 220
主要参考文献 ………………………………………………… 228
索　引 ………………………………………………………… 239
后　记 ………………………………………………………… 253

引 言
——研究视角的确立

  春秋末年以降，儒学渐成显学，但抵秦一代，秦的焚书坑儒使儒学受到从未有过的重创。汉兴，儒学得以恢复并渐渐走向兴盛。考量儒学在汉初的兴起，展示儒学在当时的一段独特呈现，对儒学史的研究来说，有重要意义。有鉴于此，本书着意于汉初儒学的探讨。

  诚如清代学者赵翼所言："秦汉间为天地一大变局。"[①] 春秋至秦汉，中国社会发生剧烈的变化，这种剧烈变化也伴随着社会结构的深刻改变。探讨儒学的汉初复兴这一课题，我们也不能不考虑社会结构改变对社会观念形态所造成的影响。

  需要指出的是，社会学家对社会结构的概念各有界说。有学者谓："迄今为止，社会学发展出了两种比较成熟的社会结构论。其一是美国社会学家帕森斯创立的社会系统论。……其二是马克思的社会结构论。"[②] 从社会学的角度看，马克思提出了成熟的社会结构论。马克思以生产力和生产关系之间的关系、经济基础和上层建筑之间的关系解释社会结构，这种社会结构理论的确为社会科学研究提供了十分有益的方法论。回顾思想史研究，马克思的社会结构理论作为研究方法已经带来丰富的理论成果，这些成果包括老一辈学人在这一方法指导下对汉初儒学的认识，侯外庐、杜国庠、赵纪彬等主编的《中国思想通史》以生产方式的历史变革为基础论述汉初儒学的发生及其面貌即属于此。这本《中国思想通史》以为，秦汉时期，"中国古代社会的经济构成正被封建社会的经济构成所代替"[③]，封建社会的经济基础需要相应的上层建筑，它由此看待汉初的董仲舒思想，评价董仲舒"不仅是中世纪神学思想的创造者，而且是封建制思想统制的发动者；不仅是中世纪正宗思想的理论家，而且是封建政治的实行家"[④]。依据同样的思想方法指导，冯友兰先生指出："在汉朝初年，中国社会需

---

 ① 赵翼撰《廿二史札记》，中国书店，1987年影印本，第31页。
 ② 张友琴等编《社会学概论》，科学出版社，2000，第323页。
 ③ 侯外庐、赵纪彬、杜国庠、邱汉生：《中国思想通史》（第2卷），人民出版社，1957，第3页。
 ④ 侯外庐、赵纪彬、杜国庠、邱汉生：《中国思想通史》（第2卷），第99页。

要一整套的上层建筑，也需要有一个具有这样广泛的哲学体系，这是那个时代的要求。"① 他亦由经济关系的变化看待董仲舒儒学的出现和王朝的统治思想选择。

除帕森斯的社会系统论和马克思的社会结构论外，我们看到，现代社会学家对社会结构仍有许多新的见解，这些见解也有值得我们重视的。美国社会学家布劳（Peter Blau）在《不平等和异质性》一书中用如下几个要素描述社会结构：不同的社会位置、社会位置占据者的数量以及位置分化对社会关系的作用。② 他以社会成员社会位置的改变作为他的社会学理论的关注点，联系到本书的论题，布劳所关注的社会成员位置的改变这种现象正广泛发生在春秋至汉初，尤其是秦汉之交的历史进程中，这样一种社会流动状况构成了这一时期鲜明的历史特征。

马克思的社会结构论面对极其宽广的社会领域——经济领域、政治领域和观念领域，它的视野是宏观的，相比之下，关注社会成员位置变化的社会结构论只能算作一种微观角度，然由这种微观的视角出发考察问题也未必毫无意义，因为不同的社会阶层有着互异的文化认同，③ 普遍的社会流动无疑会影响不同思想观念在社会意识舞台上的布局和变化。布劳从他所理解的社会结构入手进行理论创建，我们也借鉴他对社会结构概念的这种领会，尝试以特定历史时期所发生的人们社会位置的变更，亦即彼时社会垂直流动的普遍状况为视角，研究当时相应的社会思潮发生和变化之情形。本书《上篇》即以发生在春秋至秦汉历史时期的这样一种社会结构改变为视角展开研究，探讨在汉初社会，社会结构演变所带来的儒学思潮衰盛变化之具体面貌。

历史的嬗变带动思想的创新，汉初历史也不外于此。诚如前言，普遍的社会流动会影响不同思想观念在社会意识舞台上的布局和变化，其实，特定时代的思想还是当时时代脉搏的感受器，新一代思想家对旧理论的诠释创新都无可避免地被抹上相应的时代色彩。在汉初儒学思想家那里，儒学理论就呈现出它有别于以往的思想面貌，对此加以考察，当然更是汉初

---

① 冯友兰：《中国哲学史新编》（第3册），人民出版社，1985，第41页。
② 参见〔美〕布劳著《不平等和异质性》，王春光、谢圣赞译，中国社会科学出版社，1991，第1~3页。
③ 法国当代社会学家皮埃尔·布迪厄（Piere Bourdieu）认为，在文化与阶级之间存在一种相互强化的力量，由经济地位所区隔的阶级，不可避免地会在文化上产生系统的区隔；文化的区隔反过来也会产生阶级的结构，并使阶级之间的区隔形式化。（参见氏著 *Distinction*: *A Social Critique of the Judgment of Taste*〔Harvard University Press, 1984〕）

儒学这一研究课题所应该进行的工作。所以，除了探究儒学思潮在汉初社会衰盛变化的情形外，我们还审理当时的有关思想言说，研讨在特定社会结构背景下这一时期儒学所呈现出的面貌变化。本书的《下篇》同样以社会结构改变，亦即秦汉之际普遍的社会流动状况为视角，以儒学的自身思想发展为研究对象，探讨汉初社会结构演变给儒学思想本身留下的印记，由此诠释汉初儒学的演进轨迹。

　　本书研究汉初儒学，需要说明的是，对作为时段的"汉初"，史家的划分不很一致，不同标准划分出来的"汉初"互相之间甚至有近四十年的年代差距。① 不过，遍览各说，学界比较通行的做法基本上还是将刘邦建立政权的汉元年（公元前202年）到武帝即位（公元前140年）的这段历史界定为西汉初年。② 但如果兼以汉初国家意识形态的确立为考虑，也有学者将汉初的下限延伸到武帝元光元年（公元前134年），因为建元六年（公元前135年）窦太后卒，武帝任用好儒术的田蚡为相，并下诏将次年改元，是为元光元年，是年董仲舒上《天人三策》③，武帝采纳"罢黜百家、独尊儒术"的建议，确立儒家为治国指导思想。本书对通行的历史划分并无异议，但由于武帝的"罢黜百家、独尊儒术"正好构成了一个思想史的分期，故本书采此说。

---

① 如鲁同群的《略论汉初儒家知识分子》一文将"汉初"定义为由刘邦起事算起，将秦末农民起义及楚汉战争的六七年计算在内，到惠帝高后时期为止的三十多年〔见《南京师大学报（社会科学版）》2003年第2期〕，而大部分看法是将"汉初"的时段界定在由刘邦建立汉朝（公元前202年）到武帝即位的建元元年（公元前140年）或略后一些时间。

② 如金春峰写《汉代思想史》即采此说。（见氏著《汉代思想史》，中国社会科学出版社，1997，第262页）

③ 对于董仲舒对策之年有五种说法，计有建元元年说、建元五年说、元光元年二月说、元光元年五月说、元朔五年说。正确的应是元光元年五月，对此，业师周桂钿先生有详考，参见周桂钿《董学探微》，北京师范大学出版社，1989，第9～19页；周桂钿《秦汉思想史》，河北人民出版社，2000，第122～132页。陈苏镇先生亦有详释和补充，参见陈苏镇《汉代政治与〈春秋〉学》，中国广播电视大学出版社，2001，第213～219页。

上　篇

社会的平民化走向与汉初儒学思潮的兴起

汉初时期，儒学作为一种文化思潮历经由衰到盛的变化。

就具体历程看，汉政权初建时，黄老思潮在社会和政治领域占了主导地位，儒家思想则并未在王朝建立伊始就被政权全面接受，采纳为社会的统治思想。不仅如此，当彼之时，即使是儒学文化本身在社会领域也依然势弱。但随汉王朝的稳定，儒学竟逐渐兴盛，并最终在社会上全面复兴，为王朝所采纳。思想领域上的这种变迁是有着社会结构变化所蕴含的深刻原因的，为此，我们由细致研究社会结构上的变化入手，进而把握社会结构上的这种变化对儒学思潮起伏的微妙影响。

第一章 社会的平民化走向与汉初乍始思想领域里儒家和黄老学的状况

从社会结构角度探讨儒学思潮的盛衰变化，我们首先分析西周以降社会变迁引起的人们社会位置变更的态势，亦即彼时社会垂直流动的普遍状况，以此作为本文的切入点。

第一节 社会结构的演变：周秦以来贵族社会衰落的历史趋向

一

公元前11世纪，崛起于岐山脚下的周邦战胜商王朝，开始了周的统治。西周时代，虽如同以往也是万国并存，但是这些小国的构成以及周邦与小国的关系和夏商时代有所不同。夏商时代的方国由部落转换而来，而西周的各邦有的是从夏商方国延续下来，更多的则是由周王分封产生。《左传》《史记》等典籍有关于西周实施分封的记载：

> 昔武王克殷，成王靖四方，康王息民，并建母弟，以蕃屏周。①
>
> 昔武王克商，光有天下，其兄弟之国者十有五人，姬姓之国者四十人，皆举亲也。②
>
> 昔周公吊二叔之不咸，故封建亲戚以蕃屏周。管蔡郕霍，鲁卫毛聃，郜雍曹滕，毕原酆郇，文之昭也。邘晋应韩，武之穆也。凡蒋邢茅胙祭，周公之胤也。③
>
> （周公）兼制天下，立七十一国，姬姓独居五十三人。④
>
> 武王追思先圣王，乃褒封神农之后于焦，黄帝之后于祝，帝尧之

---

① 《左传·昭公二十六年》，杨伯峻编著《春秋左传注》，中华书局，1981，第1475页。
② 《左传·昭公二十八年》，杨伯峻编著《春秋左传注》，第1494~1495页。
③ 《左传·僖公二十四年》，杨伯峻编著《春秋左传注》，第420~423页。
④ 王先谦撰《荀子集解》卷四《儒效篇》，中华书局，1988，第114页。

后于蓟，帝舜之后于陈，大禹之后于杞。于是封功臣谋士，而师尚父为首封。封尚父于营丘，曰齐。封弟周公旦于曲阜，曰鲁。封召公奭于燕。封弟叔鲜于管，弟叔度于蔡。余各以次受封。①

分宗建国，"以蕃屏周"，与此相应，西周统治者又实行相应的宗法制度，宗法因结合分封制而完备。在宗法制下，周王为天子，王位由嫡长子继承，周天子为同姓贵族的最高族长，也是天下政治权力的共主。天子的众子分封为诸侯，其君位也由嫡长子继承，对天子言，同姓诸侯为"小宗"，而在其所封之国这些诸侯又为"大宗"。诸侯的嫡长子亦继承其位，为本国之祖，其庶子则分封出去为大夫，对诸侯言，卿大夫为"小宗"。大夫立家，其嫡长子继其位，卿大夫之下又还有许多并蒂的小宗。除周天子外，逐级分出去的"别子"，各是下一级"单位"之"祖"。《礼记·丧服小记》解释说：

> 王者禘其祖之所自出，以其祖配之，而立四庙。庶子王，亦如之。
> 别子为祖，继别为宗，继祢者为小宗。有五世而迁之宗，其继高祖者也。是故祖迁于上，宗易于下。尊祖而敬宗，敬宗所以尊祖祢也。庶子不祭祖者，明其宗也，庶子不为长子斩，不继祖与祢故也。……庶子不祭祖祢者，明其宗也。②

本朝、本国或本邑的创建者是为始"祖"，始祖之下的宗子即嫡长子、嫡长孙等，为"五世而迁之宗"。始祖的庙百世不迁，而各宗子只享有五世的祭祀，小宗五世则迁，小宗发生实际血缘约束关系的范围以五世为限，五世之后则要分宗，如此生生不息，小宗围绕在大宗周围，同姓之族围绕在小宗周围，形成一个组织严密的网络。

建立在这种组织间架上的宗法社会存在严格的等级制度，根据这种等级制度，我们大致上可以区分出两种不同的社会位置——处于社会上层的贵族和处于社会下层的平民。

一方面，在西周社会里有贵族阶级。当时的王族、公族、大夫家族都是贵族，此外，"士"一般也被认为是贵族，童书业先生以为，比起庶人、工商来，士能接受更高级的教育，他们是贵族。③ 顾颉刚先生说："吾国古

---

① 《史记》卷四《周本纪》，中华书局，1959，第127页。
② 朱彬撰《礼记训纂》卷十五《丧服小记》，中华书局，1996，第496~498页。
③ 童书业：《春秋左传研究》，上海人民出版社，1983，第123~124页。

第一章　社会的平民化走向与汉初乍始思想领域里儒家和黄老学的状况 <<<

代之士,皆武士也,士为低级之贵族,居于国中(即都城中——作者原注),有统驭平民之权力,亦有执干戈以卫社稷之义务。"① 余英时先生在《士与中国文化》里也同意此论。② 阎步克先生考察"士"形义源流,指出"士"作为一"包容较广的贵族通称",后来变成"贵族与官爵的最低级之称"③。综合他们所言,"士"是贵族中的最低等级。

另一方面,西周时期社会成员中有庶人、工商,《国语·鲁语下》公父文伯之母敬姜称:"自庶人以下,明而动,晦而休,无日以怠。"④ 这里的"庶人以下"包括了庶人、工商,他们是平民,属于社会的下层。⑤

在宗法制度下,贵族垄断了社会的政治和文化,而平民则无此种地位,贵族和平民具有的不同社会位置于此体现鲜明。

政治上,西周世族集团成员成为天子诸侯国的官员来源和政务执行人。当时的官制——"世官世袭制",就是按此设计的,对这种"世官世袭制",田昌五、臧知非先生言:

> 西周时代的世官制度的完整表述应是世族世官制,先有世族,后有世官,具体的官职可以因人而异,不一定父死子继,但某一官职一般地固定地由某一世族或地位相当的某几个世族世袭。如各国的执政卿包括周王国在内都出自几个强宗大族,人们往往称之为世卿制。世卿的前提则是世族,只要世族存在,其官职的高低虽然因种种原因会有所变动……但其官僚的地位则不会改变,并可以恢复其原来的职位。⑥

"世族"大致是大夫家族。"吾国春秋时代,各国大夫皆世袭守土,谓之世族,为当时各国实力所寄,时代之重心也。"⑦ 何怀宏曾根据这种"世官世

---

① 顾颉刚:《史林杂识初编》,中华书局,1963,第85页。
② 余英时:《士与中国文化》,上海人民出版社,1987,第3页。
③ 阎步克:《"士"形义源流衍变说略》,载《阎步克自选集》,广西师范大学出版社,1997,第192页。
④ 上海师范大学古籍整理研究所校点《国语》卷五《鲁语下》,上海古籍出版社,1998,第205页。
⑤ 何怀宏以为,春秋时期,"奴隶在当时人口中的比重和从业的广泛性、重要性还不如后来的秦和西汉。……奴隶并非当时社会生产的主体",见氏著《世袭社会及其解体:中国历史上的春秋时代》,生活·读书·新知三联书店,1993,第88页。本书赞同这一说法,故这里不谈奴隶。
⑥ 田昌五、臧知非:《周秦社会结构研究》,西北大学出版社,1996,第93页。
⑦ 孙曜:《春秋时代之世族》,上海中华书局,1931,第1页。

袭制"将西周春秋社会称为"世袭社会",他说:"在整个社会上层普遍存在着世袭的倾向,我们才可以称这一社会为世袭社会……在一个各种资源都联为一体并由上层控制的社会里,我们也足可以称这一社会为'世袭社会'了。"① 与他所认定的以后出现的选举社会相对,他将当时这种社会称为"世袭社会","世袭社会"的"世袭"隐含着政治资源为贵族垄断的意义,对当时的政治来说,"世袭社会"的称呼深得其要。

文化上,周文化也是贵族文化。与封建宗法制度相对应,周代的文化主要表现为"诗书礼乐",周的这种"诗书礼乐"代表一种贵族化的生活和行为方式。

二

宗法制下,贵族拥有政治、文化上的特权,是社会的主导,在社会位置上属于上等阶层。但由春秋起,宗法制衰落;春秋晚期,宗法制开始瓦解;延至战国时代,宗子和君主合一的宗法国家更不复存在。随着这种历史走势,不少原本属于上等社会阶层的贵族无法维持原有的社会位置,而许多原本为下等社会阶层的平民则向上流动,获得较高的社会位置。为此,我们具体考察春秋晚期至战国时期这种情形的大略表现。

就贵族一面看,从春秋晚期开始,越来越多的贵族失去了原有社会位置。《左传·昭公三年》中晋叔向谓"栾、郤、胥、原、狐、续、庆、伯,降在皂隶"。② 可见沦为平民的贵族并不少见。《诗经》中的一些句子对贵族失去地位、沦落异乡的情况也有反映,《小雅·小弁》说:"弁彼鸒斯,归飞提提。民莫不穀,我独于罹。"③ 作者在这里感叹自己的命运还比不上有巢可归的鸟儿,前程茫茫。《大雅·桑柔》说:"国步蔑资,天不我将;靡所止疑,云徂何往?"④ 作者描写亡国之人,奔走道途,不知所往。这些都反映出有一定身份地位的人被抛到社会底层这样一种时代变化情形。梁启超对当时贵族沦落为平民的情形做过如下概括:

> 若夫贵族平民两阶级,在春秋初期以前,盖划然不相逾,百姓与民对举,大夫、士与庶人对举……此局至孔子出生前后,已次第动

---

① 何怀宏:《世袭社会及其解体:中国历史上的春秋时代》,第 106~107 页。
② 杨伯峻编著《春秋左传注》,第 1236 页。
③ 朱熹注《诗经集传》,上海古籍出版社,1987 年影印本,第 94 页。
④ 朱熹注《诗经集传》,第 141 页。

第一章 社会的平民化走向与汉初乍始思想领域里儒家和黄老学的状况

摇……第一，小宗五世则迁，迁后便与平民等，故平民中含有公族血统者日益加多。第二，当时贵族平民互相通婚，故实际上两阶级界限颇难严辨。第三，各国因政变之结果，贵族降为平民者甚多……第四，外国移住民，多贵族之裔……①

此论很有见地。

由平民的一面看，贵族走上衰势之时，也是一些平民分子地位上升获取较高社会位置之际。

首先，围绕士所发生的变化可以集中显示这一点。在西周时期，士是贵族中的低级者，其身份是宗法性的。而从春秋后期开始，士不再是贵族的最低级层，它成了一个独立阶层，大批平民跻身其间，新兴的"士"不受职业限制，可以为农，可以务工，可以治学，可以入仕。《韩非子·外储说左上》说：

王登为中牟令，上言于襄主曰："中牟有士曰中章、胥己者，其身甚修，其学甚博，君何不举之？"主曰："子见之，我将为中大夫。"……王登一日而见二中大夫，予之田宅。中牟之人弃其田耘、卖宅圃而随文学者邑之半。②

这里的"襄主"为春秋末期的赵襄子，《韩非子·外储说左上》记载的这个故事尽管有夸大的成分，但是它反映出一般平民从学为士的现象。战国时期，脱离于宗法体系之外的"士""藏书策，习谈论，聚徒役，服文学而议说"③，他们掌握文化知识，活跃于社会的政治、文化舞台，其去留甚至可以影响各国的兴衰，"入楚楚重，出齐齐轻，为赵赵完，畔魏魏伤"④，当时的各国都不能不寄重于这样一批多出自平民阶层的士。

其次，在春秋封建时期，军事由贵族独享，贵族为采邑之地主，也为军队组成的成分，平民只为军队之附随，不直接参与军事活动。而春秋后期起，步战代替了车战，农民也被编入军队。由此，由军功得官的制度兴起，平民可以凭战功获得官职。战国时期，战争频繁，平民因军功得以擢升是习以为常的现象，孙膑、白起、乐毅、王翦等都为"白身

---

① 梁启超：《先秦政治思想史》，岳麓书社，2010，第53~54页。
② 王先慎撰《韩非子集解》，中华书局，1998，第280页。
③ 王先慎撰《韩非子集解》，第459页。
④ 刘盼遂著《论衡集解》卷十三《效力》，北京古籍出版社，1957，第269页。

而为将"① 的典型。

再次，因为宗法制的瓦解，春秋后期各国国君改变由宗族贵族中选拔官员的做法，本来"自古皆封建诸侯，各君其国，卿大夫亦世其官，成例相沿，视为固然"②，而西周晚期由一般平民转变来的士人被纳入官僚队伍里以适应繁杂细密程度远超过以往的政务。《左传·昭公二十八年》记：

> 秋，晋韩宣子卒，魏献子为政，分祁氏之田以为七县，分羊舌氏之田以为三县。司马弥牟为邬大夫，贾辛为祁大夫，司马乌为平陵大夫，魏戊为梗阳大夫，知徐吾为涂水大夫，韩固为马首大夫，孟丙为盂大夫，乐霄为铜鞮大夫，赵朝为平阳大夫，僚安为杨氏大夫。谓贾辛、司马乌为有力于王室，故举之。谓知徐吾、赵朝、韩固、魏戊，余子之不失职，能守业者也。其四人者，皆受县而后见于魏子，以贤举也。③

魏献子为十县任命的大夫中，"贾辛、司马乌为有力于王室，故举之"，这是因军功得官；知徐吾、赵朝、韩固、魏戊"能守业"，他们出自贵族家族；而司马弥牟、孟丙、乐霄、僚安无军功，又非贵族，来自"贤举"，这说明平民转变来的士人也开始步入政坛。战国时期官僚制普遍取代了世官制，更扩大了一般士人从政之门，我们看到当时平民相者也不少，著名者有：赵国的虞卿，魏国的李悝，齐国的邹忌，楚国的吴起，秦国的张仪、甘茂和蔡泽。

最后，工商业发展使得不少平民经济富有，《史记·货殖列传》所记春秋战国因经商致富者无一人是贵族。平民又因富而贵，《史记·货殖列传》称孔子的学生子贡致富后，"所至，国君无不分庭与之抗礼。夫使孔子名布扬于天下者，子贡先后之也。此所谓得势而益彰乎？"④ 工商业的发达提高了平民的地位。

不过，尽管出现以上变化，西周后期直至战国时期贵族社会仍然存在。战国时，世官世袭制、宗族贵族所享有的特权也依然有残留之处，秦国、燕国和楚国是由旧贵族直接传承而来，而三晋、齐国是以往贵族

---

① 赵翼撰《廿二史札记》，第 31～32 页。
② 赵翼撰《廿二史札记》，第 31 页。
③ 杨伯峻编著《春秋左传注》，第 1493～1494 页。
④ 《史记》卷一百二十九《货殖列传》，第 3258 页。

化家为国所致。无论是前者还是后者，旧的宗法贵族都没有完全退出历史舞台，国君仍是贵族，社会上也依然有贵族宗室，作为西周宗法制重要特征的世族世官的现象依然可见，田昌五、臧知非先生说："大体说来，在商鞅变法后的秦国，以军功之士比重较大，在东方六国，文士和宗室贵族比重则较大。宗室贵族为官是世官世袭制的遗存，在战国初年较大，以后随时间推移，则逐步减少，呈递减趋势。"①

公元前221年，秦统一列国，秦的统一也涤荡了各国的宗族贵族残迹。楚怀王孙心曾被项梁立为王，此前他却流落到民间，为人牧羊，② 这大概是六国旧贵族彻底没落的典型写照。不过，在一统天下的秦帝国，大秦王室也还是上古遗留下来的贵族宗室，所以，即使是贵族社会走向衰落，一些平民的社会位置逐渐上升，但在战国以后的秦代社会，贵族社会仍一息尚存。

汉的建立，使承自西周的贵族社会终告结束。

第二节　汉立政之初上层社会的平民构成状况及当时社会精神风貌

一

总体上看，西周后期以来，原为旧贵族所拥有的上层的社会位置被平民所获取的现象越来越普遍，贵族社会衰落，对此，我们把这一历史总体趋势称为社会的平民化走向。就汉代社会而言，汉初就是延续着以往这一平民化走向而来的，相对于在此之前的春秋宗法贵族社会及仍有宗法贵族社会流风余韵的战国时期社会，社会结构的此种变化给汉兴之后一段时期的社会带来特殊之处。本节试对这种特殊之处加以探讨，借此揭橥在社会心理倾向方面，汉初乍始时期平民化走向带给社会的影响，以继续本书的探讨。

---

① 田昌五、臧知非：《周秦社会结构研究》，第295页。
② 《史记》载："居鄹人范增……往说项梁曰：'陈胜败固当。夫秦灭六国，楚最无罪。自怀王入秦不反，楚人怜之至今，故楚南公曰："楚虽三户，亡秦必楚也。"'今陈胜首事，不立楚后而自立，其势不长。今君起江东，楚蜂午之将皆争附君者，以君世世楚将，为能复立楚之后也。'于是项梁然其言，乃求楚怀王孙心民间，为人牧羊，立以为楚怀王，从民所望也。"这段记载中提到楚怀王孙心流落到民间，为人牧羊。(《史记》卷七《项羽本纪》，第300页)

>>> 社会的平民化变迁与儒学变化

按照通常的社会分层状况，平民是处于社会下层的，而在汉兴之后一段时期，除了仍维持着一个平民组成的社会下层外，社会上层成员也多来源于以往的平民。原来的平民，特别是一些下层平民在汉初社会占尽风光，当时的这种变化形成了汉初早期上层社会普遍的平民构成状况。同以往相较，这是社会结构上发生的一次质变。对此，我们不妨结合相关史料、史评作进一步的检视。

首先，汉初中央政府的执政人员主要出自以往的平民。

赵翼《廿二史札记》中对汉初统治层的人员情况作过说明，他称：

> 汉初诸臣，惟张良出身最贵，韩相之子也。其次则张苍，秦御史，叔孙通秦待诏博士，次则萧何沛主吏掾，曹参狱掾，任敖狱吏，周苛泗水卒史，傅宽魏骑将，申屠嘉材官，其余陈平、王陵、陆贾、郦商、郦食其、夏侯婴等皆白徒，樊哙则屠狗者，周勃则织薄曲吹箫给丧事者，灌婴贩缯者，娄敬挽车者。一时人才皆出其中，致身将相，前此所未有也。①

除张良、张苍和叔孙通，构成新王朝统治层的其他成员为小吏、市井人物。新王朝统治层的主体由原来属于下层社会位置的平民组成，这一情况也为钱穆所注意，钱穆在《国史大纲》中写道：

> 高祖父称太公，无名。母曰刘媪，并亡其姓。高祖行三，故曰刘季，既有天下，因名邦。一时群臣，如萧何为沛主吏掾，曹参为狱掾，任敖狱吏，周苛泗水卒史，申屠嘉材官，陈平、王陵、陆贾、郦商等皆白徒，周勃织薄曲吹箫给丧事，樊哙屠狗，灌婴贩缯，娄敬挽车，惟张良为韩相贵胄。汉初王后多出微贱……②

依凭统治阶层的来源和成分大都出自下层平民，钱穆称汉初政权为"平民政府"③。

其次，被赋予较高社会地位的其他非执政的社会上流人物也由原先的平民构成。

至汉，先秦贵族已经完全失去了其本有的社会力量和社会地位，其社

---

① 赵翼撰《廿二史札记》，第31页。
② 钱穆：《国史大纲》（上册），商务印书馆，1994，第128页。
③ 钱穆：《国史大纲》（上册），第128页。另，牟宗三亦指汉政权为平民政府，见氏著《历史哲学》，（台湾）学生书局，1988，第256~257页。

第一章 社会的平民化走向与汉初乍始思想领域里儒家和黄老学的状况 <<<

会位置由另一批新贵取代。汉初中央政府组成人员一般都是被刘邦封赏高爵的功臣，自然，他们已经步入了上层社会，然而，他们之外的那些未成为中央政府执政人员的上流社会人物又是怎样的呢？

刘邦定天下后，大封同姓及功臣，从高祖即位至十二年，共计封了一百五十三个侯。前文提及的汉王朝中央政府执政人员有不少是出自这些侯的，不过，并非所有被封者都进入了王朝的仕宦队伍，成为高官只是他们中的一部分，而未成为中央政府执政人员的列侯同样也是社会的上流人物。我们讨论一下未掌王朝权力的这一部分被封侯者的情况。

刘邦建汉后明言："非刘氏不得王，非有功不得侯。"① 所谓有功，大体上是军功，当时的受封者是通过军功晋升到社会上层的。刘邦又曾自称："吾以布衣提三尺剑取天下。"② "布衣"即是平民。物以类聚，人以群分，刘邦队伍的组成人员也绝大多数是与他一样出于同一社会阶层的下层平民。《汉书·高惠高后文功臣表》中记载的封侯者中，只有张良是故韩贵族，其他人看不出是贵族，应主要是平民。张良是汉政权的执政人员，不在我们这里所讨论的这一部分列侯范围内，就此，我们可以认为，未成为王朝官员的汉侯大体上也是出自平民的。

除上述被封高爵者外，汉初还有一个由原刘邦军队中吏卒形成的社会阶层。汉政府一直把优待军功将士作为政府政策，故对吏卒进行军功授爵。汉从秦实行军功爵制，汉分二十等爵级，"一级曰公士，二上造，三簪袅，四不更，五大夫，六官大夫，七公大夫，八公乘，九五大夫，十左庶长，十一右庶长，十二左更，十三中更，十四右更，十五少上造，十六大上造，十七驷车庶长，十八大庶长，十九关内侯，二十彻侯"。③

朱绍侯先生曾结合张家山出土汉简《二年律令》的研究，更进一步指出在西汉初年二十等爵级的军功爵又分为侯级爵、卿级爵、大夫级爵、小爵四大等级，它与刘劭《爵制》中所提到的四个等级基本吻合。其中，十九级关内侯，二十级彻侯为侯级爵；十级左庶长，十一级右庶长，十二级左更，十三级中更，十四级右更，十五级少上造，十六级大上造，十七级驷车庶长，十八级大庶长为卿级爵；五级大夫，六级官大夫，七级公大夫，八级公乘，九级五大夫为大夫级爵；一级公士，二级上造，三级簪袅，四

---

① 《史记》卷五十七《绛侯周勃世家》，第2077页。
② 《史记》卷八《高祖本纪》，第391页。
③ 《汉书》卷十九上《百官公卿表》，中华书局，1962，第739~740页。

级不更为小爵。①

刘邦于高帝五年下诏赐所有军吏卒爵位，《汉初·高帝纪下》记高帝五年五月诏，诏言：

> ……军吏卒会赦，其亡罪而亡爵及不满大夫者，皆赐爵为大夫。故大夫以上赐爵各一级，其七大夫以上，皆令食邑，非七大夫以下，皆复其身及户，勿事。②

大夫为第五等爵，参与刘邦创业的军人都得到了第五等爵之大夫的爵位。诏书还说道：

> 七大夫、公乘以上，皆高爵也。诸侯子及从军归者，甚多高爵，吾数诏吏先与田宅，及所当求于吏者，亟与。爵或人君，上所尊礼，久立吏前，曾不为决，甚亡谓也。……今吾于爵非轻也，吏独安取此！且法以有功劳行田宅，今小吏未尝从军者多满，而有功者顾不得，背公立私，守尉长吏教训甚不善。其令诸吏善遇高爵，称吾意。且廉问，有不知吾诏者，以重论之。③

这里谈到"诸侯子及从军归者，甚多高爵"，刘邦又严令地方官吏执行对有爵军吏卒的封赏，刘邦这一政策的落实造就这些军吏卒获得比较高的社会地位，从而使他们普遍进入了较高的社会阶层。朱绍侯通过对张家山汉简《二年律令》的研究就得出这样的结论：

> 根据《二年律令》的珍贵资料，从经济价值、政治价值、以爵赎人、赎罪等方面来看，军功爵制在西汉初年仍具有真实的价值。……西汉初年各级军功爵受田宅的具体数量、爵制与官级的对比关系、一级爵可以免死罪一人等是前所未见的资料。因军功受田宅制实际上就是名田制，汉政府就是通过名田制培植了一大批大、中、小军功地主

---

① 朱绍侯：《西汉初年军功爵制的等级划分——〈二年律令〉与军功爵制研究之一》，《河南大学学报（社会科学版）》2002 年第 5 期。高敏：《从〈二年律令〉看西汉前期的赐爵制度》，《文物》2002 年第 9 期。另外，李均明的《张家山汉简所反映的二十等爵制》（《中国史研究》2002 年第 2 期），对张家山汉简中所反映的爵位的拜赐与削夺、继承与转移以及爵位对实施刑罚的影响等问题作了详细的阐述，可以使我们对汉初军功爵级问题有更多的了解。
② 《汉书》卷一下《高帝纪下》，第 54 页。
③ 《汉书》卷一下《高帝纪下》，第 54～55 页。

第一章 社会的平民化走向与汉初乍始思想领域里儒家和黄老学的状况 <<<

和大量的自耕农。故说汉初是军功地主的天下，是有事实根据的。①

学者李开元更肯定："西汉初年，出现了一个新的社会阶层，即汉初军功受益阶层。这个社会阶层，是由创建西汉王朝的刘邦政治军事集团转化而来的，其主要成员，乃是刘邦集团的将校吏卒及其家属。……他们得到大量的爵位、田宅财产及特权，形成了一个以军功爵为基础的，拥有强大的政治势力，雄厚的经济力量，高等的社会身份的新的统治阶层。"② 论及来源，这些军吏卒当然也主要来自于原来的平民阶层。这种情形一直延续到汉初文景之际，故司马迁说："自汉兴至孝文二十余年，会天下初定，将相公卿皆军吏。"③

原先的平民进入汉社会上层，虽然这些上层人物已经脱离了原来的社会地位，成了新王朝的新贵族，但是他们的出生、经历遗留给他们大量的平民意识和固有的平民生活方式，所以，地位上属于新贵，但总体说来，在思想观念、行为作风上，他们仍属平民。这正如《格调：社会等级与生活品味》一书的中文《译者前言》所说："一个人可以在一夜之间暴富，但却不能在一夜之间改变自己的生活格调。这就是我们今天为什么经常看到腰缠万贯的富豪，其举止和品味还保持着昨日'贫民劳动者'的本色。"④

通过以上分析，我们确可见汉立政之初社会上层的平民性。

上节已叙，贵族社会由昌而衰，秦时已临近败灭。汉的建立则使上古遗留下来的贵族宗室彻底完结，以往贵族社会的历史乐章终于被打上休止符。

二

社会结构变了，社会意识也随之改变。上述变化促成了三种群体意识——贵族意识、平民意识、游民意识在社会上的此消彼长，引起社会心理普遍倾向之嬗变：一方面，社会的平民化造成贵族意识随贵族社会崩溃而告别于上层社会；另一方面，平民意识以至平民中的游民所具有的游民

---

① 朱绍侯：《从〈二年律令〉看汉初二十级军功爵的价值——〈二年律令〉与军功爵制研究之四》，《河南大学学报（社会科学版）》2003年第2期。
② 李开元：《汉帝国的建立与刘邦集团——军功受益阶层研究》，生活·读书·新知三联书店，2000，第59页。
③ 《史记》卷九十六《张丞相列传》，第2681页。
④ 保罗·福塞尔：《格调：社会等级与生活品味》，梁丽真、乐涛、石涛译，广西人民出版社，2002，前言第15页。

意识因社会成员成分构成上的平民性质而凸显于社会。

就此，让我们从贵族意识谈起。

一般来说，在不同的历史时期，上层阶级都会有意无意地生产一些带有文化标识且能被认为是代表社会上层生活方式的产品，甚至有学者就直截了当地指出："上层阶级的人们发展出排他性的消费模式用来表达和巩固本阶级成员的地位。"① 回顾历史，中国周代社会尤其如此。就贵族阶级精神风范在社会上变化的情形而言，西周以来的贵族社会确实具有一套特殊的生活方式、社会规范，以及长期在这种生活方式中养成的精神风貌。应该指出，周代贵族精神的形成可溯源于西周时期特殊的贵族教育，西周贵族男女从小就要接受一套严格的文化教养，《礼记》对此有载，《礼记·内则》说：

> 子能食食，教以右手。能言，男唯女俞。男鞶革，女鞶丝。
>
> 六年，教之数与方名。七年，男女不同席，不共食。八年，出入门户及即席饮食，必后长者，始教之让。九年，教之数日。十年，出就外傅，居宿于外，学书计。衣不帛襦袴。礼帅初，朝夕学幼仪，请肄简谅。十有三年，学乐，诵诗，舞《勺》。成童，舞《象》，学射御。二十而冠，始学礼，可以衣裘帛，舞《大夏》，惇行孝弟，博学不教，内而不出……
>
> 女子十年不出。姆教婉、娩、听从，执麻、枲，治丝、茧、织纴、组、紃，学女事，以共衣服。观于祭祀，纳酒浆、笾豆、菹醢，礼相助奠。
>
> 十有五而笄，二十而嫁。有故，二十三而嫁。
>
> 聘则为妻，奔则为妾。凡女拜，尚右手。②

在这套严格的教育中，贵族男子当学六艺。早期的贵族教育文武不分，《内则》所谓"学射御"即为武事，但随文明的发展，其"文"的色彩与日俱增。《礼记·王制》称乐正"顺先王《诗》、《书》、《礼》、《乐》以造士，春秋教以《礼》、《乐》，冬夏教以《诗》、《书》"，③《礼记·文王世

---

① 约翰·R. 霍尔、玛丽·乔·尼兹著《文化：社会学的视野》，周晓虹、徐彬译，商务印书馆，2004，第236页。
② 朱彬撰《礼记训纂》卷十二《内则》，第440~442页。
③ 朱彬撰《礼记训纂》卷五《王制》，第195页。

第一章 社会的平民化走向与汉初乍始思想领域里儒家和黄老学的状况

子》说:"鼖宗秋学《礼》,执《礼》者诏之;冬读《书》,典《书》者诏之。"① 礼乐是维系贵族社会的纽带,为贵族所必须掌握,诗书则与礼乐是相辅相成的。

诗书礼乐的教育给西周贵族带来特定的意识方式和行为习惯,形成他们特殊的精神表现。春秋时期,这种诗书礼乐教育极被贵族重视,如鲁国大夫闵子马曾说:"夫学,殖也。不学将落。"② 晋国大夫胥臣也对晋文公说:"胡为文,益其质。故人生而学,非学不入。"③ 而晋卿范献子"适鲁而名其二讳,为笑焉"后,不仅自责"唯不学也",还"遍戒其所知曰:'人不可以不学。……人之有学也,犹木之有枝叶也。木有枝叶,犹庇荫人,而况君子之学乎?'"④

不少论者都专门谈到春秋时期的贵族精神风貌,如何怀宏先生说:

> 中国古代的等级礼制的独特之处在于:其理想形态含有一种精致、文雅和细腻的意蕴,即孔子所谓"文质彬彬"下的"彬彬有礼"。春秋时代的世家贵族们在某种程度上表现了这种意蕴。……他们的一言、一行、一举手、一投足,揖让进退、歌吟(原文"吟"当系误字,故改为"吟"字——笔者注)讽咏,俨然就像是一种艺术品。……令人印象最深的还是从那生活中最终凝结成形的一些突出人格和德性。⑤

这指出了春秋贵族遵奉礼仪、尊崇人格和德性的精神风貌。钱穆先生评价说:

> 春秋二百四十二年,一方面是一个极混乱嚣张的时期;但另一方面,则古代的贵族文化,实到春秋而发展到它的最高点。春秋时代常为后世所想慕与敬重。春秋时代,实可说是中国古代贵族文化已发展到一种极优美、极高尚、极细腻雅致的时代。⑥

春秋是贵族社会发展的鼎盛时期,也是贵族精神风范展示得淋漓尽致的时代。战国时期,贵族社会难以再表现出春秋时代那样鲜明和纯粹的贵族精神,但是此时的贵族依然要接受文化教养,在贵族内部,礼仪受到重视,仁义忠孝

---

① 朱彬撰《礼记训纂》卷八《文王世子》,第315页。
② 《左传·昭公十八年》,杨伯峻编著《春秋左传注》,第1395页。
③ 上海师范大学古籍整理研究所校点《国语》卷十《晋语四》,第387页。
④ 《国语》卷十九《晋语九》,第487页。
⑤ 何怀宏:《世袭社会及其解体:中国历史上的春秋时代》,第140~141页。
⑥ 钱穆:《国史大纲》(上册),第69页。

等也还是被认可的规范。即使在被人指为"不识礼义德行。苟有利焉，不顾亲戚兄弟"①的秦国，不仅礼乐仪制是贵族所讲究的，而且贵族之间交往也依然以礼义忠孝为思想准据。秦廷先后就制定了不少仪则，如秦始皇定"皇帝"名号，封禅望祭山川；秦二世"增始皇寝庙牺牲及山川百祀之礼"②；秦始皇的长子扶苏笃行仁义，坚执孝道，以致赵高、二世在沙丘政变后利用扶苏这一点，诱其自杀，赵高伪造始皇诏书，言"扶苏为人子不孝，其赐剑以自裁"，而扶苏最终亦以"父而赐子死，尚安复请"③之由自杀。秦始皇的另一子公子高，为避免"为人子不孝，为人臣不忠"④的罪名要求从秦始皇死。此外，赵高游说李斯拥立胡亥时，赞胡亥"慈仁笃厚，轻财重士，辩于心而诎于口，尽礼敬士"⑤，赵高唆使胡亥篡位，胡亥先以古代经典中的道理回复：

> 废兄而立弟，是不义也；不奉父诏而畏死，是不孝也；能薄而材谫，强因人之功，是不能也：三者逆德，天下不服，身殆倾危，社稷不血食。⑥

所谓"不义""不孝""逆德"，都是典型的传统贵族观念。"社稷不血食"则是贵族的祭祀之礼。对胡亥的这番言论，赵高亦以代表贵族文化的传统典籍加以诱导：

> 臣闻汤、武杀其主，天下称义焉，不为不忠。卫君杀其父，而卫国载其德，孔子著之，不为不孝。夫大行不小谨，盛德不辞让，乡曲各有宜而百官不同功。故顾小而忘大，后必有害；孤疑犹豫，后必有悔。断而敢行，鬼神避之，后有成功。愿子遂之！⑦

赵高此言一则引《春秋》之义，二则以孔子为据。同样，赵高说服李斯同谋篡位谋杀二世，推子婴就位时，又称"更立公子婴，子婴仁俭，百姓皆载其言"⑧。李斯也曾在劝谏二世时以儒经为据。他说："放弃《诗》、《书》，极

---

① 《史记》卷四十四《魏世家》，第1857页。
② 《史记》卷六《秦始皇本纪》，第266页。
③ 《史记》卷八十七《李斯列传》，第2551页。
④ 《史记》卷八十七《李斯列传》，第2551页。
⑤ 《史记》卷八十七《李斯列传》，第2550页。
⑥ 《史记》卷八十七《李斯列传》，第2548~2549页。
⑦ 《史记》卷八十七《李斯列传》，第2549页。
⑧ 《史记》卷六《秦始皇本纪》，第274页。

第一章 社会的平民化走向与汉初乍始思想领域里儒家和黄老学的状况

意声色,祖伊所以惧也;轻积细过,恣心长夜,纣所以亡也。"① 当时,天下不得藏《诗》《书》百家语,但李斯却是劝谕二世当重视《诗》《书》。很显然,这表明在秦宫廷贵族中依然以《诗》《书》为教。任继愈先生主编的《中国哲学发展史》言:"秦始皇治理黔首用刑法,教育太子、贵族则用礼义;对群众用愚民政策,对统治者则采用儒家教化。"② 所言甚是。

贵族社会随秦王朝的崩溃而衰亡,对社会成员成分来源上由广泛的平民组成的西汉初期社会来说,贵族精神也就被彻底稀释,最终隐没于当时社会上强劲的平民意识、游民意识之中。

春秋末期教育下移,一般平民也有机会从师受学,但能得到这种机会的平民仍属少数,对大部分平民来说,他们还是难以领受诗书礼乐为内容的那样一番文化教养,也难以受到贵族文化气息的熏陶,加之秦于始皇三十四年(公元前213年)缴烧"《诗》、《书》、百家语"③,关闭私学,所以,总体上说,诗书礼乐在当时多数平民的思想触及面之外。平民缺乏文化教养,比起贵族阶级来,他们有重实际、求朴实的心理特征。④

在心理和思想特征上,掌握上层权力的汉初平民统治者还更有一层特殊之处。文化名人杜亚泉谈到中国的"游民"问题,他把"无劳动之地位,或为不正则之劳动者"归为"游民",他说:"我国之兵即此过剩的劳动者之一种。他如地棍、流氓、盗贼、乞丐之类,亦属之。"⑤ 王学泰先生对"游民文化"有更全面的研究,他将"脱离当时社会秩序的约束与庇护,游荡于城镇之间"⑥ 的人指为游民。可以说,"游民"是平民中的边缘人物,汉初执政集团中的平民分子不少应属于这种"游民",具有游民思想心理。

《史记·高祖本纪》称起事前的刘邦"不事家人生产作业。及壮,试为吏,为泗水亭长,廷中吏无所不狎侮。好酒及色"⑦。《管子·治国》说:

---

① 《史记》卷二十四《乐书》,第1177页。
② 任继愈主编《中国哲学发展史》(秦汉卷),人民出版社,1985,第79页。
③ 《史记》卷六《秦始皇本纪》,第255页。
④ 牟宗三在其《历史哲学》里有"平民之现实性与朴实性"语,认现实性与朴实性为平民精神特征,见氏著《历史哲学》,第257页。
⑤ 伧父(杜亚泉)《中国政治革命不成就及社会革命不发生之原因》,《东方杂志》1919年第16卷第4号。又见田建业等选编《杜亚泉文选》,华东师范大学出版社,1993,第397页。
⑥ 王学泰著《游民文化与中国社会》,学苑出版社,1999,第143页。
⑦ 《史记》卷八《高帝本纪》,第342~343页。

>>> 社会的平民化变迁与儒学变化

"凡为国之急者，必先禁末作文巧，末作文巧禁，则民无所游食。"① 耕种是传统社会的"本"业。"不事家人生产作业"，"试为吏，为泗水亭长"，这些记载表现出他谋求的是"不正则之劳动"，刘邦是活脱脱的游民。刘邦集团中的不少重要人物也是这样一类游民，如为狱掾的曹参，当狱吏的任敖，做卒史的周苛，任材官的申屠嘉，织薄曲吹箫给丧事的周勃，屠狗的樊哙，贩缯的灌婴，挽车的娄敬以及"不事家生产"② 的陈平。杜亚泉概括游民文化特征为"尚豪放，喜游侠、不受拘束、不治生计、嫉恶官府、仇视富豪"③，王学泰称游民"不理会秩序，欢迎冲突，甚至欢迎剧烈的社会冲突和社会动乱"④，杜亚泉、王学泰的概括指出的也正是游民的普遍心理倾向。《史记·项羽本纪》载：

> ……（项羽）为高俎，置太公其上，告汉王曰："今不急下，吾烹太公。"汉王曰："吾与项羽俱北面受命怀王，曰'约为兄弟'，吾翁即若翁。必欲烹乃翁，则幸分我一杯羹。"⑤

刘邦在这里表现得不顾人伦，毫无人子之情，再结合《史记》《汉书》对刘邦和他周围流民出身的骨干分子行为举止的描写，我们看到刘邦集团里的这些游民确实有豪放、散漫的行事特点和不受拘束、蔑视规范的思想性格。汉三年，刘邦被项羽围于荥阳时，陈平对刘邦说：

> 项王为人，恭敬爱人，士之廉节好礼者多归之。至于行功爵邑，重之，士亦以此不附。今大王慢而少礼，士之廉节者不来。⑥

高帝五年，高起、王陵也说："陛下慢而侮人，项羽仁而爱人。"⑦ 两个说法意思接近，正是我们了解刘邦集团游民性格的极好资料。项羽与刘邦的文化性格完全不同，项羽能吸引和会聚"廉节好礼"的士人，物以类聚，人以群分。项羽原来就是楚国的贵族世家子弟，修持守礼是他的积习，所以他能聚合相同秉性者，而刘邦对贵族社会的礼法节文不以为然，因此归

---

① 戴望著《管子校正》，《诸子集成》（第5册），上海书店出版社，1986年影印本，第261页。
② 《史记》卷五十六《陈丞相世家》，第2051页。
③ 参见伧父（杜亚泉）《中国政治革命不成就及社会革命不发生之原因》。
④ 王学泰：《游民文化与中国社会》，第143页。
⑤ 《史记》卷七《项羽本纪》，第327~328页。
⑥ 《史记》卷五十六《陈丞相世家》，第2055页。
⑦ 《史记》卷八《高帝本纪》，第381页。

附他的人员也大多与他有相同的游民品性。

在贵族精神消失的同时,平民,甚至是平民中的游民在汉立政之初获取了较高的社会位置,形成社会成分构成上普遍的平民性,这样,重实际、求朴实的平民意识也就广泛显现于社会层面,不仅如此,一种为特殊的平民——游民——所具有的、由平民意识畸变而来的群体心理——游民意识亦广布于上层社会。故我们可以断言,在汉初乍始,平民意识、游民意识使整个社会在价值取向、行为风格等方面表现出特殊风貌。

第三节 汉初乍始儒学沉寂、黄老兴盛的思想状况

贵族精神的消失,平民、游民意识在汉初社会的凸显,当时社会具有的这一特征直接影响着汉初乍始时的社会思想状况。

一

在汉王朝建立之始,儒学沉寂,黄老兴盛。

儒学与黄老的这一反差非常鲜明,它既体现在两者作为两种社会思潮活跃程度的不同上,也显示在两者是否成为政治指导思想的情形上。

就两者作为社会思潮活跃程度的不同而言。

虽然《汉书·儒林传》曾说:"及高皇帝诛项籍,引兵围鲁,鲁中诸儒尚讲诵习礼,弦歌之音不绝……于是诸儒始得修其经学,讲习大射乡饮之礼。"① 但这里所指涉只是久有重视儒学传统的局部性地域,总体上看,儒学并未在社会上兴盛起来。大致上说,在文帝当政之后儒学才有较大起色。刘歆于哀帝建平元年(公元前 6 年),上《移让太常博士书》,该文谈到汉初儒学状况时称:

> 汉兴,去圣帝明王遐远,仲尼之道又绝,法度无所因袭。时独有一叔孙通略定礼仪,天下唯有《易》卜,未有它书。至孝惠之世,乃除挟书之律,然公卿大臣绛、灌之属咸介胄武夫,莫以为意。至孝文皇帝,始使掌故朝错从伏生受《尚书》。《尚书》初出于屋壁,朽折散绝,今其书见在,时师传读而已。《诗》始萌牙。天下众书往往颇出,皆诸子传说,犹广立于学宫,为置博士。在汉朝之儒,唯贾生而已。至孝武皇帝,然后邹、

---

① 《汉书》卷八十八《儒林传》,第 3592 页。

> 鲁、梁、赵颇有《诗》、《礼》、《春秋》先师，皆起于建元之间。①

有论者以为这段文字并没有准确地反映汉初儒家一脉的学术活动和发展状况，如，皮锡瑞曾说："歆欲兴古文，故极诋今学，所说不无过当。"② 然就它描述的文帝之前儒家学术活动和发展状况看，这段文字所言大体无误，"时独有一叔孙通略定礼仪，天下唯有《易》卜，未有它书。至孝惠之世，乃除挟书之律，然公卿大臣绛、灌之属咸介胄武夫，莫以为意"，这些情况都属事实。在所拥有的社会声望和信奉的热烈程度上，大致在文帝之前，儒学都比不上黄老学。

不同于儒学所表现的上述情形，黄老思想在当时社会颇为得势。在《汉书·艺文志》中著录的黄帝类老子类书籍不少，仅统计黄帝类就有二十六种③，而且这些黄帝类书籍所涉内容甚广，甚至有诸如历谱、神仙、方术等，如果从名称上推敲，黄帝类著作有关思想性哲学性著作应该有《诸子略·道家》《诸子略·阴阳家》《诸子略·杂家》中汇列的九种。这九种著作，除了《黄帝四经》外，我们无法一一考订它们有哪些曾流行于汉初，不过，即便如此，我们仍有另外一些资料可以反映出黄老思潮的确

---

① 《汉书》卷三十六《楚元王传》，第1968~1969页。
② 皮锡瑞：《经学流传时代》，见皮锡瑞著、周予同注释《经学历史》卷二，上海书店出版社，1996年影印本，第51页。
③ 《汉书·艺文志》里黄帝类书籍分布在几个部分中，共二十六种。第一，《诸子略·道家》有："《黄帝四经》四篇。《黄帝铭》六篇。《黄帝君臣》十篇（起六国时，与《老子》相似也）。《杂黄帝》五十八篇（六国时贤者所作）。《力牧》二十二篇（六国时所作，托之力牧。力牧，黄帝相）。"第二，《诸子略·阴阳家》有："《黄帝泰素》二十篇（六国时韩诸公子所作）。《南公》三十一篇（六国时）。亡。（钱大昕：'《汉书·项籍传》：南公称曰："楚虽三户，亡秦必楚。"服虔曰：南公，南方之老人也。'据钱大昕《汉书辨疑》，上海商务印书馆，1936，第271页）《容成子》十四篇。亡。"第三，《诸子略·杂家》："孔甲《盘盂》二十六篇。黄帝之史……"〔王应麟《汉志考证》引应劭曰："黄帝史孔甲所作也。"据王应麟《玉海》（第6册）江苏古籍出版社、上海书店，1987，第63页。〕第四，《诸子略·小说家》："《黄帝说》四十篇。迂诞依托。"第五，《兵书略·兵阴阳》："《黄帝》十六篇。图三卷。《封胡》五篇。黄帝臣，依托也。《风后》十三篇。图二卷。黄帝臣，依托也。《力牧》十五篇。黄帝臣，依托也。《鬼容区》三篇。图一卷。黄帝臣，依托。"第六，《数术略·历谱》："《黄帝杂子气》三十三篇。"第七，《数术略·五行》："《黄帝阴阳》二十五卷。《黄帝诸子论阴阳》二十五卷。"第八，《数术略·杂占》："《黄帝长柳占梦》十二卷。"第九，《方技略·医经》："《黄帝内经》十八卷。《外经》三十（九）〔七〕卷。"第十，《方技略·房中》："《黄帝三王养阳方》二十卷。"第十一，《方技略·神仙》："《黄帝杂子步引》十二卷。《黄帝岐伯按摩》十卷。《黄帝杂子芝菌》十八卷。《黄帝杂子十九家方》二十一卷。"据《汉书》卷三十《艺文志》，第1730~1779页。

第一章 社会的平民化走向与汉初乍始思想领域里儒家和黄老学的状况

风行于当时社会。

首先，从《史记》《汉书》的记载来看，当时社会上有治黄老之学的大师。《史记·乐毅列传》言：

> 乐臣公学黄帝、老子，其本师号曰河上丈人，不知其所出。河上丈人教安期生，安期生教毛翕公，毛翕公教乐瑕公，乐瑕公教乐臣公，乐臣公教盖公。盖公教于齐高密、胶西，为曹相国师。①

这位"教于齐高密、胶西"的盖公不仅有极深厚的黄老学背景，而且在当时声望极高，《高士传》亦称：

> 盖公者，齐之胶西人也，明《老子》，师事乐臣公。汉之起，齐人争往于世主，唯盖公独遁居不仕。及汉定天下，曹参为齐丞相，尽延问长老诸生以百数，何以治齐。人人各殊，参不知所从。闻盖公善治黄老，乃使人厚币聘之。公为言："治道贵清静，而民自定。"遂推此类，为参具言之。参悦，乃避正堂舍之，师事之，齐果大治。及参入相汉，导盖公之道，故天下歌之。盖公虽为参师，然未尝仕，以寿终。②

其次，当时除了有治黄老之学的大师外，还同样有《老子》和所谓"黄帝书"等黄老著作的流传。

《史记》《汉书》中常常提及好黄帝老子的特定人物即反映了这一点，马王堆汉墓出土《老子》和《黄帝四经》也同样从出土材料的角度提供了活资料。③

---

① 《史记》卷八十《乐毅列传》，第2436页。
② 皇甫谧撰《高士传》，中华书局，1985，第63~64页。
③ 1973年长沙马王堆3号汉墓出土有《老子》甲本、《老子》乙本。在《老子》乙本卷前有《经法》《十六经》《称》《道原》4篇古佚书，共一万一千多字。唐兰《马王堆出土〈老子〉乙本卷前佚书的研究》一文中认为，这4篇古佚书就是《汉书·艺文志》里所说的《黄帝四经》。（载《考古学报》1975年第1期）
　　《经法》《十六经》《称》《道原》四篇佚书，内容主旨为黄帝思想，因此指定其即为早已失传的《汉书·艺文志》中所列的《黄帝四经》。唐兰先生论说理由有三：第一，四篇虽体裁各别，但互为联系，构成一个整体，且一共四篇，与《黄帝四经》篇数相合；第二，帛书抄写于汉文帝初期，处在崇尚黄老的气氛中，抄在《老子》前面的四篇有关黄帝之言，只有《黄帝四经》才能当之；第三，《隋书·经籍志》云："汉时诸子道书之流，有三十七家……其《黄帝》四篇，《老子》二篇，最得深旨。"此所谓《黄帝》四篇，显然指《黄帝四经》而言。这更可证明抄在《老子》前面的四种古佚书为《黄帝四经》。

另外，《庄子》无疑同黄老有密切的关联。① 例如1977年安徽阜阳双古堆汉墓出土竹简《庄子》书中《则阳》《外物》《让王》等残篇，1983年湖北江陵张家山汉墓又出土竹简《庄子》中《盗跖》的残篇。安徽阜阳双古堆汉墓墓主经考订为西汉开国功臣夏侯婴之子、第二代汝阴侯夏侯灶和他的妻子。下葬年代在汉文帝前元十五年（公元前165年），时当西汉文帝。而根据湖北江陵张家山汉墓出土的《筭数书》考证，墓主为西汉大数学家张苍②。张苍卒于景帝五年（公元前152年），两处汉初墓主都不约而同地出现了《庄子》外、杂篇的残篇，这显然也反映出与黄老思想相关的著作的流行，体现了黄老思想在当时的盛况。

另外，汉初淮南王刘安招宾客方术之士数千人著书立说，"作为《内书》二十一篇，《外书》甚众，又有《中篇》八卷，言神仙黄白之术，亦二十余万言"③。这部涉及范围十分广泛的文化巨著，被看作是继《吕氏春秋》之后的第二个里程碑。④ 虽然该书留存于世的部分"意多杂出，文甚沿复"⑤，但它以道家思想为主，则是无疑的。正如金春峰先生所言："《淮南子》思想的特点是，以道家为主旨，反儒的倾向鲜明而突出。"⑥

再次，有黄老思想的众多信奉者活跃于汉初前期，这些信奉者遍及朝野，从皇帝、太后、公卿到官吏、学者乃至民间士人、卜者等各阶层均不乏其见。

《史记·乐书》称："孝文好道家之学。"《风俗通义》也称汉文帝"本修黄老之言"⑦，文帝遗诏对此也颇有透露：

---

① 陈博说："《庄子》一书，前后所反映的思想都很不一致，其中的外、杂诸篇明显地打上了黄老之学的烙印，体现了黄老思想的基本特征。"见氏著《试论〈庄子〉外、杂篇中的黄老思想特征》，《西安电子科技大学学报》（社会科学版）2003年第2期。
② 张苍（公元前250？~前152年），曾为秦御史，负责管理图籍文书，习天下图书计籍，后参与刘邦集团，刘邦称帝后，为常山守，以功封北平侯。亦曾官至丞相。他"善用算律历"（《史记·张丞相列传》），以列侯居相府，为主计四岁。吕后、文帝时先后为御史大夫、丞相。其人博览群书，深通律历，曾于秦始皇焚书后，删补增订《九章算术》，故李迪认为张家山汉墓墓主是张苍。〔见李迪《江陵张家山西汉墓墓主是谁？》，刊于李迪主编《数学史研究文集》（第四辑），内蒙古大学出版社、（台北）九章出版社，1993，第5~9页〕但学者刘邦凡质疑张家山汉墓墓主是张苍的说法。〔见刘邦凡《〈周髀算经〉与〈筭数书〉的推类思想比较》，《科技信息》（学术版）2007年第4期〕尽管如此，即便张家山汉墓墓主不是张苍，该墓也属汉初时期，其中随葬的竹简反映出时人的阅读情形。
③ 《汉书》卷四十四《淮南厉王刘长传》，第2145页。
④ 李泽厚：《秦汉思想简议》，载李泽厚《中国古代思想史论》，人民出版社，1985。
⑤ 侯外庐、赵纪彬、杜国庠、邱汉生：《中国思想通史》（第2卷），第79页。
⑥ 金春峰：《汉代思想史》，第262页。
⑦ 应劭撰《风俗通义》卷二《正失》，中华书局，1985年影印本，第46页。

第一章 社会的平民化走向与汉初乍始思想领域里儒家和黄老学的状况

> 朕闻盖天下万物之萌生，靡不有死。死者天地之理，物之自然者，奚可甚哀。当今之时，世咸嘉生而恶死，厚葬以破业，重服以伤生，吾甚不取。……①

这段话认为万物生死相随，是天地自然之理，又反对儒家厚葬重服的丧葬观，体现文帝在对万物和生死问题的道家自然主义的立场。此外，文帝之妻窦后也"好黄帝、老子言"②；陈平"本好黄帝、老子之术"，死前仍虔信黄老，自悔行为不合道家，称，"我多阴谋，是道家之所禁。吾世即废，亦已矣，终不能复起，以吾多阴祸"③；除了这几位汉初重要人物外，另外还有"学黄老术于乐巨公所"④ 的田叔，《史记》为之列传：

> 田叔者，赵陉城人也。其先，齐田氏苗裔也。叔喜剑，学黄老术于乐巨公所。叔为人刻廉自喜，喜游诸公。赵人举之赵相赵午，午言之赵王张敖所，赵王以为郎中。数岁，切直廉平，赵王贤之，未及迁。
>
> 会陈豨反代，汉七年，高祖往诛之，过赵，赵王张敖自持案进食，礼恭甚，高祖箕踞骂之。是时赵相赵午等数十人皆怒，谓张王曰："王事上礼备矣，今遇王如是，臣等请为乱。"赵王啮指出血，曰："先人失国，微陛下，臣等当虫出。公等奈何言若是！毋复出口矣！"于是贯高等曰："王长者，不倍德。"卒私相与谋弑上。会事发觉，汉下诏捕赵王及群臣反者。于是赵午等皆自杀，唯贯高就系。是时汉下诏书："赵有敢随王者罪三族。"唯孟舒、田叔等十余人赭衣自髡钳，称王家奴，随赵王敖至长安。贯高事明白，赵王敖得出，废为宣平侯，乃进言田叔等十余人。上尽召见，与语，汉廷臣毋能出其右者，上说，尽拜为郡守、诸侯相。叔为汉中守十余年，会高后崩，诸吕作乱，大臣诛之，立孝文帝。
>
> 孝文帝既立，召田叔问之曰："公知天下长者乎？"对曰："臣何足以知之！"上曰："公，长者也，宜知之。"叔顿首曰："故云中守孟舒，

---

① 《史记》卷十《孝文本纪》，第433～434页。
② 《史记》卷四十九《外戚列传》，第1975页。
③ 《史记》卷五十六《陈丞相世家》，第2062页。另，《黄帝四经·十大经·行守》说："骄恤（溢）好争，阴谋不羊（祥），刑于雄节，危于死亡。"（见马王堆汉墓帛书整理小组编《马王堆汉墓帛书 经法》，文物出版社，1976，第83页。文中括号为整理小组所加）《黄帝四经·十大经·顺道》说："不广（旷）其众，不为兵邾，不为乱首，不为宛（怨）谋（媒），不阴谋，不擅断疑，不谋削人之野，不谋劫人之宇。"（见马王堆汉墓帛书整理小组编《马王堆汉墓帛书 经法》，第85页）陈平的"多阴谋，是道家之所禁"应直接出自于此，表明其黄老思想有所本。
④ 《史记》卷一百四《田叔列传》，第2755页。

长者也。"是时孟舒坐虏大入塞盗劫,云中尤甚,免。上曰:"先帝置孟舒云中十余年矣,虏曾一入,孟舒不能坚守,毋故士卒战死者数百人。长者固杀人乎?公何以言孟舒为长者也?"叔叩头对曰:"是乃孟舒所以为长者也。夫贯高等谋反,上下明诏,赵有敢随张王,罪三族。然孟舒自髡钳,随张王敖之所在,欲以身死之,岂自知为云中守哉!汉与楚相距,士卒罢敝。匈奴冒顿新服北夷,来为边害,孟舒知士卒罢敝,不忍出言,士争临城死敌,如子为父,弟为兄,以故死者数百人。孟舒岂故驱战之哉!是乃孟舒所以为长者也。"于是上曰:"贤哉孟舒!"复召孟舒以为云中守。

后数岁,叔坐法失官。梁孝王使人杀故吴相袁盎,景帝召田叔案梁,具得其事,还报。景帝曰:"梁有之乎?"叔对曰:"死罪!有之。"上曰:"其事安在?"田叔曰:"上毋以梁事为也。"上曰:"何也?"曰:"今梁王不伏诛,是汉法不行也;如其伏法,而太后食不甘味,卧不安席,此忧在陛下也。"景帝大贤之,以为鲁相。

鲁相初到,民自言相,讼王取其财物百余人。田叔取其渠率二十人,各笞五十,余各搏二十,怒之曰:"王非若主邪?何自敢言若主!"鲁王闻之大惭,发中府钱,使相偿之。相曰:"王自夺之,使相偿之,是王为恶而相为善也。相毋与偿之。"于是王乃尽偿之。

……数年,叔以官卒,鲁以百金祠,少子仁不受也,曰:"不以百金伤先人名。"①

田叔被赵国人推荐给赵相赵午,赵王任命他为郎中。"数岁,切直廉平",所谓"切直廉平"说的就是法家峻切刚直、清廉公平的思想性格,是其黄老家的思想反映。孝文帝初登帝位就称他为"长者",这里的"长者"也非仅年长宽厚,在汉初,"长者"实"代表了一种清静放任的黄老政治精神"②。田叔说,"王自夺之,使相偿之,是王为恶而相为善也。相毋与偿之",这也体现了《道德经》中"正言若反"这样一种思维方式。

---

① 《史记》卷一百四《田叔列传》,第2775~2778页。另,文中提到"袁盎"为《史记》所记,在班固的《汉书》中则作"爰盎"。依据所引资料的不同出处,本书分别提到的"袁盎"和"爰盎"实为同一人。

② 阎步克:《士大夫政治演生史稿》,北京大学出版社,1996,第227页。另,于迎春先生也说,西汉前期的长者"与黄老精神相恰"。见于迎春《秦汉士史》,北京大学出版社,2000,第65页,注2。陈苏镇先生则对"长者"一词的历史流变做了梳理,并指出:"由于黄老学说的流行,汉初的'长者'又染上了浓重的道家色彩。"参见陈苏镇《汉代政治与〈春秋〉学》,中国广播电视大学出版社,2001,第196~199页。

第一章 社会的平民化走向与汉初乍始思想领域里儒家和黄老学的状况 <<<

直不疑也是类似田叔的人物，《汉书》说：

> 直不疑，南阳人也。为郎，事文帝。其同舍有告归，误持其同舍郎金去。已而同舍郎觉，亡意不疑，不疑谢有之，买金偿。后告归者至而归金，亡金郎大惭，以此称为长者。稍迁至中大夫。朝，廷见，人或毁不疑曰："不疑状貌甚美，然特毋奈其善盗嫂何也！"不疑闻，曰："我乃无兄。"然终不自明也。
>
> 吴楚反时，不疑以二千石将击之。景帝后元年，拜为御史大夫。天子修吴楚时功，封不疑为塞侯。武帝即位，与丞相绾俱以过免。
>
> 不疑学《老子》言。其所临，为官如故，唯恐人之知其为吏迹也。不好立名，称为长者。薨，谥曰信侯。传子至孙彭祖，坐酎金，国除。①

直不疑活跃于文景之时，于景帝时参与平定吴楚之乱，被拜为御史大夫，直武帝时被免。他被免御史大夫的时间点也耐人寻味，这个时间正好是"独尊儒术"的武帝当政之时，如果注意到他的黄老学背景则容易领会此点，《汉书》很明确地记载其"学《老子》言"，另外，他也一样被称为"长者"，这表征着他的黄老思想精神。与直不疑背景相似，被称为"长者"的还有张欧，《汉书》称："欧孝文时以治刑名侍太子，然其人长者。"②

田叔和直不疑都是位高名重的官员，此外，"孝景时为太子洗马，以严见惮"的汲黯在《汉书》中被提到"学黄老言，治官民，好清静"崇尚"治务在无为而已"③；"孝景时为太子舍人"的郑当时在《汉书》中被称为"好黄老言，其慕长者，如恐不称"④，这两位是在宫中任职位稍低的官吏，他们也一样是黄老思想的信奉者。《史记·张释之冯唐列传》还提到另一位叫王生的处士：

> 王生者，善为黄老言，处士也。尝召居廷中，三公九卿尽会立，王生老人，曰："吾袜解。"顾谓张廷尉："为我结袜！"释之跪而结之。既已，人或谓王生曰："独奈何廷辱张廷尉，使跪结袜？"王生曰："吾老且贱，自度终无益于张廷尉。张廷尉方今天下名臣，吾故聊辱廷尉，使跪结袜，欲以重之。"诸公闻之，贤王生而重张廷尉。⑤

---

① 《汉书》卷四十六《万石卫直周张传》，第2202～2203页。
② 《汉书》卷四十六《万石卫直周张传》，第2204页。
③ 《汉书》卷五十《张冯汲郑传》，第2316页。
④ 《汉书》卷五十《张冯汲郑传》，第2323页。
⑤ 《史记》卷一百二《张释之冯唐列传》，第2756页。

>>> 社会的平民化变迁与儒学变化

这里说的王生"善为黄老言",在"三公九卿尽会立"的壮观阵容中被招至朝廷,这已经可见黄老道家对当时社会发挥影响的程度。在公卿环立的朝堂上,王生竟要求天下名臣张释之为之结袜带,张释之不以为辱,还跪下为其结好袜带。张释之以一名臣之身为庶人王生跪结袜带,这亦是张释之身上具有的老子"宠辱若惊,贵大患若身"思想表现。

汉初卜者亦有重黄老之术者,《史记·日者列传》载:

> 夫司马季主者,楚贤大夫,游学长安,通《易经》,术黄帝、老子,博闻远见。观其对二大夫贵人之谈言,称引古明王圣人道,固非浅闻小数之能。①

司马季主在当时只是一个卜者,但他洞彻黄老思想,言行以之为圭臬,《史记·日者列传》记他与"二大夫贵人"宋忠、贾谊的谈话:

> 宋忠为中大夫,贾谊为博士,同日俱出洗沐,相从论议,诵易先王圣人之道术,究徧人情,相视而叹。贾谊曰:"吾闻古之圣人,不居朝廷,必在卜医之中。今吾已见三公九卿朝士大夫,皆可知矣。试之卜数中以观采。"二人即同舆而之市,游于卜肆中。天新雨,道少人,司马季主闲坐,弟子三四人侍,方辩天地之道,日月之运,阴阳吉凶之本。二大夫再拜谒,司马季主视其状貌,如类有知者,即礼之,使弟子延之坐。坐定,司马季主复理前语,分别天地之终始,日月星辰之纪,差次仁义之际,列吉凶之符,语数千言,莫不顺理。
>
> 宋忠、贾谊瞿然而悟,猎缨正襟危坐,曰:"吾望先生之状,听先生之辞,小子窃观于世,未尝见也。今何居之卑,何行之污?"
>
> 司马季主捧腹大笑曰:"观大夫类有道术者,今何言之陋也,何辞之野也!今夫子所贤者何也?所高者谁也?今何以卑污长者?"
>
> 二君曰:"尊官厚禄,世之所高也,贤才处之。今所处非其在地,故谓之卑。言不信,行不验,取不当,故谓之污。夫卜筮者,世俗之所贱简也。世皆言曰:'夫卜者多夸严以得人情,虚高人禄命以说人志,擅言祸灾以伤人心,矫言鬼神以尽人财,厚求拜谢以私于己。'此吾之所耻,故谓之卑污也。"
>
> 司马季主曰:"公且安坐。公见夫被发童子乎?日月照之则行,不照则止,问之日月疵瑕吉凶,则不能理。由是观之,能知别贤与不

---

① 《史记》卷一百二十七《日者列传》,第3221页。

第一章 社会的平民化走向与汉初乍始思想领域里儒家和黄老学的状况

肖者寡矣。

"贤之之行也,直道以正谏,三谏不听则退。其誉人也不望其报,恶人也不顾其怨,以便国家利众为务。故官非其任不处也;禄非其功不受也;见人不正,虽贵不敬也;见人有污,虽尊不下也;得不为喜,去不为恨;非其罪也,虽累辱而不愧也。

"今公所谓贤者,皆可为羞矣。卑疵而前,孅趋而言;相引以势,相导以利;比周宾正,以求尊誉,以受公奉;事私利,枉主法,猎农民;以官为威,以法为机,求利逆暴:譬无异于操白刃劫人者也。初试官时,倍力为巧诈,饰虚功执空文以调主上,用居上为右;试官不让贤陈功,见伪增实,以无为有,以少为多,以求便势尊位;食饮驱驰,从姬歌儿,不顾于亲,犯法害民,虚公家:此夫为盗不操矛弧者也。攻而不用弦刃者也,欺父母未有罪而弑君未伐者也。何以为高贤才乎?

"盗贼发不能禁,夷貊不服不能摄,奸邪起不能塞,官耗乱不能治,四时不和不能调,岁谷不熟不能适。才贤不为,是不忠也;才不贤而托官位,利上奉,妨贤者处,是窃位也;有人者进,有财者礼,是伪也。子独不见鸱枭之与凤凰翔乎?兰芷芎䕯弃于广野,蒿萧成林,使君子退而不显众,公等是也。

"述而不作,君子之义也。今夫卜者,必法天地,象四时,顺于仁义,分策定卦,旋式正棋,然后言天地之利害,事之成败。昔先王之定国家,必先龟策日月,而后乃敢代;正时日,乃后入家;产子必先占吉凶,后乃有之。自伏羲作八卦,周文王演三百八十四爻而天下治。越王句践放文王八卦以破敌国,霸天下,由是言之,卜筮有何负哉!

"且夫卜筮者,扫除设坐,正其冠带,然后乃言事,此有礼也。言而鬼神或以飨,忠臣以事其上,孝子以养其亲,慈父以畜其子,此有德者也。而以义置数十百钱,病者或以愈,且死或以生,患或以免,事或以成,嫁子娶妇或以养生,此之为德,岂直数十百钱哉!此夫老子所谓'上德不德,是以有德'。今夫卜筮者利大而谢少,老子之云岂异于是乎?

"庄子曰:'君子内无饥寒之患,外无劫夺之忧,居上而敬,居下不为害,君子之道也。'今夫卜筮者之为业也,积之无委聚,藏之不用府库,徙之不用辎车,负装之不重,止而用之无尽索之时。持不尽索之物,游于无穷之世,虽庄氏之行未能增于是也,子何故而云不可卜哉?天不足西北,星辰西北移;地不足东南,以海为池;日中必移,月满必亏;先王之道,乍存乍亡。公责卜者言必信,不亦惑乎!

"公见夫谈士辨人乎?虑事定计,必是人也,然不能以一言说人

>>> 社会的平民化变迁与儒学变化

主意,故言必称先王,语必道上古;虑事定计,饰先王之成功,语其败害,以恐喜人主之志,以求其欲。多言夸严,莫大于此矣。然欲强国成功,尽忠于上,非此不立。今夫卜者,导惑教愚也。夫愚惑之人,岂能以一言而知之哉!言不厌多。

"故骐骥不能与疲驴为驷,而凤凰不与燕雀为群,而贤者亦不与不肖者同列。故君子处卑隐以辟众,自匿以辟伦,微见顺德以除群害,以明天性,助上养下,多其功利,不求尊誉。公之等喁喁者也,何知长者之道乎!"

宋忠、贾谊忽而自失,芒乎无色,怅然噤口不能言。于是摄衣而起,再拜而辞,行洋洋也。出门仅能自上车,伏轼低头,卒不能出气。①

在这段文字里,司马季主责难二大夫提出的"贤才"的见解,摈弃世俗之说,提出"故官非其任不处也;禄非其功不受也;见人不正,虽贵不敬也;见人有污,虽尊不下也;得不为喜,去不为恨;非其罪也,虽累辱而不愧也"的贤才观,又指卜筮者的真正价值和磊落风范,其中司马季主还以老子、庄子之言佐证己见,终让宋忠、贾谊两人如梦初醒,惭愧无比。司马季主的一番教导让宋忠也领会了黄老之说,故宋忠也能以道家之说自我反省:

宋忠见贾谊于殿门外,乃相引屏语相谓自叹曰:"道高益安,势高益危。居赫赫之势,失身且有日矣。夫卜而有不审,不见夺糈;为人主计而不审,身无所处。此相去远矣,犹天冠地屦也。此老子之所谓'无名者万物之始'也。天地旷旷,物之熙熙,或安或危,莫知居之。我与若,何足预彼哉!彼久而愈安,虽曾氏之义未有以异也。"②

《史记·日者列传》三位角色的亮相生动地显示当时黄老之说的浩大声势和影响力。

最后,文学是时代脉搏的探测器,文学深刻地反映着一个时代的社会思潮。③,"赋"是汉初时期文人抒情写志最重要的文体,是当时最具时代特色的文学形式,这一时期的赋所表达出的思想偏向也为黄老。

就文学史看,留下作品的汉初作赋者不少,这些作赋者身份不同、经

---

① 《史记》卷一百二十七《日者列传》,第3215~3220页。
② 《史记》卷一百二十七《日者列传》,第3220页。
③ 文学理论家童庆炳说:"从文学创造到文学消费是一个组织起来的社会文化过程,这一过程不能不受一定的社会关系的制约,而浸润着社会思潮,反映着社会风貌……"童庆炳主编《文学理论教程》(修订本),高等教育出版社,2005,第9页。

第一章 社会的平民化走向与汉初乍始思想领域里儒家和黄老学的状况 <<<

历有别，但除了孔臧的赋外①，几乎现存所有的作品都不见有儒家的思想因素，而被看作是汉初最著名三位赋作家——贾谊、枚乘、司马相如②，

---

① 据谭正璧主编的《中国文学家大辞典》，孔臧的生卒年约公元前 201 年到公元前 123 年。孔臧的赋作有四篇，为《谏格虎赋》《杨柳赋》《鸮赋》《蓼虫赋》（见费振刚、胡双宝、宗明华辑校《全汉赋》，北京大学出版社，1993，第 115～123 页），韩晖断定这些作品为孔臧"幼年之作"（韩晖：《汉赋的先驱孔臧及其赋考说》，《文史哲》1998 年第 1 期）。可见，这些作品创作时间为汉初时段，"其思想情感当与儒家密切相关"（同前）。

② 《汉书·艺文志》著录"枚乘赋九篇"（见《汉书》，第 1747 页），今存《七发》《柳赋》《梁王菟园赋》三篇（见《全汉赋》，第 16～32、35 页）。《七发》是最重要的作品，《七发》见于《昭明文选》第三十四卷《七上》及《汉书·艺文志》，其内容是假托楚太子与吴客两个人物之间的对话，论述人生的至高哲理。贾谊今亦存赋四首，其为《鹏鸟赋》《吊屈原赋》《旱云赋》《服赋》（见《全汉赋》，第 2～15 页）。《汉书·艺文志》著录"司马相如赋二十九篇"（见《汉书》，第 1747 页），今存《子虚赋》《天子游猎赋》《大人赋》《长门赋》《美人赋》《哀秦二世赋》六篇（见《全汉赋》，第 47～102 页）。《史记·司马相如列传》载："梁孝王令与诸生同舍，相得而与诸生游士居数岁，乃著《子虚之赋》"，武帝即位后，建元五年，经同乡杨得意引见而被召见，相如"请为天子游猎赋"（《史记》，第 3002 页）。〔学术界对司马相如这两首赋之间的关系存在不同看法，但相关分歧涉及的只是作品创作的具体过程，不影响作品的内容和风格，因此也不影响本文关于汉初时期汉赋与黄老思潮具体关系的推定。有关司马相如两首赋的学术分歧参见踪凡《汉赋研究基本课题的回顾与前瞻》（上），《洛阳大学学报》2006 年第 3 期；《汉赋研究基本课题的回顾与前瞻》（下），《洛阳大学学报》2007 年第 1 期。〕另外，能够搜检到的其他汉赋作品基本上没有明显的思想性，多为咏物或叹景之作，如陆贾存目于世的唯一作品《孟春赋》（见刘勰著、周振甫注《文心雕龙注释》，人民文学出版社，第 502 页；费振刚、胡双宝、宗明华辑校《全汉赋》亦收录存目，见《全汉赋》，第 34 页）咏叹孟春，庄忌留存于世的唯一作品《哀时命》（见洪兴祖撰，白化文、许德楠、李如鸾、方进点校《楚辞补注》卷十四，中华书局，1983，第 259～267 页。费振刚、胡双宝、宗明华辑校的《全汉赋》未收录）是"代屈原抒怀"（龚克昌《庄读赋二题》，《社会科学战线》1989 年第 3 期）。《西京杂记》卷四"忘忧馆七赋"条记载梁孝王与与其门下诸文士枚乘、路乔如、公孙诡、羊胜、邹阳、公孙乘、韩安国等游于忘忧之馆，使各人为赋，故有六人的七首赋，即枚乘的《柳》、公孙乘的《月赋》、路乔如的《鹤赋》、公孙诡的《文鹿赋》、羊胜的《屏风赋》、邹阳的《酒赋》和《几赋》（葛洪撰《西京杂记》卷四，中华书局，1985，第 26～29 页，又收录于《全汉赋》第 35～43 页），这些作品同枚乘的另一首作品《笙赋》（见《全汉赋》，第 34 页）一样，基本上都以咏物为主。刘安的《屏风赋》也是咏物赋（收录《全汉赋》第 44 页），刘安门人淮南小山的《招隐士》（见洪兴祖撰，白化文、许德楠、李如鸾、方进点校《楚辞补注》卷十二，第 232～234 页。费振刚、胡双宝、宗明华辑校的《全汉赋》未收录）则"明知自己主人是自杀而死，却要说他入山修道，因而思念他"（龚克昌《庄读赋二题》，《社会科学战线》1989 年第 3 期）。刘胜因鲁恭王得文木一枚，伐以为器，因木之美，喜不自胜，故作《文木赋》，全文亦以咏物为主（见《西京杂记》卷六，中华书局，1985，第 40 页，亦收录于《全汉赋》第 124 页），这些作品都没有反映出特定思想偏向。

其作品尽显道家色彩。例如朱熹评价贾谊《鵩鸟赋》言:"以今观之,凡谊所称,皆列御寇、庄周之常言……"① 枚乘《七发》的基本思想则"属于道家的安于自然、清虚寡欲、无为自守的黄老政治哲学思想"。② 司马相如的《天子游猎赋》显示了浓厚的庄子思想特点,而"道家的色彩在《大人赋》中表现得更是淋漓尽致"③。所以有论者说:"道家思想一直深深地影响着许多文人的人生观。这一点,在汉赋作品中表现得非常明显,可以说汉赋是汉代道家人生态度的折光。"④ 甚至在汉赋这种艺术形式的形成上,更有学者认为:"道家哲学思想及文学特质不仅影响了汉赋以大为美,以奇谲恣肆为美,以质朴为美的审美趣向,而且也影响了汉赋的浪漫主义创作手法和汉赋作品批判现实的思想倾向。"⑤

就是否成为政治指导思想的情形而言,汉初乍始,黄老道家思想,而非儒家思想被选择为统治思想。汉五年(公元前 202 年)曹参任齐相国,依黄老学者盖公之嘱,行"治道贵清静而民自定"的方针,入政中央后,又继续这套黄老治术,使黄老之学成为此后相当一段时期内汉王朝统治的指导思想。

二

儒学沉寂、黄老兴盛,分析汉初乍始时的这一思想状况出现的原因,最通常的看法认为,秦的苛政和秦楚、楚汉战争造成社会凋敝,以黄老学说作为统治思想在当时恰好应时,正如劳干先生所谓:"汉初黄老为皇室所信仰,自然因为他有利于皇室或王朝。"⑥ 因此黄老被尊为政治的指导思想,其影响在社会上被扩大开来。任继愈先生主编的《中国哲学发展史》(秦汉卷)即认为:"黄老主张'清静自定',不做过多的干预,让老百姓休养生息,使封建经济得到繁荣和发展。汉初黄老之学是适合于当时历史条件的。汉初人口锐减……经济上遭到很大破坏……主张'清静自定'的

---

① 朱熹撰《楚辞集注》,上海古籍出版社,1979,第 158 页。
② 徐宗文:《〈七发〉三问》,《徐州师范学院学报》1986 年第 3 期,又见氏著《三馀论草》,江苏人民出版社,2004,第 38 页。
③ 赵雷:《司马相如道家思想的来源及表现》,《邯郸学院学报》2007 年第 1 期。
④ 郑明璋、李桂荣:《论汉代道家的人生观在汉赋中的表现》,《阜阳师范学院学报》2000 年第 5 期。
⑤ 李思华、王龙:《浅论道家思想对汉赋之影响》,《黔南民族师范学院学报》2003 年第 2 期。
⑥ 劳干:《秦汉史》,(香港)华冈出版有限公司,1974,第 44 页。

第一章 社会的平民化走向与汉初乍始思想领域里儒家和黄老学的状况

黄老思想正能满足汉初封建统治者的需要，所以黄老之学如日中天。"① 又说："黄老之学风行数十年在社会上逐步形成具有汉初特色的黄老思潮。"② 刘蔚华、苗润田先生同样说："汉初的统治者鉴于秦亡的教训，面对极端凋敝的社会经济和人民迫切需要休养生息的客观要求，为争得一个相对稳定的政治局面，恢复和发展社会生产力，巩固刚刚到手的封建政权，他们认识到，必须实行缓和阶级矛盾的政策，采取'与民休息'、'约法省刑'的措施。变秦之'强为'而为'无为'，通过'贵清静'而达到'民自定'的化境。适应于这种客观形势和统治阶级的需要，黄老之学在汉初得到了广泛的传播，黄老思想渗透到了社会生活的各个领域，成了汉初统治阶级的指导思想。"③ 金春峰先生尽管一方面强调黄老之说成为指导思想也出于汉初执政者继续秦代法治的需要，但另一方面也同意上述看法，他称："由于黄老思想适合休养生息，恢复经济，缓和矛盾，巩固统治和政治上继续秦代法治的要求，它成了这一时期的指导思想。黄老思想的影响当时扩展到各个领域……"④

除上述观点外，还有学者深入着眼于汉初的分封制度下王朝中央与地方诸侯之间的关系，或是从汉初帝王和军功集团之间的关系去思考黄老兴盛的原因。

一方面，从汉初的分封制度下王朝中央与地方诸侯之间的关系看，两者具有内在的紧张，因此有学者认为，为了应对这种关系，王朝中央与地方诸侯都先后借助宣扬黄老思想观念以满足自己一方在政治上的期待，这也是导致汉初黄老兴盛的一个原因。对此，杨向奎先生和冯友兰先生就分别以王朝中央与地方诸侯其中一方的情形为视角立论。其中杨向奎先生通过分析王朝中央一方的状况指出："汉初政权的物质基础还不够雄厚，因而呈现了封建割据的现象……最高统治者，这时仍然是要中央集权的，王国的较大官吏须由中央任命，有时这些官吏变为侯国的监视者。然而这里面存在着矛盾，在经济上割裂，在政治上求其集权，是不可能的，所以表现在对于诸侯的统治上，形成瘫痪状态，势必采取敷衍政策，这也是'黄老'学派的得势的原因之一。"⑤ 而冯友兰先生则通过分析当时地方诸侯一方的状况指出："地方的割据势力不愿受中央干涉，要求变成半独立的王

---

① 任继愈主编《中国哲学发展史》（秦汉卷），第 124~125 页。
② 任继愈主编《中国哲学发展史》（秦汉卷），第 245 页。
③ 刘蔚华、苗润田：《黄老思想源流》，《文史哲》1986 年第 1 期。
④ 金春峰：《汉代思想史》，第 15 页。
⑤ 杨向奎：《论西汉新儒家的产生》，《文史哲》1955 年 9 月号。

国。在这种情况下,黄老学派的'清静无为'的理论又被地方的割据势力所利用,作为削弱中央集权统治的工具。"① 也就是说,汉初地方诸侯与宾客期待利用黄老思想来达到地方分权的愿望,带动了黄老思想的发展。

另一方面,从汉初帝王和军功集团之间关系看,两者也具有内在的紧张,因此又有学者认为,黄老思想能够维持两者之间的平衡关系,所以"汉初黄老之术,主要是君权和臣权斗争相折中的理论反映"②。还有学者综合分析汉初帝王、军功大臣、地方诸侯三者的关系,认为:"通过对汉初帝王、军功大臣、地方诸侯王三者关系的梳理。我们可以说,所谓的黄老思想只是各自维护自身利益的挡箭牌,以避免打破三者之间的利益平衡。"并由此看待黄老思想的兴起。③

在上述观点中,首先,我们来分析黄老兴盛原因的最通常分析。如前所述,对黄老兴盛原因的最通常分析是将黄老流行看作是汉初凋敝的经济现状引起的政策产物。由社会存在分析思想变化,对汉初乍始社会思想状况形成原因的这种分析有一定的合理之处,但深入推敲,这种观点并非至论。上述说法视黄老思潮的流行为政策施行所带来的结果,把黄老在政治上所能起到的指导作用,当成引起黄老之学流行的原因,我们认为,某种思想被确立为政治的指导思想,这对该种思想学说能发展为流行的社会思潮确有推进作用,但并非社会思潮的形成都一定直接取决于此。

其次,我们再分析学者从汉初的分封制度下对王朝中央与地方诸侯之间的关系,或是汉初帝王和军功集团之间的关系促成黄老思潮兴起的探讨。应该说,王朝中央、地方诸侯和军功集团三者借助宣扬或放任黄老思想观念以满足各自的期待,这固然会造成他们在一段时间内大力倡导黄老之学,从而促成黄老学的流行,但正如杨向奎先生所说的,这只"是'黄老'学派得势的原因之一"。它不应该是黄老流行的全部原因,而且,作为黄老流行的原因之一,本书认为这个因素所起的作用只是促成黄老思潮更广泛地流行开来,而至于黄老流行的更深刻原因则另有缘由。

确实,社会思潮的出现和流行更深刻地依赖于文化上的原因,具体说,特定的社会思潮同相应时代的社会精神风貌,尤其是当时既成的社会心理

---

① 冯友兰:《中国哲学史新编》(第2册),人民出版社,1964,第13页。
② 汪春泓:《汉初"黄老道德之术"剖析》,载《中国典籍与文化》编辑部编《中国典籍与文化论丛》(第5辑),中华书局,2000。
③ 郭胜团:《汉初黄老思想论辨》,载葛志毅主编《中国古代社会与思想文化研究论集(第二辑)——首届"古代社会与思想文化"国际学术研讨会专辑》,黑龙江人民出版社,2007年。

第一章　社会的平民化走向与汉初乍始思想领域里儒家和黄老学的状况

倾向紧密相关。梁启超曾就社会思潮的流行评论说：

> 凡文化发展之国，其国民于一时期中，因环境之变迁，与夫心理之感召，不期而思想之进路，同趋一方向，于是相与呼应汹涌，如潮然。①

把"心理之感召"当成思潮形成的一个条件，以为思潮能够形成和流行同当时社会心理倾向有直接关系，此论甚是。结合先秦以来社会结构的演变看，在汉初伊始社会，平民意识、游民意识凸显，平民意识、游民意识作为普遍社会心理倾向成为时人对一种学说加以取舍的思想基础，这一点直接影响着当时思想状况，促成了汉初伊始抑儒学崇黄老的时代风貌。

首先就儒家思想而言，孔子创立儒学时，继承了周代贵族文化中礼的传统，礼乐原来与贵族的宗法血缘联系在一起，与政治上的权力地位联系在一起，孔子则将礼乐从这种联系中分离出来。《墨子·非儒》说："孔某盛容修饰以蛊世，弦歌鼓舞以聚徒，繁登降之礼以示仪，务趋翔之节以观众……"② 这个说法未必为实，但指出儒家重视原为贵族享有的礼乐则是不错的。就此，我们可以说，儒学有贵族精神气息，儒士是拟化贵族，他们承继了周代贵族文化。

前文言及，比起贵族阶级来，平民有重实际、求朴实的心理特征。而礼乐有着强烈的文饰意义，儒学崇礼乐正显示出贵族文化气息，所以，寄托有人文理想的礼乐文化同一般平民重实际的思想性格不相符合，儒学的贵族文化气息会造成平民对儒家文化保持心理距离。《淮南子·要略》载："墨子学儒者之业，受孔子之术，以为其礼烦扰而不悦……故背周道而用夏政。"③ 墨子评价儒家"礼烦扰而不悦"，墨子思想就是典型的平民思想，他对儒家之礼的态度，正是一般平民对儒学崇礼乐的贵族文化气息排斥立场的反映。春秋末期的墨子如此，汉初平民同样如此。

游民有豪放、散漫的行事特点和不受拘束、蔑视规范的思想性格，贵族社会要求的礼法秩序，对于刘邦集团有游民风格的多数骨干来说，当然为他们所排斥和反感，传言"沛公不好儒，诸客冠儒冠来者，沛公辄解其

---

① 梁启超：《清代学术概论》，上海商务印书馆，1934，第1页。
② 孙诒让著《墨子闲诂》卷九《非儒下》，《诸子集成》（第4册），上海书店出版社，1986年影印本，第185页。
③ 刘文典撰《淮南鸿烈集解》卷二十一《要略》，中华书局，1989，第709页。

冠,溲溺其中"①,陆贾"时时前说称《诗》、《书》",刘邦对此也十分不快,"骂之曰:'乃公居马上而得之,安事《诗》、《书》?'"② 在认识到儒学的工具价值以前,刘邦对儒学和儒生就处处表现出轻蔑的态度,这正反映游民意识同儒学的格格不入。

平民意识、游民意识凸显,这使拥有贵族文化气息的儒学难以在汉初这样一个特定的历史时期被社会立刻、广泛地接受下来。

我们再看看黄老之学。

与儒学所具有的上述情形不同,黄老道家思想讲求清静无为,崇尚自然、简朴,反对文化,它不讲"人为",而讲"无为",并以"无为"否定"人为",黄老道家实际上代表了一种自然主义思想倾向。儒学尊崇礼乐、显示贵族文化气息,相比之下,黄老道家的自然主义观念同儒家的讲究礼乐的人文思想是对立的。

黄老之学具有上述特征,使这种学说获得在当时流行开来的机遇。

具体说,平民对以礼乐诗书为传统的儒学有隔阂,他们不注重礼乐,不在意文化价值,平民意识中具有的这种思想倾向同黄老自然主义思想的基调正相契合,故黄老之说能投合平民、游民思想情绪,可以为他们提供出漠视贵族礼乐文化的理据。这样,平民以及作为平民中特殊群体的游民的普遍思想情绪与儒家具有的贵族文化气息不合拍,却同黄老自然主义思想有可连接之处。由此,平民意识、游民意识同黄老道家思想得以接榫。

汉初的黄老学说还有重法治的一面,任继愈先生和金春峰先生对黄老除了有前述一番评论之外,他们亦注意到此点,金春峰先生强调:"汉初的黄老思想,就是与清静无为相结合的法家思想","汉初黄老思想的政治实质是法家思想……"。③ 他提醒说,"汉初所涉及清静无为和法律制度","对于汉初黄老思想而言,这两方面都是重要的,缺少一方面,就不是汉初的黄老思想,但更为重要的无疑是要注意它的法治精神的一面"。④ 任继愈先生主编的《中国哲学发展史》(秦汉卷)甚至说,黄老"是指老子后学向法家转化的一派,也就是早期的道法家"⑤。他们的看法是正确的。在

---

① 《史记》卷九十七《郦生陆贾列传》,第2692页。
② 《史记》卷九十七《郦生陆贾列传》,第2699页。
③ 金春峰:《汉代思想史》,第5页。陈启云先生也说:"西汉朝廷崇尚黄老和秦朝的法家表面上极端相反,但底子里却是'上黄老而下刑名',两者相反相成。"见氏著《儒学与汉代历史文化——陈启云文集二》,广西师范大学出版社,2007年,代序第18页。
④ 金春峰:《汉代思想史》,第50页。
⑤ 任继愈主编《中国哲学发展史》(秦汉卷),第98页。

第一章　社会的平民化走向与汉初乍始思想领域里儒家和黄老学的状况 <<<

汉初伊始，黄老对法治注重这一点也适逢其时。

　　汉初平民统治者既认同黄老思想，黄老清静无为的观念亦为他们所喜好。然问题在于，在精神追求的向度上，对平民分子来说，清静无为意味着个人精神不受拘束、顺性而为的信仰，而在具体的政治操作层面上，情况就不能止于此了。在面对政治操作层面的具体事务时，原本作为个人精神风范意义的清静无为是远远不够的，当清静无为从精神信仰层面转向具体的操作方法层面，也转化出了相应的操作法则。汉初淮南王刘安召集宾客所著的《淮南子》就总结出：

　　　　漠然无为而无不为也，澹然无治也而无不治也。所谓无为者，不先物为也；所谓无不为者，因物之所为。所谓无治者，不易自然也；所谓无不治者，因物之相然也。①

当清静无为以精神信仰层面转向具体的操作层面，要做的就应当是"因物之所为""因物之相然"，而不是放任不为，那么具体如何能在平民化背景下的汉初社会，做到"因物之所为""因物之相然"，从而实现"无不为"呢？

　　面对社会平民化之后，人与人之间存在利害关系的社会公共领域之治理政治，韩非子曾如是言：

　　　　凡治天下，必因人情。人情者有好恶，故赏罚可用；赏罚可用则禁令可立，而治道具矣。②

在平民化所形成的新的政治格局下，人表现出好利恶害之性情，如果要顺任人的这种性情，统治者势必须对人际的利害关系进行调节和平衡。"夫礼者，所以定亲疏，决嫌疑，别同异，明是非也。"③礼固然是一种能用来调节人们行为的社会规范，但掌握汉政权的平民分子本已排斥具文饰色彩的礼乐，对他们来说，能对人们利害关系进行调节和平衡的工具就只能是不需文饰的赏和罚了，赏罚有其标准，这种标准即法家所主张的法。如此一来，清静无为就从一种精神追求层面上的顺性无拘转化成了政治操作层面上对法的寄重，也正如汉初的重要思想著作《淮南子》所言：

---

① 刘文典撰《淮南鸿烈集解》卷一《原道训》，第24页。
② 王先慎撰《韩非子集解》卷十八《八经》，第430~431页。
③ 朱彬撰《礼记训纂》卷一《曲礼上》，第3页。

> 法者，天下之度量，而人主之准绳也。县法者，法不法也；设赏者，赏当赏也。法定之后，中程者赏，缺绳者诛，尊贵者不轻其罚，而卑贱者不重其刑，犯法者虽贤必诛，中度者虽不肖必无罪，是故公道通而私道塞矣。①

亦如汉初流行的《黄帝四经》②所谓：

> 道生法。法者，引得失以绳，而明曲直者殹（也）。③
> 天下有事，必审其名。名□□循名廏（究）理之所之，是必为福，非必为材（灾）。是非有分，以法断之；虚静谨听，以法为符。审察名理名冬（终）始，是胃（谓）廏（究）理。唯公无私，见知不惑，乃知奋起。故执道者之观于天下□见正道循理，能与（举）曲直，能与（举）冬（终）始。故能循名廏（究）理。刑（形）名出声，声实调合，祸材（灾）废立，如景（影）之隋（随）刑（形），如向（响）之隋（随）声，如衡之不臧（藏）重与轻。④

这样，对汉初统治者的平民、游民而言，混迹于江湖时，他们蔑视规范，但一朝权力在握，政治治理成为必须面对的问题时，在礼治和法治之间，身上脱不掉的平民意识自然就使他们认可法治。

三

《史记》《汉书》提供了关于黄老被选择为政治指导思想情形的充足材料，我们不妨再顺着汉初政府选择兼含清静无为和法治的黄老政治的过程，考察一下当时社会，尤其是社会上层的平民心理倾向影响王朝政治指导思想选择的具体细节。

汉初政治指导思想的选择可溯源于曹参以黄老之术治齐，《史记·曹相国世家》说：

> （曹）参之相齐，齐七十城。天下初定，悼惠王富于春秋，参尽

---

① 刘文典撰《淮南鸿烈集解》卷九《主术训》，第295页。
② 《黄帝四经》在汉初颇为流行，金春峰即说，在西汉初年《黄帝四经》"和《老子》一样，深受贵族和统治集团重视"。（见氏著《汉代思想史》，第19页）而《黄帝四经》在内容上恰恰是突出法家的刑名思想的。
③ 《经法·道法》，引自马王堆汉墓帛书整理小组编《马王堆汉墓帛书 经法》，第1页。
④ 《经法·名理》，引自马王堆汉墓帛书整理小组编《马王堆汉墓帛书 经法》，第42页。

第一章 社会的平民化走向与汉初乍始思想领域里儒家和黄老学的状况

> 召长老诸生,问所以安集百姓,如齐故(俗)诸儒以百数,言人人殊,参未知所定。闻胶西有盖公,善治黄老言,使人厚币请之。既见盖公,盖公为言治道贵清静而民自定,推此类具言之。参于是避正堂,舍盖公焉。其治要用黄老术,故相齐九年,齐国安集,大称贤相。①

曹参未采儒家的意见,何以曹参不用儒?余英时先生曾总结儒学德治或礼治秩序建立的两个程序:"第一个是从'反求诸己'开始,由修身逐步推展到齐家、治国、平天下。第二个程序则从奠定经济基础开始,是'先富后教'。"前一个程序是对"士"的要求,后一个程序是对一般人民而言的。② 这种德教思想在先秦儒家文献中表达得甚为明了。据此分析,在德治程序的总规划上,曹参所询问的诸儒是有一致性的看法的,他们有对一般人民"先富后教"德治的共同思路,所谓"言人人殊"的"殊"之所在乃是如何"富"、如何"教"的具体方法的不同。司马迁在《史记·曹相国世家》里留下"言人人殊"的记载,这个"言人人殊"应是转述曹参当时所形成的对诸儒的印象。曹参在征询百余名儒者的意见后,得出的结论是"言人人殊",儒者"先富后教"思路上的一致性竟然不被他所注意,相反,黄老道家人物盖公的一席谈话就能使他心领神会,如果忽视曹参原本具有的意识倾向在思想认同中的作用,这个问题就难以解释了。与儒学存在隔阂的平民思想情绪使曹参终于难以接受儒家的治理之道,而黄老的意见一被提出即为曹参所肯定,一拍即合的背后是平民意识对黄老思想的天然符契。

盖公所言"贵清静而民自定",原出《老子》五十七章之"我无为而民自化,我好静而民自正,我无事而民自富,我无欲而民自朴"③,它反映的正是一种不求诸社会伦理、文化的自然主义立场。曹参对这种黄老治术予以认可,用之于齐国的社会治理。

孝惠二年,萧何卒,曹参奉命到长安继任汉相国,临行前他交代后相,"以齐狱市为寄",《史记·曹相国世家》说:

> 惠帝二年,萧何卒。参闻之,告舍人趣治行,"吾将入相",居无何,使者果召参。参去,属其后相曰:"以齐狱市为寄,慎勿扰

---

① 《史记》卷五十四《曹相国世家》,第 2028~2029 页。
② 余英时:《士与中国文化》,第 149 页。
③ 王弼:《老子道德经注》,《诸子集成》(第 3 册),上海书店出版社,1986 年影印本,第 35 页。

也。"后相曰："治无大于此者乎？"参曰："不然，夫狱市者，所以并容也，今君扰之，奸人安所容也？吾是以先之。"①

"狱市"，《史记集解》引《汉书音义》曰："夫狱市兼受善恶，若究极，奸人无所容窜；奸人无所容窜，久且为乱。秦人极刑而天下畔，孝武峻法而狱繁，此其效也。老子曰：'我无为而民自化，我好静而民自正。'参欲以道化其本，不欲扰其末。"② 这就是说，曹参是把人的禀性、特点不齐当成一种正常的情况，不要加以干扰，而应任其存在。曹参认此为黄老政治的首要原则，"吾是以先之"。这是由无为而采取的不干涉立场。可以说，这些都是老子思想的延续，它同"贵清静而民自定"的思路是一脉相传的。

曹参到长安，继任汉相后，亦用清静无为治吏。《史记·曹相国世家》说：

> （曹参）择郡国吏木讷于文辞，重厚长者，即召除为丞相史。吏之言文刻深，欲务名声者，辄斥去之。日夜饮醇酒。卿大夫已下吏及宾客见参不事事，来者皆欲有言。至者，参辄饮以醇酒，间之，欲有所言，复饮之，醉而后去，终莫得开说，以为常。③

他把"言文刻深，欲务名声"的官员免职，代之"讷于文辞，重厚长者"。诸事安排就绪之后，他日日饮酒，不事事。这就是说曹参入朝以后，也还继续清静无为的思想路线。

把清静无为落实于现实世界，统治者随即面临着是否认可和实行法治的问题，对此，前文所言及平民意识、游民意识与法治之间所存在的内在关联，使得奉行清静无为政策的统治者也离不开对法治的运用。

刘邦初入关中，即约法三章，④ 后又因"三章之法不足以御奸"，丞相

---

① 《史记》卷五十四《曹相国世家》，第2029页。
② 《史记》卷五十四《曹相国世家》，第2029页。
③ 《史记》卷五十四《曹相国世家》，第2029页。
④ 对于汉高祖是否去秦法，学术界有不同看法。有学者认为汉高祖并未去秦苛法，如韩国磐著《汉高祖除秦苛法质疑》（《求索》1992年第6期）；高敏著《汉初法律全部继承秦律说——读张家山汉简〈奏谳书〉札记之一》〔载中国秦汉史研究会编《秦汉史论丛》（第六辑），江西教育出版社，1994〕；卜宪群则说，汉初法律与秦律"有诸多相同或相似之处"。（卜宪群：《秦制、楚制与汉制》，《中国史研究》1995年第1期）《奏谳书》出土于1983年湖北江陵张家山247号墓，有16条汉初的案例，其年代都在汉高祖六年至十一年间，这些出土文物应可证此说，见江陵张家山汉简整理小组编《江陵张家山汉简〈奏谳书〉释文（一）》（《文物》1993年第8期）。

第一章 社会的平民化走向与汉初乍始思想领域里儒家和黄老学的状况

萧何"捃摭秦法,取其宜于时者,作律九章"。①《晋书》说得更明白:

> 汉承秦制,萧何定律,除参夷连坐之罪,增部主见知之条,益事律《兴》、《厩》、《户》篇,合为九篇。②

对萧何之后奉行黄老政治的汉初统治者来说,既需保持清静无为,又需不离法治。当时有已成法典的九章律,所以曹参"举事无所变更,一遵萧何约束"③。这个"萧规曹随"实属必然,它得自于自然主义立场的黄老思想同汉初社会的平民意识、游民意识之间的内在关联。

当黄老治术被曹参介绍给继高祖位的惠帝时,惠帝同样推崇这样的黄老治术。先前惠帝尚不理解曹参的为政之道,曾私下向曹参之子中大夫曹窋责怪曹参不治世,并让他暗中探问原委,结果曹窋的谏问引起曹参发怒,曹窋受其父笞击二百的处罚。经过此番周折,惠帝只好在朝上言说究竟,于是曹参与惠帝有这样的交谈:

> 参免冠谢曰:"陛下自察圣武孰与高帝?"
> 上曰:"朕乃安敢望先帝乎!"
> 曰:"陛下观臣能孰与萧何贤?"
> 上曰:"君似不及也。"
> 参曰:"陛下言之是也。且高帝与萧何定天下,法令既明,今陛下垂拱,参等守职,遵而勿失,不亦可乎?"
> 惠帝曰:"善,君休矣!"④

按照曹参所说,治国的原则是先制订一套规章制度,然后守着这套制度不可轻易改变,在上者循名责实,在下者在规章制度的范围内活动,不受干涉。曹参的说法道出了结合清静无为与法治的黄老治术之要点,惠帝听后大称其善,充分肯定黄老政治。

《汉书·刑法志》说:"萧曹为相,填以无为……及孝文即位,躬修玄默……而将相皆旧功臣,少文多质,惩恶亡秦之政,论议务在宽厚,耻言人之过失。"⑤ 这里的"少文多质"颇有蕴意,所谓"少文多质",即少文

---

① 《汉书》卷二十三《刑法志》,第 1096 页。
② 《晋书》卷三十《刑法志》,中华书局,1974,第 922 页。
③ 《史记》卷五十四《曹相国世家》,第 2029 页。
④ 《史记》卷五十四《曹相国世家》,第 2030 页。
⑤ 《汉书》卷二十三《刑法志》,第 1097 页。

饰，这就是平民朴素性之反映。由平民上升而来的第一代汉政权当权者仍保留有平民意识，他们位尊权重，而在气质、思想方式上却依然如故，所以他们天然地对黄老政治有认同感，这样，被曹参带到汉初政坛的黄老，自然也为他们所喜好，君臣一意，黄老政治因之成为汉初相当一段时期的政治指导思想。①

汉初甫始，在平民化的社会结构构成影响下，儒学沉寂，黄老道家兴盛。汉初儒学的复起就是从这样的历史起点上开始的。

---

① 钱穆先生曾说："汉初政府纯粹代表一种农民素朴的精神，无为主义即为农民社会政治思想之反映。"见氏著《国史大纲》（上册），第129页。钱穆先生所谈的是汉初政府执政人员思想、行为方面体现出的农民素朴的精神风格，"农民素朴的精神"，也就是本书所言的重实际、求朴实的平民意识所显示的风貌。他言"无为主义即为农民社会政治思想之反映"，这指出了"农民素朴的精神"与主清静无为的黄老被选择为实际政治指导思想之间的内在联系。不过，钱穆只言及汉初平民政府对黄老选择清静无为的一面，未及其继承法治的另一面，而且他也未注意到平民、游民意识在汉初社会的凸显同当时黄老活跃、儒学沉寂社会思潮状况之间的关联。然而，即便如此，钱穆先生的见解也已经给本书的构思带来了极大的启发。

第二章　汉初社会上层和执政人员思想的贵族化与政治上的儒术独尊

汉初乍始的黄老兴盛并没有阻绝儒学思潮随后的日渐活跃，在此后的汉初历史进程中，儒学悄然复苏，在文化的各个方面都得以发展，尤其在作为社会意识形态最核心的政治层面，至武帝一朝，独尊儒术，儒学地位如日中天，实为儒学思潮兴盛之极点。儒学在政治地位上的这种变化，亦正是汉初儒学由衰至盛变化最醒目、最强烈的表现，故本书当首先加以探讨。

汉初儒学沉寂与周秦以来的社会平民化趋势有内在关联，而如果我们探讨在政治领域儒学思潮能够奇巧地由衰到盛的原因，乃至这种变化渐次实现的细节，那么我们还应回到汉初社会的平民化变化这个背景上去。因为，随着汉初历史进程的展开，社会上层及其执政人员思想风格在逐步发生着去平民化的贵族化转变，而儒学在政治领域上的变化实与这种转变有直接的关联。

第一节　汉初社会上层的贵族化

一

前文已言，汉王朝第一代中央政府的执政人员和被赋予较高社会地位的社会上流主要来源于以往的平民，故政府的执政人员和社会上层成员思想上依然保持着脱不掉的平民意识，但这些情形在汉初社会演进中被逐步改变着。随汉初社会的发展，新的社会上层成员的平民气息渐渐消退，贵族意识日益积累和增强，汉初建立时社会的平民化特征在逐步减弱，一个展现贵族思想风貌的上层贵族社会正被造就出来，本节对此先作一考察。

尽管平民分子占据汉初上层社会，但他们的平民意识不会在这样的社会层面上一成不变地保持下去。谈到中国历史的王朝更替时，杜亚泉曾有这样的看法：

> 其武力之优秀者，渐渐占势力于社会，成贵族阶级。而智力之优

> 秀者，又凭借其智识，以自奋于社会，成为智识阶级。贵族阶级欲以
> 其势力支配社会，不能不有智识之为之辅……于是贵族者亲师重道、
> 以吸收智识，是谓贵族阶级之智识化……①

杜亚泉这里所谓的"贵族"，也就是在政权角逐中的取胜者。他的一番话指出了获得政权、进入社会上层后，对社会具有支配力量的这些平民分子接受文化教养，即所谓"贵族阶级之智识化"有其必然性。

上层社会人物不会永远把自己隔绝于文化教养之外，他们最终会转向欣赏文化，接受文化教养，这种转变在不同时代、不同条件下历经的代际会有不同，但最终会实现从平民化到贵族化的转变则是无疑的。在汉初，王朝建立之始就进入社会上层的平民分子，他们属于第一代社会上层，就年龄上推断，这部分人员的思想早已稳定下来，文化教育对他们不易发生实效，但对有年龄优势的上层贵胄后辈而言却并非如此，他们能够接受知识更新和思想培养，因此，在思想和行为方式上具有不同面貌的社会上层人物应该始自这个阶层的第二代。刘邦曾有"手敕太子"逸文五条被《古文苑》收录，其中说道：

> 吾遭乱世，当秦禁学，自喜，谓读书无益。洎践祚以来，时方省
> 书，乃使人知作者之意，追思昔所行，多不是。
> 吾生不学书，但读书问字而遂知耳，以此故不大工，然亦足自辞
> 解。今视汝书，犹不如吾，汝可勤学习，每上疏宜自书，勿使人也。②

刘邦的觉悟可以反映出上层社会的第一代已经开始重视对后辈的文化教育，上层社会第二代思想意识变化的先声已经响起。

《汉书·楚元王传》载，楚元王刘交"好《诗》，诸子皆读《诗》"③，大儒申公在楚时也曾请楚元王之孙刘戊为傅。以《诗》为教是刘交家族进行文化教养的重要方式，但因为楚元王刘交原本就习儒，所以他以《诗》教子是自然的，我们尚不能以此推断上层社会教育的一般情况。

二

一般而言，皇室对整个上层社会有垂范作用。我们先考察一下造成汉

---

① 伧父（杜亚泉）：《中国政治革命不成就及社会革命不发生之原因》。
② 《全汉文》卷一《高帝》，载严可均校辑《全上古三代秦汉三国六朝文》（第一册），中华书局，1958年影印本，第131页上栏。
③ 《汉书》卷三十六《楚元王传》，第1922页。

第二章　汉初社会上层和执政人员思想的贵族化与政治上的儒术独尊 <<<

初皇室成员贵族化的一套文化教育方式。

考《史记》《汉书》所涉及的皇室教育，能反映出受文化教养情况的汉初皇子共有十人。《后汉书·百官志》说，太傅"掌以善导"①，是培养、教育辅导皇室子弟的专职人物。搜检《史记》《汉书》等史料，可以见到这十位皇子中八人的师傅，这里，我们所能看到的八人所从之师都有儒者，或思想、行为方面尊奉儒学之士。② 具体说，其中有经师、名儒（叔孙通、贾谊、申公、辕固、韩婴），有践履儒家礼仪规范的榜样（石奋），有向儒之士（窦婴、卫绾）。由他们所教育的八位皇子恰是汉王朝依次递进的三代，这些皇子是，刘邦子刘盈（惠帝）、刘恒子刘启（景帝）、梁怀王刘揖、刘启子废太子刘荣、后立太子刘彻（武帝）、河间献王刘德、清河哀王刘乘、常山宪王刘舜。八位皇子的教育是有儒家色彩的，除八人之外，另外尚有两位皇子——刘恒和景帝另一子中山靖王刘胜，在《史记》《汉书》中没有儒者或亲儒人士对他们行师傅之职的记载，但有能反映出这两位皇子了解、掌握儒经的相关史料。为讨论方便起见，这里将十位皇子接受文化教育中有儒家色彩的相关材料列表，见表 2-1。

表 2-1　汉初皇室教育史料一览

人物		师从情况		学习儒经情况	
	所从之师	史料及出处	曾习读之经	史料及出处	
皇室第二代	刘盈	田何、叔孙通	《史记·刘敬叔孙通列传》："汉九年，高帝徙叔孙通为太子太傅。"③《汉书·百官公卿表》亦将"博士叔孙通为奉常，三年徙为太子太傅"记于"高帝七年"条下。④	《易》	皇甫谧《高士传》卷中"田何"条言："帝亲幸其庐，以受业终。"⑤

---

① 《后汉书》志第二十四《百官一》，中华书局，1965，第 3556 页。
② 当然，皇室子弟也许并非单单从师一人，他们可能受过不同思想倾向的多人之教。可以看到，后来成为景帝的刘启兼有功臣张相如及治刑名法家的张殴和晁错为师。不过，在上述十位皇子中，目前能找到资料证明这种情况的也就是刘启一人。但是，无论如何，当时的皇室子弟的教育脱离不了儒家因素则是确定的。
③ 《史记》卷九十九《刘敬叔孙通传》，第 2724 页。
④ 《汉书》卷十九《百官公卿表》，第 747~748 页。
⑤ 皇甫谧撰《高士传》，第 69 页。

续表

人物	师从情况		学习儒经情况	
	所从之师	史料及出处	曾习读之经	史料及出处
皇室第二代 刘恒			《诗》	据《汉书·刑法志》，文帝十三年所颁《废肉刑诏》引《诗经·大雅·泂酌》句"恺弟君子，民之父母"。①
皇室第三代 刘启	石奋	《史记·万石张叔列传》："文帝时，东阳侯张相如为太子太傅，免。选可为傅者皆推奋，奋为太子太傅。"②		
刘揖	贾谊	《史记·屈原贾生列传》："（文帝）以贾生为梁怀王太傅。"③	《诗》《书》	《汉书·文三王传》："梁怀王揖，文帝少子也。好《诗》、《书》。"④
刘荣	窦婴	《汉书·窦田灌韩传》："（景帝）四年立栗太子，以婴为傅。"⑤		
皇室第四代 刘彻	卫绾	《汉书·万石卫直周张传》："上（指景帝）立胶东王为太子，召绾拜为太子太傅。"⑥《汉书·百官公卿表》于"景帝三年""景帝中元三年"条下都记有卫绾为太子太傅。⑦	《诗》《书》	《史记·董仲舒传》所载的武帝策问中记他所引之《诗》："嗟尔君子，毋常安息，神之听之，介尔景福。"⑧《史记·三王世家》所录的册封广陵王等三王之诏亦引《诗》："高山仰之，景行向之。"引《书》："臣不作威不作福。"⑨《史记索隐》说："按《武帝集》，此三王策皆武帝手制。"⑩

---

① 《汉书》卷二十三《刑法志》，第 1098 页。
② 《史记》卷一百三《万石张叔列传》，第 2764 页。
③ 《史记》卷八十四《屈原贾生列传》，第 2492 页。
④ 《汉书》卷四十七《文三王传》，第 2212 页。
⑤ 《汉书》卷五十二《窦田灌韩传》，第 2376 页。
⑥ 《汉书》卷四十六《万石卫直周张传》，第 2201 页。
⑦ 《汉书》卷十九《百官公卿表》，第 762、764 页。
⑧ 《汉书》卷五十六《董仲舒传》，第 2514 页。
⑨ 《史记》卷六十《三王世家》，第 2108、2113 页。
⑩ 裴骃：《史记集解》，《史记》卷六十文后注，第 2111 页。

第二章 汉初社会上层和执政人员思想的贵族化与政治上的儒术独尊 <<<

续表

人物		师从情况		学习儒经情况	
	所从之师	史料及出处	曾习读之经	史料及出处	
皇室第四代	刘德	卫绾	《汉书·万石卫直周张传》："（景帝）乃拜绾为河间王太傅。"①《汉书·百官公卿表》亦记"河间太傅卫绾为中尉"一事于景帝三年。②	《诗》《书》《礼》《易》《春秋》	《汉书·景十三王传》："其学举六艺。"③
	刘乘	辕固	《汉书·儒林传》："上（指景帝）以固廉直，拜为清河太傅。"④		
	刘舜	韩婴	《史记·儒林列传》："景帝时（韩婴）为常山太傅。"⑤		
	刘胜			《诗》	据《汉书·景十三王传》，建元三年，在朝会上即席回答武帝所问时，刘胜引《诗》："我心忧伤，怒焉如捣；假寐永叹，唯忧用老；心之忧矣，疢如疾首。"⑥

《史记·外戚世家》曾言："窦太后好黄帝、老子言，景帝及诸窦不得不读《黄帝》《老子》，尊其术。"⑦ 但这只表示窦太后的个人爱好，并非是说皇室不再继续从儒习经的文化教育，而且"不得不"三字又可显示读《黄帝》《老子》并非定制。汉景帝刘启为窦太后之子，窦太后影响力最强的时期是景帝主政之时，由表 2-1 所示，在汉景帝十三子里，能清楚就师状况的有六人，六人中的五人有儒者或向儒之士为师，另一人刘胜对《诗》有娴熟的掌握。能清楚就师状况的这六人都接受了儒家

---

① 《汉书》卷四十六《万石卫直周张传》，第 2201 页。
② 《汉书》卷十九《百官公卿表》，第 762 页。
③ 《汉书》卷五十三《景十三王传》，第 2410 页。
④ 《汉书》卷八十八《儒林传》，第 3612 页。
⑤ 《史记》卷一百二十一《儒林列传》，第 3124 页。
⑥ 《汉书》卷五十三《景十三王传》，第 2425 页。
⑦ 《史记》卷四十九《外戚世家》，第 1975 页。《汉书·外戚传》也有此语，但少"黄帝"二字，见《汉书》卷九十七上《外戚传》第 3943 页。

色彩的教育，由此我们可以推断，在皇室第四代那里，皇族教育中师儒习经已成为惯常之举，即使有喜好黄老的窦太后的影响，皇室成员的文化教育也未改变以往的方式，从师习经仍是必要手段。

皇室文化教育方式对上层社会提供了范例，从儒习经也是整个上层社会进行文化教养所循的方法，《史记》《汉书》中缺乏这方面的相关史料，但20世纪70年代出土的汉初墓随葬简帛为我们提供了一些根据。

长沙马王堆汉墓三号中出土有纪年的木牍，记载此墓下葬于文帝十二年（公元前168年），墓主是第一代轪侯长沙丞相利苍之子，第二代轪侯利豨之兄，该墓有帛书出土。阜阳双古堆一号汉墓的墓主是卒于文帝十五年（公元前165年）的第二代汝阴侯夏侯灶，该墓亦有随葬竹简。① 两墓墓主都是汉初上层社会第二代的王侯家族成员，两处的出土文献恰恰可以从一个侧面反映汉初上层社会进行文化教养所依凭的文献材料。由发掘出的简帛我们看到，两处都发现有《周易》抄本，马王堆汉墓中虽无独立的《诗经》文本，但其中如《五行》等文篇常常引用《诗经》的篇章。另外，在发掘后被定名为《春秋事语》的这部分材料，叙述春秋时代的史实，有纪事，有议论，亦显示儒家色彩。其中发表意见最多的是"闵子辛"，张政烺先生考证认为，此人就是孔子弟子闵子骞。② 阜阳汉墓出土的简片内容更丰，除《周易》外，还包括了今本《诗经》的《风》《小雅》近六十九篇。其中，《风》诗有六十五篇，具体是：《周南》《召南》《邶》《鄘》《卫》《王》《郑》《齐》《魏》《唐》《秦》《陈》《曹》《豳》等，只有《桧风》未见，计有残诗六十五首；《小雅》诗有《鹿鸣》《伐木》等四篇。③

重行为规范的教育也是汉初上层社会文化教养所要求的方面，《西京杂记》卷四载：

> 梁孝王子买从朝，年幼，窦太后欲强冠婚之。上谓王曰："儿堪冠矣。"王顿首谢曰："臣闻《礼》二十而冠，冠而字，字以表德。自非显才高行，安可强冠之哉？"帝曰："儿堪冠矣。"余日，帝又曰："儿堪室矣。"王顿首谢曰："臣闻《礼》三十壮，有室。儿年

---

① 参见金安槐《中国考古·秦汉考古》，上海古籍出版社，1992。
② 参见张政烺《春秋事语解题》，《文物》1977年第1期。
③ 参见文物局古文献研究室、安徽省阜阳地区博物馆阜阳汉简整理组《阜阳汉简简介》，《文物》1983年第2期。

第二章 汉初社会上层和执政人员思想的贵族化与政治上的儒术独尊

蒙悼，未有人父之端，安可强室哉？"帝曰："儿堪室矣。"①

按儒家仪礼，二十岁成人，初加冠；三十岁血气已定，可为人父。《礼记·曲礼》已称："二十曰弱，冠；三十曰壮。"②梁孝王之子刘买对此知之甚熟，这当来自相关内容的教育的结果。

在上层社会的教育上，外戚窦氏一门是有典型性的。窦婴为文帝妻窦氏从兄之子，《汉书·外戚传》载：

> 窦后兄长君。弟广国字少君，年四五岁时，家贫，为人所略卖，其家不知处。传十余家至宜阳，为其主入山作炭。暮卧岸下百余人，岸崩，尽厌（压）杀卧者，少君独脱不死。自卜，数日当为侯。从其家之长安，闻皇后新立，家在观津，姓窦氏。广国去时虽少，识其县名及姓，又尝与其姊采桑，堕，用为符信，上书自陈。皇后言帝，召见问之，具言其故，果是。复问其所识，曰："姊去我西时，与我决传舍中，丐沐沐我，已，饭我，乃去。"于是窦皇后持之而泣，侍御左右皆悲。乃厚赐之，家于长安。
>
> 绛侯、灌将军等曰："吾属不死，命乃且县此两人。两人所出微，不可不为择师傅，又复放（仿）吕氏大事也。"于是乃选长者之有节行者与居。窦长君、少君由此为退让君子，不敢以富贵骄人。③

窦氏一家出身寒门，为下层平民，窦氏兄弟早年贫贱，甚至悲惨到为人入山烧炭的地步，稍成年后窦长君及其弟少君才有机会同已显贵的窦后相认。此时执权的大臣以为"此两人所出微，不可不为择师傅"，于是使他们接受了教育，"窦长君、少君由此为退让君子"，成为行有节度的"退让君子"。显见，对他们的教育包括了礼仪规范教育。

汉初上层社会以从儒习经和行为规范教育作为文化教养的必要手段，这造成了接受这套文化教养的上层社会成员的贵族化。具体说，第一，《诗》《书》等经籍构成的文化系统被提供给上层社会，这套文化系统同时是思想塑造的无形工具，这些经籍所蕴含或由此阐发出来的思想观念也渐为社会上层了解和认同。第二，行为的规范化要求的是对儒家所倡

---

① 葛洪撰《西京杂记》，第29页。
② 朱彬撰《礼记训纂》卷一《曲礼上》，第8页。
③ 《汉书》卷九十七上《外戚传》，第3944页。

导的礼仪的尊崇,如刘买在礼仪上坚持己见,他所坚持的礼仪规定来自《礼》;窦氏兄弟成为"退让君子",这显然也是经由礼的教化而来的。经由这样的过程,社会上层新一代成员的行为受到儒家礼仪的规范。由这样两方面看,汉初上层社会的文化教养是一种从内心思想观念到外在举止仪态的培养,这番教养对一般平民来说并不多见,长期经受这样的教育,新一代上层社会人物的思维方式、行为习惯,相应凝结起一种平民不具有的精神气质,从而逐渐形成了他们的贵族文化气息,最终实现了上层社会思想风格上的贵族化。

第二节 汉初中央政府执政人员成分构成上的平民性质之改变

新一代社会上层成员接受文化教养,与此同时,汉初第一代权要也随时间的推移逐步退出历史舞台,上层权力掌握者成分构成上的平民性质也随汉初历史的推进而改变。

本书在第一章里曾引赵翼和钱穆先生的说法指出汉初伊始中央政府的平民构成,建政之初的中央政府组成格局在《汉书·百官公卿表》(下简称《公卿表》)中也同样能体现出来,《公卿表》有高帝时期任职三公九卿者的名录及其任期记载。除高帝时期三公九卿的材料外,《公卿表》还载有紧接高帝之后的惠帝、吕后、文帝、景帝和武帝等西汉各时期公卿的任职资料。列出《公卿表》所记录的汉初各时期任职公卿者,对照比较不同时期任职公卿者个人背景上的总体差别,我们可以看到整个汉初时期中央政府组成格局变化的大体态势。

研究汉初军功受益阶层,学者李开元就以《公卿表》为主要依据,同时补充其他史料,分列汉初各时期三公九卿的情况表,[①] 比起《公卿表》来,他罗列的资料更为翔实。本节意于探讨"平民政府"形成之后汉初上层权力掌握者成分构成上的变化,为使本节深入展开,我们借鉴李开元先生制作的若干表列以反映高帝、惠吕、文帝和景帝等汉初四个时期三公九卿的人员组成情况。不过,基于研究的着眼点不同,我们对他表列中的栏目也有所增删。

定位于范围广泛的汉初军功受益阶层的探讨,李开元重视的是三公九卿是否具有军功资历,故其表列有"阶层"一栏,将公卿的成分来源

---

① 见李开元《汉帝国的建立与刘邦集团——军功受益阶层研究》,第267~273页。

第二章 汉初社会上层和执政人员思想的贵族化与政治上的儒术独尊 <<<

归结为"军层""宗亲""法吏""儒吏"等几个阶层,以"军层"一词概括有军功背景者。因为研究的旨趣不在于汉初的军功阶层①,所以,本书在借鉴他所制作的表列时,去其"阶层"条目,列入旨在用以推定公卿的思想性格的"个人背景"一栏。

我们首先通过表2-2、表2-3看一看高帝和惠吕两个时期的公卿组成状况。

表2-2 高帝时期三公九卿情况

	人物	官位	任期	个人背景
1	韩信	大将军	汉元年	参与刘邦创业活动因功被封为淮阴侯
2	卢绾	太尉	汉二年—五年九月	参与刘邦创业活动因功被封为燕王
3	周勃	太尉	高十一年	参与刘邦创业活动因功被封为绛侯
4	萧何	丞相	汉元年—惠二年	参与刘邦创业活动因功被封为酂侯
5	周苛	御史大夫	汉元年—三年	参与刘邦创业活动因功被封为高景侯
6	周昌	中尉 御史大夫	汉元年—三年 汉四年—九年	参与刘邦创业活动因功被封为汾阴侯
7	赵尧	御史大夫	高十年—吕元年	参与刘邦创业活动因功被封为江邑侯
8	襄	治粟内史	汉元年	参与刘邦创业活动因功被封为棘丘侯
9	夏侯婴	太仆	汉元年—文八年	参与刘邦创业活动因功被封为汝阴侯
10	曹参	中尉	汉二年?	参与刘邦创业活动因功被封为平阳侯
11	靳强	中尉	高五年?	参与刘邦创业活动因功被封为汾阳侯
12	朱进	中尉	高五年?	参与刘邦创业活动因功被封为中邑侯
13	薛欧	典客	高五年	参与刘邦创业活动因功被封为广平侯
14	丙猜	中尉	高五年	参与刘邦创业活动因功被封为高宛侯
15	义渠	廷尉	高五年—九年	不明

① 实际上,被概括进李文"军层"概念下的人员情况并不单纯。第一,属于刘邦创业集团的重要人员都属于"军层",他们绝大部分来自平民,甚至是平民中的游民,但这个集团里也有个别如张良这样的贵族出身者,或如叔孙通这样的有贵族文化气息的儒士。第二,景帝时期受爵封侯的"军层"包括了景帝时期平定吴楚的军人,他们中有属于受过文化教养的上层社会第二代。故在这样的"军层"范围内,既有加入刘邦创业集团的那些来源于平民因而带有平民气质的军人,也有受过文化教养的儒士,以及褪去平民意识的贵胄后辈。这些复杂情形对于李文可以忽略,但因为研究的着眼点不同,这些情形对本书来说是重要的,它们构成本书探讨上层权力掌握者普遍的平民构成状况之改变的重要素材。

续表

	人物	官位	任期	个人背景
16	王恬启	郎中令	高五年—十二年	参与刘邦创业活动因功被封为山都侯
17	阳成延	少府	高五年—吕七年	参与刘邦创业活动因功被封为梧侯
18	公上不害	太仆	高六年—十年	参与刘邦创业活动因功被封为汲侯
19	灵常	中尉	高六年十二月—	参与刘邦创业活动因被封为阳羡侯
20	郦商	卫尉	高六年—十一年	参与刘邦创业活动因功被封为曲周侯
21	叔孙通	奉常	高七年—九年 高十二年—惠六年	儒者
22	宣义	廷尉	高十年—	参与刘邦创业活动因被封为土军侯
23	杜恬	廷尉	高十一年	参与刘邦创业活动因功被封为长修侯
24	王氏	卫尉	高十一年—十二年	不明
25	戚鳃	中尉	高十一年—惠四年	参与刘邦创业活动因被封为临辕侯
26	育	廷尉	高十二年—吕七年	不明

表2-3 惠吕时期三公九卿情况

	人物	官位	任期	个人背景
1	周勃	太尉	惠六年—文元年	参与刘邦创业活动因功被封为绛侯
2	萧何	丞相	汉元年—惠二年	参与刘邦创业活动因功被封为酂侯
3	曹参	丞相	惠二年七月—五年八月	参与刘邦创业活动因功被封为平阳侯
4	王陵	丞相	惠六年十月—吕元年十一月	参与刘邦创业活动因功被封为安国侯
5	陈平	郎中令 丞相	高十二年—惠五年 惠六年十月—文二年十月	参与刘邦创业活动因功被封为曲逆侯
6	审食其	典客 丞相 丞相	惠七年—吕元年 吕元年十一月—七年七月 吕八年九月—后九年	参与刘邦创业活动因功被封为辟阳侯
7	吕产	丞相	吕八年九月—后九年	外戚、上层社会之第二代,被封为汶侯
8	赵尧	御史大夫	高十年—吕元年	参与刘邦创业活动因功被封为江邑侯
9	任敖	御史大夫	吕元年—三年	参与刘邦创业活动因功被封为广阿侯
10	曹窋	御史大夫	吕四年—八年	上层社会之第二代,袭平阳侯
11	夏侯婴	太仆	汉元年—文八年	参与刘邦创业活动因功被封为汝阴侯
12	阳成延	少府	高五年—吕七年	参与刘邦创业活动因功被封为梧侯
13	叔孙通	奉常	高十二年—惠六年	儒者
14	戚鳃	中尉	高十一年—惠四年?	参与刘邦创业活动因功被封为临辕侯
15	育	廷尉	高十二年—吕七年	不明
16	刘泽	卫尉	惠元年—吕四年	参与刘邦创业活动因功被封为营陵侯
17	冯无择	郎中令	惠六年—吕三年	参与刘邦创业活动因功被封为博城侯
18	贾寿	郎中令	吕四年—吕八年	不明

第二章 汉初社会上层和执政人员思想的贵族化与政治上的儒术独尊

续表

	人物	官位	任　　期	个人背景
19	免	奉常	惠七年—吕六年	不明
20	卫无择	卫尉	吕四年—六年？	参与刘邦创业活动因功被封为乐平侯
21	足	卫尉	吕七年—文元年	参与刘邦创业活动因功被封为关内侯
22	围	廷尉	吕七年—八年	不明
23	根	奉常	吕七年—文元年	不明
24	刘揭	典客	吕七年—文二年	参与刘邦创业活动因功被封为阳信侯

由表 2-2、2-3 可见，高帝时期公卿的二十六人，除叔孙通和另外尚难查证身份的三人外，其余二十二人为汉初所封的王侯；惠吕时期公卿二十四人，除叔孙通、吕产（为吕后侄，是上层社会之第二代）和尚难查证身份的五人，其余十七人也都是因军功封侯者，他们出自刘邦的创业集团，是同刘邦一样有相同习性的平民分子。

我们再通过表 2-4 考察一下文帝时期的公卿组成状况。

表 2-4　文帝时期三公九卿情况

	人物	官位	任　　期	个人背景
1	周勃	丞相 丞相	文元年十一月—八月 文二年十一月—三年十二月	参与刘邦创业活动因功被封为绛侯
2	灌婴	太尉 丞相	文元年十月—三年 文三年十二月—四年十二月	参与刘邦创业活动因功被封为颍阴侯
3	张苍	御史大夫 丞相	吕八年—文三年 文四年正月—后二年八月	参与刘邦创业活动因功被封为北平侯
4	申屠嘉	御史大夫 丞相	文十六年—后元年 文后二年八月—景二年六月	参与刘邦创业活动因功被封为故安侯
5	围	御史大夫	文四年—六年	不明
6	冯敬	典客 御史大夫	文三年—六年 文七年—十五年	参与刘邦创业活动的军人
7	陶青	御史大夫	文后二年—景元年	上层社会之第二代，袭开封侯
8	夏侯婴	太仆	汉元年—文八年	参与刘邦创业活动因功被封为汝阴侯
9	足	卫尉	吕六年—文元年	参与刘邦创业活动因功被封为关内侯
10	刘揭	典客	吕七年—文二年	参与刘邦创业活动因功被封为阳信侯
11	根	奉常	吕七年—文元年	不明
12	张武	郎中令	文元年—后七年？	不明
13	宋昌	中尉	文元年—六年？	参与刘邦创业活动因功被封为壮武侯
14	吴公	廷尉	文元年—六年	文法之吏、习儒经者

续表

	人物	官位	任　　期	个人背景
15	令免①	卫尉	一文后六年	不明
16	饶	奉常	文二年—十一年	不明
17	贺	廷尉	文六年	不明
18	福	中尉	文六年—	不明
19	靓	典客	文七年—	不明
20	昌	廷尉	文十年—	不明
21	嘉	廷尉	文十年—	不明
22	昌闻	奉常	文十二年—后六年	不明
23	周舍	中尉	文十四年—	不明
24	宜昌	廷尉	文十五年—	不明
25	信	廷尉	文后元年	不明
26	奚信	奉常	文后七年	上层社会之第二代，袭阳定侯
27	张释之	廷尉	文后六年—七年	喜黄老术者
28	周亚夫	中尉	文后六年—景二年	上层社会之第二代，袭条侯

由表 2-4 可见，文帝时期的二十八名公卿中，在背景清楚的十四人中，仍有九人为参与刘邦创业活动的军人，他们占据了公卿中的重要职位；上层社会之第二代有三人。这说明在汉初中央政府的人员构成上，一方面是平民分子仍具有主导地位，但另一方面新一代的上层人物也开始兴起。

最后我们再通过表 2-5 考察景帝时期的公卿组成状况。

表 2-5　景帝时期三公九卿情况

	人物	官位	任　　期	个人背景
1	窦婴	大将军	景三年	外戚、上层社会之第二代，被封为魏其侯
2	申屠嘉	丞相	文后二年八月—景二年六月	参与刘邦创业活动因功被封为故安侯
3	陶青	御史大夫 丞相	文后二年—景二年 景二年八月—七年六月	上层社会之第二代，袭开封侯
4	周亚夫	中尉 太尉 丞相	文后六年—景二年 景三年—七年 景七年六月—中元年九月	上层社会之第二代，袭条侯

---

① 李开元的《文帝时期三公九卿情况表》记为"免"。《汉书·文帝纪》载："六年冬，匈奴三万人入上郡，三万骑入云中。以中大夫令免为车骑将军屯飞狐。"颜师古注："中大夫，官名，其人姓令名免耳。……据百官表，景帝初改卫尉为中大夫令，文帝时无此官。"据此，本表将其名写为"令免"。

第二章 汉初社会上层和执政人员思想的贵族化与政治上的儒术独尊

续表

	人物	官位	任期	个人背景
5	刘舍	太仆	景五年—七年	上层社会之第二代,袭桃侯
		御史大夫	景七年—中二年	
		丞相	景中元年九月—后元年七月	
6	卫绾	中尉	景四年—	向儒之士,因平吴楚之乱被封建陵侯
		御史大夫	景中三年—中六年	
		丞相	景后元年八月—武建元元年六月	
7	晁错	御史大夫	景二年—三年	习法家者
8	介	御史大夫	景四年—六年	不明
9	直不疑	卫尉	景初年—后元年	习道家者,因平吴楚之乱被封塞侯
		御史大夫	景后元年八月——武建元元年	
10	石奋		景初年	因践履儒家礼仪规范闻名
11	张欧	廷尉	景元年—二年	治刑名者
		奉常	景五年—六年	
12	周仁	郎中令	景元年—后元年	不明
13	袁盎	奉常	—景三年?	习儒经者
14	䜣	奉常	景二年—	不明
15	殷	奉常	景三年—	不明
16	嘉	中尉	景三年—	不明
17	胜	廷尉	景三年—七年	不明
18	萧胜	奉常	景七年—中二年	上层社会之第二代,袭武阳侯
19	窦彭祖	奉常	景四年—	外戚、上层社会之第二代,被封为南皮侯
20	郅都	中尉	景七年—中三年	文法之吏
21	福	廷尉	景中元年—中五年	不明
22	乘昌	奉常	景中三年—四年	上层社会之第三代,袭煮枣侯
23	神	少府	景中五年—	不明
24	宁成	中尉	景中六年—	文法之吏
25	利彭祖	奉常	景中六年—后二年	上层社会之第三代,袭軑侯
26	瑕	廷尉	景后元年—武建元二年	不明
27	贺	郎中令	景后元年—三年	不明
28	广意	中尉	景二年—	不明
29	惠	治粟内史	景后二年—武建元二年	不明
30	许昌	奉常	景后三年—武建元二年	上层社会之第三代,袭柏至侯
31	田胜		景后元年	不明

由表 2-5 可见，在景帝时期职任公卿的三十一人①里上层社会之第二代，以至第三代都不鲜见。在背景清楚的十五人中，上层社会之第二代人物有五人，第三代有三人，汉初中央政府参与刘邦创业活动的军人仅有申屠嘉一人。这一时期虽然没有儒者成为中央政府行政官员，但在公卿行列里我们可以看到向儒之士（卫绾）、践履儒家礼仪规范的楷模（石奋）和习经者袁盎。

对照比较以上四个时期职任公卿者个人背景上反映出来的结构差别，可以推断，就总体上说，随着历史的演进，在经历高帝、惠吕和文帝三个时期以后，汉初中央政府执政人员的构成已经发生了根本性的变化。景二年六月，申屠嘉的相位由陶青接替，由军功受爵所形成的上层社会第一代已经完全离开了公卿的位置，中央政府执政人员转而由上层社会的新一代和其他人士所担任。

第三节 儒学官方思想地位之确立

上层社会新一代的思想意识已不同于以往那些做过功臣的先辈，王朝统治层也实现了新陈代谢。对汉王朝统治思想的转变来说，发生在属于上层社会的那些掌握统治权的政府组成人员身上的这种相关变化是有着重要意义的，平民意识是当时促成汉初统治层择定黄老思想作为政治统治指导思想的重要原因，经历了此番变化，汉初影响王朝政治指导思想选择的这个原因也就消失了。

能继续影响王朝选择黄老之说为统治指导思想的统治层的特殊心理倾向不复存在，同时，随着汉初社会的发展，同汉初伊始引入黄老思想作为政治指导思想时相比，王朝的政治经济形势日渐发生变化，②确立新的思想学说作为官方思想已成为大势所趋。

哪一种思想能取代黄老学说，被确立为汉王朝的官方思想呢？从历史

---

① 李开元的《景帝时期三公九卿情况表》将这一时期职任公卿者列为三十二位，他的相关研究也以这个数据为指标，其实他所列出的实际人数只有三十一人，"刘舍"是被重复统计的——一次列于周亚夫名后，另一次列于窦彭祖名后。另外，许昌应是上层社会之第三代，李开元只将他当作"军层"，而未能注意到此点。

② 以往学界对这些具体方面的变化已有所指出，综合诸说，主要的意见有：政治上，平定吴楚七国之乱和削藩政策的推行，诸侯王势力已被削弱，不足以与中央政府抗衡；经济上，在清静无为路线的持续之中，一方面，王朝聚集起雄厚的经济势力，另一方面，地方豪强力量扩充，自耕农破产，阶级矛盾激化了。

第二章　汉初社会上层和执政人员思想的贵族化与政治上的儒术独尊

结果看，最终取代黄老的是儒学。① 对于儒学地位被提升的原因，通常的解释往往有如下两点：第一，儒学符合汉王朝变化了的政治经济形势所提出的要求，在各种学说中儒家思想最具资格充任专制帝国的意识形态角色；② 第二，在宗法伦理源远流长的传统社会，儒学根基深厚。由这样两点提供的解释并非不当，但是，对此问题深入探讨下去，我们还应该注意到，上层社会平民意识的减弱乃至消失、贵族化倾向的发展催化着儒学地位的上升，这是儒学成为王朝统治思想的深刻根据和直接原因。

一

本章第一节已经指出，在当时上层社会新一辈所接受的文化教养中，儒家的诗书礼乐一套文化系统成了上层社会进行思想塑造的工具，经过这条渠道，儒学渐为社会上层所习。如此一来，新的一辈步入上层社会，就伴随着这样两方面的结果：一方面，先前影响王朝选择黄老为政治统治指导思想的平民意识告退于上层社会；另一方面，儒学填补了思想观念的真空，被上层社会所了解和日渐接受。上层社会告别平民意识，进入统治层、具有政治决断权的新一代上层社会人物便不再具有以往那种起自于自身平民意识的对黄老政治的那份天然倾向。而儒学被了解和接受，这又带来它被用于汉初政治、被赋予政治上更重要使命的可能性。儒学原本就是帝王之道的载体，囊括政治统治的基本原则、方略、典章制度和重要史鉴，正如班固在《汉书·儒林传》中所言："六（学）［艺］者，王教之典籍，先圣所以明天道，正人伦，致至治之成法也。"③ 儒学中具有丰富的政治统治思想资源，在王朝政治中这些资源能够发挥重要作用，为政者对儒学了

---

① 陈启云先生说："汉代独尊的是经学六艺而不是儒家思想。"（见氏著《儒学与汉代历史文化——陈启云文集二》，第123页）"武帝时，改而尊崇不带家派思想色彩，所以能兼容并包各家思想，因此被冯友兰认为是'敷衍维持'的六艺经学。在经过秦始皇用法家，汉初用黄老，这些家派思想色彩鲜明的学说都发生弊短缺失以后，汉武帝时代儒生有鉴于此，改而主张退而更化，放弃了包括儒家在内的诸子学说，而选择没有鲜明思想色彩的六艺经学来加以尊崇……"（见氏著《儒学与汉代历史文化——陈启云文集二》，第125~126页）本书以为，经学并非是一直游离于儒家之外的学说，从内容上说，经学蕴含了儒家的思想原则、方法和主张；就形式上说，独尊儒术之后，经学成为儒学的主流形态。对于经学与儒学关系的解释，另可参见本书95页脚下注①。

② 梁启超是这种说法的较早提出者，他的说法也具代表性，他称："孔学则严差等，贵秩序，而措而施之，则归结为君权……于帝王驭民最为适合，故霸者窃而取之，以宰制天下。"见氏著《论中国学术思想变迁之大势》，第40页，载《饮冰室合集一·文集之七》，中华书局，1989。

③ 《汉书》卷八十八，第3589页。

>>> 社会的平民化变迁与儒学变化

解越多,它在政治统治方面的工具价值就越易被关注,从而,发挥儒学的治世作用越发成为为政者所考量的问题。这样,对进入汉初统治层的新一代上层社会人物来说,不仅注意、重视以及对儒学加以借鉴和利用时少了来自以往第一代贵族所具有的自身思想意识的障碍,而且接纳儒学作为社会的主导思想正契合他们随着对儒学的了解和接受而积淀起来的思想背景。

就汉初政治发展的历史事实而言,这种变化在文帝当政之时已初见端倪。

汉文帝刘恒,为刘邦庶子,是皇室的第二代。他初封代地,因为朝廷权力之争,后被汉初功臣势力推上帝位,得由外藩入继大统。史载,文帝"本修黄老之言","好道家之学"①,但在本章第一节里我们曾指出,作为上层社会的第二代,文帝受过儒经教育,考文帝时期所发布诏书和其他皇室文书,我们甚至能看到文帝对儒学思想已有了相当的了解和接受。② 所以,应该认为,文帝不同于汉初第一代上层社会人物,他不是基于一种平民意识才贴近黄老思想的。

文帝不仅不是基于平民意识才贴近黄老思想,而且,因为儒学思想背景的作用,他甚至已有转换黄老路线、实行儒家政治的打算。分析这一点,我们还是先从文帝所发布的诏书和当时其他皇室文书开始谈起。

文帝倡导尊老恤弱,元年三月,文帝下诏:

> 方春和时,草木群生之物皆有以自乐,而吾百姓鳏寡孤独穷困之人或阽于死亡,而莫之省忧。为民父母将如何?其议所以振贷之。③

诏告中将春天所具有的自然特色同人事相比附,要求"为民父母"的官员提出振贷恤弱的措施。文帝言"为民父母"不止一处,在后来发布的《废肉刑诏》中也有"岂称为民父母之意哉"④ 的话。把君主、官吏与百姓的关系视为亲缘性的父子伦理关系,这是儒家思想所主张的,这种主张最早出自《尚书》,《尚书·洪范》说:"天子为民父母,以为天下王。"儒者对

---

① 《史记》卷二十三《礼书》,第1160页。
② 《风俗通义》卷二《正失》引刘向说,文帝"不甚好儒术",这并不意味文帝排斥儒家典籍和思想,牟宗三对史称的"不甚好儒术"有所解释,他说:"当时所谓儒术,亦礼乐、庠序、改正服(正朔、服色)、封禅,诸外部之设施而已,文帝不忍张皇,自不乐此。"这就是说,所谓"不好儒术",是针对文帝终未使那些"外部之设施"得以实施。见氏著《历史哲学》,(台湾)学生书局,1988,第238页。
③ 《汉书》卷四《文帝纪》,第113页。
④ 《史记》卷十《孝文本纪》,第428页。

这个观念是重视的，《尚书大传》就发挥说："圣人者，民之父母也。母能生之，能食之，父能教之，能诲之。圣王曲备之者也，能生之，能食之，能教之，能诲之也。为之城郭以居之，为之宫室以处之，为之庠序学校以教诲之，为之列地制亩以饮食之。"①

文帝时，淮南王刘长"不用汉法，出入警跸，称制，自作法令，数上书不逊顺"②。文帝授意帝舅薄昭予书劝谏，薄昭历数文帝对他恩厚有加的往事，又引骄傲不法者自遗其咎的历史典故，陈之利害。该书引用历史典故谈道："昔者，周公诛管叔，放蔡叔，以安周。"③处置刘长后，孝文十二年（公元前168年），汉文帝又叹："尧舜放逐骨肉，周公杀管叔，放蔡叔，天下称圣，不可私害公。"④这里所用的两个事例都是《尚书》所提及的。颜师古注曰："鲧及共工皆尧舜之同姓，故云骨肉。"⑤"尧舜放逐骨肉"之说载于《尚书·尧典》，《尧典》称："流共工于幽州，放驩兜于崇山，窜三苗于三危，殛鲧于羽山。"⑥"周公诛管叔，放蔡叔"是来由于《尚书·大诰》的经义，《大诰》即为管叔、蔡叔谋反，周公讨伐而作之文。⑦以儒家道德劝其改弦更张是薄昭劝谏的一大要点，薄昭称：

> 且夫贪让国土之名，轻废先帝之业，不可以言孝。父为之基，而不能守，不贤。不求守长陵，而求之真定，先母后父，不谊。数逆天子之令，不顺。言节行以高兄，无礼。幸臣有罪，大者立断，小者肉刑，不仁。贵布衣一剑之任，贱王侯之位，不知。不好学问大道，触情妄行，不（详）[祥]。此八者，危亡之路也……⑧

这里提及的孝、谊（义）、顺、礼、仁、知都是儒家的道德要求。薄昭的劝谏由文帝授意，劝谏的大体内容当然都是文帝所要表达的。

文帝主政时轻刑罚，其中重大举措是废止被称作黥、劓及刖左、右趾等三种肉刑，《汉书·刑法志》载，文帝十三年，齐太仓淳于公有罪当刑，

---

① 皮锡瑞撰《今文尚书考证》卷十一文后注，中华书局，1989，第261页。
② 《汉书》卷四十四《淮南衡山济北传》，第2136页。
③ 《汉书》卷四十四《淮南衡山济北传》，第2139页。
④ 《汉书》卷四十四《淮南衡山济北传》，第2144页。
⑤ 《汉书》卷四十四《淮南衡山济北传》，第2144页。
⑥ 皮锡瑞撰《今文尚书考证》，第68页。
⑦ 《史记》卷四《周本纪》："初，管、蔡畔周，周公讨之，三年而毕定，故初作《大诰》。"第132页。
⑧ 《汉书》卷四十四《淮南衡山济北传》，第2138页。

>>> 社会的平民化变迁与儒学变化

其女淳于缇萦上书哀请没为官奴以赎父罪，为此文帝诏：

> 盖闻有虞氏之时，画衣冠异章服以为戮，而民弗犯，何治之至也！今法有肉刑三，而奸不止，其咎安在？非乃朕德之薄，而教不明与！吾甚自愧。故夫训道不纯而愚民陷焉。《诗》曰："恺弟君子，民之父母。"今人有过，教未施而刑已加焉，或欲改行为善，而道亡由至……夫刑至断支体，刻肌肤，终身不息，何其刑之痛而不德也！岂称为民父母之意哉？其除肉刑，有以易之……①

《废肉刑诏》所称的"有虞氏之时，画衣冠异章服以为戮，而民弗犯"一语是出自《尚书大传·唐传》，《尚书大传》称："唐虞象刑，而民不敢犯。……唐虞之象刑，上刑赭衣不纯，中刑杂屦，下刑墨幪，以居州里……"②

儒家主张行德教，文帝在《废肉刑诏》里也表现了同样的见解，他把"奸不止"产生的原因归结为"教不明"，即德教的不足，从而把德教作为社会管理的方式以避免臣民作奸犯科。文帝引用《诗经·大雅·泂酌》中"恺弟君子，民之父母"③的文句，这表明文帝行德教的意见是有儒家经典所提供的依据的。

文帝既有上述一番思想观念，故他并非因循守旧，而是对王朝政治做了一番重新考虑。从最终结果看，文帝没有改变黄老思想在政治上的主导地位，但通过对相关历史资料的了解，我们能察觉他并不缺乏加强儒学在政治统治中的作用，以至弃除原有的黄老政治这样一种意愿，对此，我们结合《史记》《汉书》的材料作一叙述。

文帝初政，贾谊对汉初二十多年的社会政治情形进行反思，试图对汉初以来的制度加以变革，《汉书·贾谊传》称：

> 谊以为汉兴二十余年，天下和恰，宜当改正朔，易服色制度，定官名，兴礼乐。乃草具其仪法，色上黄，数用五，为官名悉更，奏之。④

贾谊的提议包括两个方面，一是对儒家礼乐的倡导；二是要求确定汉家天下为五行之德中的具体一德。

---

① 《汉书》卷二十三《刑法志》，第1098页。
② 皮锡瑞撰《今文尚书考证》卷一文后注，第66页。
③ 朱熹注《诗经集传》，第135页。
④ 《汉书》卷四十八《贾谊传》，第2222页。

第二章 汉初社会上层和执政人员思想的贵族化与政治上的儒术独尊

一方面,《汉书·礼乐志》载:

> 至文帝时,贾谊以为"汉承秦之败俗,废礼义,捐廉耻,今其甚者杀父兄,盗者取庙器,而大臣特以簿书不报期会为故,至于风俗流溢,恬而不怪,以为是适然耳。夫移风易俗,使天下回心而乡道,类非俗吏之所能为也。夫立君臣,等上下,使纲纪有序,六亲和睦,此非天之所为,人之所设也。人之所设,不为不立,不修则坏。汉兴至今二十余年,宜定制度,兴礼乐,然后诸侯轨道,百姓素朴,狱讼衰息。"①

贾谊痛陈社会流弊,指汉承袭秦之败俗,感叹时人"废礼义,捐廉耻","至于风俗流溢,恬而不怪,以为是适然耳",所以贾谊呼吁要"移风易俗,使天下回心而乡道",实现"立君臣,等上下,使纲纪有序,六亲和睦"的社会目标。贾谊指出实现这种目标相应的手段——"定制度,兴礼乐",以儒家政治进行社会治理。在贾谊这个提议的背后,显然是将儒家思想确立为王朝意识形态的思想期待。

另一方面,贾谊又将"兴礼乐"的要求同确定汉家天下为五行之德联系起来,急欲"改正朔,易服色制度",并且已经"草具其仪法,色上黄,数用五"。阴阳家的"五德终始说"自秦以来已经被为政者广泛接受,贾谊的这种做法不是纯粹为迎合阴阳家的"五德终始说",他的目的在于将受命改制提议同"兴礼乐"的目标紧密结合起来,让确立下来的汉家五行之德为其儒家治世方案张本,为儒家政治开拓道路。按照阴阳家的说法,五行之德应有相应的社会上、政治上的措施与之搭配,这便是阴阳家所谓"五德转移,治各有宜"②。例如,秦统一中国后,自以为得了水德,故"以水为王",认为应按照水德的要求来实施相应的社会上、政治上的措施,以黑色为正色,"数以六为纪……事皆决于法,刻削毋仁恩和义"③,与水德相一致,还必须实行严酷的法家政治。《史记·封禅书》说:"于是秦更命河曰'德水',以冬十月为年首,色上黑,度以六为名,音上大吕,事统上法。"④《史记集解》服虔曰:"政尚法令也。"瓒曰:"水,阴,阴主刑杀,故尚法。"⑤

---

① 《汉书》卷二十二《礼乐志》,第 1030 页。
② 《史记》卷七十四《孟子荀卿列传》,第 2344 页。
③ 《史记》卷六《秦始皇本纪》,第 237~238 页。
④ 《史记》卷二十八《封禅书》,第 1366 页。
⑤ 《史记集解》,《史记》卷二十八文后注,第 1366 页。

>>> 社会的平民化变迁与儒学变化

　　汉政权建立后，统治层已经确立了"水"德，《史记·封禅书》说刘邦入关中，"乃立黑帝祠，命曰北畤。……悉召故秦祝官，复置太祝、太宰，如其故仪礼"①。《史记·历书》又说："汉兴，高祖曰'北畤待我而起'，亦自以为获水德之瑞。……是时天下初定，方纲纪大基，高后女主皆未遑，故袭秦正朔服色。"② 实行法治，秦在水德主运里找到理论支持，袭秦之水德，作为思想根据，这对行清静无为面目下的法治也比较适宜。

　　在为汉家天下规定土德时，贾谊试图转变黄老政治，发挥儒学在政治中的作用，文帝对此如何回应呢？

　　紧接"贾谊以为：'……汉兴至今二十余年，宜定制度，兴礼乐，然后诸侯轨道，百姓素朴，狱讼衰息'"一语，《汉书·礼乐志》说："（贾谊）乃草具其仪，天子说焉。"③ 贾谊准备展开改变黄老在政治上的主导地位的一套设想，"天子说焉"透露了文帝对贾谊这一举止的态度，文帝开始也是中意于贾谊的政治方案的。不过，尽管文帝对贾谊的计划甚为满意，④ 但贾谊的政治设想还是最终未能贯彻下去。

　　汉王朝所奉行的黄老思想并未根本改变，主要原因在于：文帝当时初即位，其权力基础并不牢靠，第一代功臣集团仍在政治上占有重要的分量，他们发挥着自己的政治影响力，使国家政治依循旧章，为他们所偏好的黄老路线在政坛上无法被动摇。《汉书·礼乐志》紧接"（贾谊）乃草具其仪，天子说焉"之后说："大臣绛、灌之属害之，故其议遂寝。"⑤《史记·屈原贾生列传》所言更详，称："绛、灌、东阳侯、冯敬之属尽害之，乃短贾生曰：'洛阳之人，年少初学，专欲擅权，纷乱诸事。'"⑥ 这里所谓"绛"即绛侯周勃，文帝初年曾为相；"灌"即颖阴侯灌婴，文帝初年曾为太尉，后接周勃为相；"东阳侯"为张相如，文帝初年为太子太傅；冯敬，文帝三年至六年为典客，文帝七年至十五年

---

① 《史记》卷二十八《封禅书》，第1378页。
② 《史记》卷二十六《历书》，第1260页。
③ 《汉书》卷二十二《礼乐志》，第1030页。
④ 《史记》卷二十三《礼书》记文帝对贾谊提议的反应："孝文好道家之学，以为繁礼饰貌，无益于治。"而吕思勉先生认为《史记》断定汉文帝以为儒家之"繁礼饰貌，无益于治"，这是"臆度之辞，非其实也"，吕先生立论的出发点不同于本书，但是这个结论应是正确的。参见《吕思勉读史札记》（上册），上海古籍出版社，1982，第650页。
⑤ 《汉书》卷二十二《礼乐志》，第1030页。
⑥ 《史记》卷八十四《屈原贾生列传》，第2492页。

第二章　汉初社会上层和执政人员思想的贵族化与政治上的儒术独尊 <<<

为御史大夫。相国、太尉、御史大夫为三公，而太子太傅"位在三公上"①。周勃、灌婴、冯敬曾是当朝三公，而张相如为太子太傅，他们均是汉初功臣的代表人物，史书列举四人之名，不过以此概括当时在统治层的汉初第一代功臣权贵，基本上是黄老政治的实践者和拥护者，《史记·张释之冯唐列传》中张释之称："夫绛侯、东阳侯称为长者，此两人言事曾不能出口，岂效此啬夫谍谍利口捷给哉？"② 前文言及，所谓"长者"，不是年长者，而是曹参推崇的那些接受"清静无为"路线的"重厚长者"，即黄老政治的实践者。他们指责贾谊的口实"纷乱诸事"，这是斥其对黄老"清静无为"和"因循"的破坏。

文帝拥有儒经教育形成的思想基础，所以，他对提升儒学地位的问题始终耿耿于怀，一直未放弃提升儒学在政治上地位的努力。

距贾谊提议十二年之后，又有"鲁人公孙臣上书陈终始传五德事"③，《史记·封禅书》载：

> 鲁人公孙臣上书曰："始秦得水德，今汉受之，推终始传，则汉当土德，土德之应黄龙见。宜改正朔，易服色，色上黄。"是时丞相张苍好律历，以为汉乃水德之始，故河决金堤，其符也。年始冬十月，色外黑内赤，与德相应。如公孙臣言，非也。罢之。④

公孙臣的土德说先被罢斥。不料时隔三年后，公孙臣的土德主张获得了绝好的运气，文帝十五年，"黄龙见成纪"⑤，黄龙在一个叫成纪的地方出现了，这等于宣布了公孙臣的土德说的正确性。于是，"文帝乃召公孙臣，拜为博士，与诸生草改历服色事"⑥。

贾谊当时主土德，其意关涉为汉王朝引入儒家政治路线。经过十五年，公孙臣成功地为汉家确立起土德，而当初积极推动土德说的贾谊却已经在三年前去世了。那么，文帝既接受了土德，在这种情况下，他又如何理会贾谊于当时提出的"定制度，兴礼乐"，试图为汉王朝引入儒家政治路线的要求呢？从《史记》《汉书》记载的两件事里，我们可以捕捉到文帝思想的微妙变化。

---

① 《汉书》卷十九上《百官公卿表》，第726页。
② 《史记》卷一百二《张释之冯唐列传》，第2752页。
③ 《史记》卷十《孝文本纪》，第429页。
④ 《史记》卷二十八《封禅书》，第1381页。
⑤ 《史记》卷二十八《封禅书》，第1381页。
⑥ 《史记》卷二十八《封禅书》，第1381页。

>>> 社会的平民化变迁与儒学变化

据载,十五年春,文帝立了土德,这年九月,文帝"诏诸侯王公卿郡守举贤良能直言极谏者,上亲策之"①。文帝第一次下《举贤良诏》是在文帝二年十一月,而十三年后的这次求贤良别有意义,文帝诏曰:

> 昔者大禹勤求贤士,施及方外,四极之内,舟车所至,人迹所及,靡不闻命,以辅其不逮;近者献其明,远者通厥聪,比善戮力,以翼天子。是以大禹能亡失德,夏以长楙。高皇帝亲除大害,去乱从,并建豪英,以为官师,为谏争,辅天子之阙,而翼戴汉宗也。赖天之灵,宗庙之福,方内以安,泽及四夷。今朕获执天子之正,以承宗庙之祀,朕既不德,又不敏,明弗能烛。而智不能治,此大夫之所著闻也。故诏有司、诸侯王、三公、九卿及主郡吏,各帅其志,以选贤良明于国家之大体,通于人事之终始,及能直言极谏者,各有人数,将以匡朕之不逮。二三大夫之行当此三道,朕甚嘉之,故登大夫于朝,亲谕朕志。大夫其上三道之要,及永惟朕之不德,吏之不平,政之不宣,民之不宁,四者之阙,悉陈其志,毋有所隐……②

文帝要求的是"明于国家之大体,通于人事之终始,及能直言极谏者",要"大夫其上三道之要",期望他们对"朕之不德,吏之不平,政之不宣,民之不宁,四者之阙,悉陈其志",这说明文帝是要对即位以来的施政情况进行检讨,总结以往,寻求未来政治方向。

值得注意的是,文帝二年十一月下举贤良诏是从出现灾异现象的背景谈起的,那一次所发的诏书见于《汉书·文帝纪》:

> ……乃十一月晦,日有食之,适见于天,灾孰大焉!朕获保宗庙,以微眇之身托于士民君王之上,天下治乱,在予一人,唯二三执政犹吾股肱也。朕下不能治育群生,上以累三光之明,其不德大矣。令至,其悉思朕之过失,及知见之所不及,丐以启告朕。及举贤良方正能直言极谏者,以匡朕之不逮。③

该次发布求贤良诏是因为当时出现了日食,十三年后求贤良诏的内容里并没有涉及引起求贤良的直接原因,而在《史记》《汉书》记载中,在诏书发布前发生的重要事件除了立土德一事外,别无他事。虽然史籍上

---

① 《汉书》卷四《文帝纪》,第 127 页。
② 《汉书》卷四十九《爰盎晁错传》,第 2290 页。
③ 《汉书》卷四《文帝纪》,第 116 页。

第二章 汉初社会上层和执政人员思想的贵族化与政治上的儒术独尊

没有记载立土德同求贤良诏两事之间的关系,但考察《西汉会要·选举上》①所集西汉时期发布的二十次求贤良诏,发布诏书大都有特定的起因,它们或为灾异而出,或为新帝即位而出,或为酝酿某项政策方针而出。循这个线索,此次求贤良并非无缘而出,可以推断,立土德与此次求贤良之举有直接联系,进而言之,在立土德之后,文帝希望对以往黄老政治实行情况作一个总结,以此为基础酝酿治政方针的改变。如果联系到紧随其后发生的历史事件,那么,这个推断并非没有根据。

《史记》紧接上事记载的另一重要事件见于《封禅书》,《封禅书》说:

> (十六年)夏四月,文帝亲拜霸渭之会,以郊见渭阳五帝。……而使博士诸生刺《六经》中作《王制》,谋议巡狩封禅事。②

这里有特别意义的是文帝"使博士诸生刺《六经》中作《王制》",司马贞《史记索隐》引刘向《七录》云:"文帝所造书有《本制》、《兵制》、《服制》篇。"③ 应该说,文帝让儒生采《六经》作《王制》,他的这次举动显示他对儒学的重视程度大大提高了,贾谊当时把立土德同"定制度、兴礼乐"联系起来,试图为汉王朝引入儒家政治路线,而现在土德既立,文帝也开始重新考量贾谊先前的提议。正因如此,才有紧接着的"使博士诸生刺《六经》中作《王制》"一事,如同当时欣赏贾谊的提议一样,文帝的这一做法也反映出他有意于以儒家思想作为指导王朝政治的意识形态。

由上可见,文帝具备转换黄老政治、实行儒家治道的个人意识背景,只是因为王朝上层成员构成上的平民性质尚未发生根本性改变,造成实现这些政治意愿的时机尚未成熟。

二

继文帝后即帝位的是其子刘启,刘启已是汉初上层社会的第三代,前文已言,作为新一代的皇室贵胄,他接受了文化教养,早先晁错就评价还是太子的刘启"读书多矣"④,并向他传授"圣人之术可用于今世者"⑤。

---

① 徐天麟撰《西汉会要》(下册)卷四十四《选举上》,上海人民出版社,1977,第509~511页。
② 《史记》卷二十八《封禅书》,第1382页。
③ 司马贞:《史记索隐》,《史记》卷二十八文后注,第1383页。
④ 《汉书》卷四十九《爰盎晁错列传》,第2277页。
⑤ 《汉书》卷四十九《爰盎晁错列传》,第2277页。

刘启应完全摆脱了汉初上层社会第一代具有的那种平民意识,故我们能够看到载于史料上他的一系列尚礼和亲儒举动:在初登帝位时,即诏"盖闻古者祖有功而宗有德,制礼乐各有由"①;在儒道互绌的事件中,他的态度倾向于儒学一派而非黄老②;在为诸皇子遴选师傅时,儒家人物也成了他的首选③;他又喜以儒经经义断事④。这些举动都颇能显示作为皇室新一辈的景帝对儒学是了解和接受的。就转换政治上与平民意识相适应的黄老路线,将儒学提升为统治思想这一任务而言,如同文帝一样,汉景帝也具备了得自于长期的贵族化教育而形成的个人思想背景。

文帝之时,在政坛上占有重要位置且具影响力的依然是来自平民的军功人物,景帝时,这样的情形发生了变化,中央政府执政人员转而由上层社会的新一代和其他有文之士担任。按说,影响汉初政治的轻礼乐、求朴素的平民思想意识此时应随着上层社会第一代淡出政治舞台,丧失它在王朝选择政治指导思想时的实际导向作用,从而使黄老政治失去其得以继续存在的重要基础。但是,景帝一朝,这种意识对政治走势施加的影响仍然不弱,推究个中缘由,这种影响主要来由于窦太后。

---

① 《汉书》卷五《景帝纪》,第137页。
② 《史记》《汉书》中载有景帝时期的两起儒道互绌事件,一次是儒家的辕固和黄老道家的黄生争论汤武杀桀纣,是弑君还是受命而诛的问题,景帝说:"食肉不食马肝,不为不知味;言学者无言汤武受命,不为愚。"辕固的步步紧逼使黄生陷于困境,儒家在这场辩论中占了上风,介入的景帝未表示支持哪一方,他只是从中调解,说学者不讲汤武革命如"食肉不食马肝,不为不知味"那样不算愚蠢,以取消问题作为解决手段。在这次儒道争论中景帝的倾向性尚不明显,但在主角分别是辕固和富有政治影响力的窦太后的另一次儒道争论的事件中,景帝对儒学偏向的态度已微妙地体现出来。当时景帝予刀辕固,使其脱于险地。参见《史记》卷一百二十一《儒林列传》,第3122~3123页,《汉书》卷八十八《儒林传》,第3612页。
③ 本章第一节表2-1"汉初皇室教育史料一览"汇列了景帝数子受教育的材料,可参考。
④ 景帝以儒经经义断事在史载中有数例。据《史记·梁孝王世家·褚先生补》,对窦太后欲立景帝之弟梁孝王为太子的危机,景帝是借助《春秋》经义始得以化解。当时景帝依靠通经大臣袁盎所提醒的《春秋》"君子大居正,宋之祸宣公为之"之论,取得了继嗣问题上的主动权,梁孝王未能取得太子位。(见《史记》卷五十八,第2091页)又据《汉书·贾邹枚路传》,吴楚等七国谋反,济北王初与之通谋,"后坚守不发兵"。齐人公孙獢将济北王比之于《春秋》所称道的郑国大夫祭仲,祭仲为存郑国,曾不得已而听从宋人之谋逐昭公,立厉王。后景帝遂以《春秋》的这一"以生易死之义",赦免济北王。(见《汉书》卷五十一,第2256~2257页)《汉书·贾邹枚路传》还载,梁孝王欲使人刺杀袁盎,事发后景帝也是以《春秋》为根据,恕其罪。(见《汉书》卷五十一,第2353页)

第二章　汉初社会上层和执政人员思想的贵族化与政治上的儒术独尊

窦氏出身寒门,① 为下层平民,她所倾心的也是黄老学说。她使皇室和窦氏家族"不得不"习读黄老著作,尊黄老之术。当博士辕固拂逆己意,贬黄老之学的代表作《老子》为"家人言"时,她无所顾忌地对他加以惩治。可见,在景帝一朝,皇太后的地位形成了她非同寻常的政治影响力。窦太后的影响力造成了与黄老清静无为观念相呼应的平民思想风范对王朝政治影响的持续,虽然兴起于刘邦创业集团的军人基本上退出了汉初政坛,但代之而起的是,窦太后阻碍着儒学政治地位的提升。在这种情形下,统治者自身思想背景提供出的、能促成汉初统治思想改变的优越条件一时还难以实际地发挥出来。

儒学被提升为王朝意识形态,是在继景帝位的汉武帝刘彻上台之后才真正实现的。

三

武帝即位时,年方十六,以如此之稚龄,不太可能对社会政治有非常成熟的见解,但从史载看,他确有一股提升儒学在政治上的地位、发挥儒学在王朝统治中作用的冲动,这种冲动的激发源更大程度上还在于他自身思想背景中的、由儒经教育所形成的了解和喜好儒学之基础。作为汉王朝上层社会的第四代,平民思想风范,对他来说已经非常遥远了,而早年的文化教养构成了武帝尊儒的心理准备。就是在武帝这种心理背景诱发下,儒学最终取得了独尊的地位。

我们结合史实来看儒学在武帝推动下被确立为王朝统治思想的过程。

在丞相卫绾的协助下,进用儒家人物,这是武帝上台后的第一个政治举动。《汉书·武帝纪》载:

> 建元元年冬十月,诏丞相、御史、列侯、中二千石、二千石、诸侯相举贤良方正直言极谏之士。丞相绾奏:"所举贤良,或治申、商、韩非、苏秦、张仪之言,乱国政,请皆罢。"奏可。②

文帝十五年的求贤良诏,并不限定被举人物的学派出身,各家人物都可以应举,而这次求举贤良却完全不同,丞相卫绾奏称,要对"治申、商、韩非、苏秦、张仪之言"者全部罢退,如此,就只有儒家和黄老道家人物不

---

① 参见《汉书·外戚列传》有关窦氏部分。(见《汉书》卷九十七上,第3942~3944页)

② 《汉书》卷六《武帝纪》,第155~156页。

在罢退之列了。然再检阅《史记》《汉书》，其中并无此次所举的贤良有黄老道家学者的记载，能清楚见于史册的被举用者，有赵绾、王臧、辕固和严助四人。《史记·封禅书》记赵绾、王臧：

> （武帝）元年……而上乡儒术，招贤良，赵绾、王臧等以文学为公卿。①

《汉书·儒林传》记辕固：

> 武帝初即位，复以贤良征。②

《汉书·严助传》记严助：

> 严助……郡举贤良、对策百余人，武帝善助对，由是独擢助为中大夫。③

赵绾、王臧和辕固是儒者自不待言，而严助也是习《春秋》的学者，武帝曾要他"俱以《春秋》对，毋以苏秦从横"④。辕固曾开罪于窦太后，现在又"以贤良征"，而此时窦太后尚健在，这也可见在此次以求贤良的方式进用儒者行动中，武帝表现出来的急切心态和大胆作风。

建元元年（公元前 140 年）六月，丞相卫绾去职，接替他的也是崇信儒术的人物——魏其侯窦婴，武帝还同时任命同样是崇信儒术的武安侯田蚡为太尉。考虑到此时郎中令的职务是由大儒申公的弟子王臧出任，申公的另一弟子赵绾稍后又被任命为御史大夫，朝廷的权力中枢很快掌握在喜好儒家这一系人物的手里。⑤

权力格局确立后，儒者即试图开展政治作为。武帝所招的这些"贤良"准备着手的第一件大事，见于《史记·封禅书》：

---

① 《史记》卷二十八《封禅书》，第 1384 页。
② 《汉书》卷八十八《儒林传》，第 3612 页。
③ 《汉书》卷六十四上《严朱吾丘主父徐严终王贾传》，第 2775 页，另外，根据本篇下文提到建元三年的史实，可以确定严助参加的是建元元年招贤良的对策。
④ 《汉书》卷六十四上《严朱吾丘主父徐严终王贾传》，第 2789 页。
⑤ 《汉书·百官公卿表》说："丞相，掌丞天子助理万机。""御史大夫……掌副丞相……受公卿奏事，举劾按章。""郎中令……掌宫殿掖门户，有丞。"（《汉书》卷十九上，第 724、725、727 页）据此可见，在汉初，丞相辅佐皇帝处理全国政务，御史大夫执掌监察并协助丞相处理全国政务，郎中令负责宫殿门户守卫和传达事务。

第二章 汉初社会上层和执政人员思想的贵族化与政治上的儒术独尊 <<<

> 赵绾、王臧等以文学为公卿,欲议古立明堂城南,以朝诸侯。草巡狩封禅改历服色事未就。①

武帝不靠阴阳家人物,而是让儒家人物实现改制,这不仅是对儒家人物的重视,也是对儒家政治上寄予厚望的体现。即使他们改制工作进展得不顺利,武帝也仍充分听从这些儒者的安排。《史记·儒林列传》说:

> 绾、臧请天子,欲立明堂以朝诸侯,不能就其事,乃言师申公。于是天子使使束帛加璧安车驷马迎申公,弟子二人乘轺传从。至,见天子,天子问治乱之事,申公时已八十余,老,对曰:"为治者不在多言,顾力行何如耳。"是时天子方好文词,见申公对,默然。然已召致,则以为太中大夫,舍鲁邸,议明堂事。②

这段文字即反映出武帝尊儒、用儒的思想面目。当赵绾、王臧"不能就其事",向武帝推荐他们的老师大儒申公时,武帝"使使束帛加璧安车驷马迎申公,弟子二人乘轺传从"。至朝,武帝就向他"问治乱之事",这说明武帝急欲从这位大儒身上得到儒家处理政治的意见。申公年岁已高,没有一个像样的作答,但武帝还是对他尊重有加,"以为太中大夫,舍鲁邸,议明堂事"。

建元二年冬十月,在窦太后的阻挠下,儒学向政治指导思想方向提升的势头受挫,"太皇窦太后好老子言,不悦儒术,得赵绾、王臧之过以让上,上因废明堂事,尽下赵绾、王臧吏,后皆自杀,申公亦疾免以归"③。荀悦《汉纪》卷十"建元二年十月"条对此事发生的原因述之更详:

> 蚡、婴、绾、臧皆同心欲兴太学,建立明堂以朝诸侯。而婴请无奏事太皇[太]后,又罢窦氏子弟无行者,绝属籍,故谤毁日至。窦太后怒,皆抵之罪。明堂遂不立。④

田蚡、窦婴、赵绾、王臧试图立太学、建明堂,立太学、建明堂是极具儒家特征的政治举措,但这一努力的结果是窦婴的相职及田蚡的太尉职被免去,赵绾、王臧自杀。

---

① 《史记》卷二十八《封禅书》,第1384页。
② 《史记》卷一百二十一《儒林列传》,第3121~3122页。
③ 《史记》卷一百二十一《儒林列传》,第3122页。
④ 荀悦、袁宏著,张烈点校《两汉纪》(上册),中华书局,2002,第157页。

>>> 社会的平民化变迁与儒学变化

平民思想风范对此时的汉初政坛依然起作用,不过,相比以往,它给政坛留下的只能是最后的一抹余晖了。

建元六年五月,窦太后去世,支配汉王朝统治思想选择的平民意识彻底退出政坛,不再对王朝政治发生作用。能促成汉初统治思想改变的统治者自身思想背景上的优越条件和基础此时已能够充分发挥出实际的作用了,它真正促成了儒学被接受为王朝的统治思想。窦太后去世的第二个月,武帝急不可待地马上更换了丞相,起用田蚡为相。同样也是该年,武帝即改元,年号元光。元光元年(公元前134年)五月,武帝发诏征贤良文学。由是,董仲舒著名的《天人三策》出。

此前,贵族化学养提供的儒经教育激发起武帝尊崇儒学、提升儒学地位、发挥儒学政治作用的愿望,这种愿望促使他尊儒、用儒,可以说,董仲舒《天人三策》的出台以及"罢黜百家,独尊儒术"① 政策的提出、接受莫不受到这种意识的催产。武帝在策问一开始就称自己,"欲闻大道之要,至论之极"。此后又提出"五帝三王之道,改制作乐,而天下和恰,百王同之"② 的问题。在这里,前者说明武帝所要求的不限于某些具体措施,而是一种能对社会广泛领域具有普遍指导意义的纲领性、规律性的指导原则;后者说明武帝对古代礼乐教化政治的向往。熊铁基先生说:"董仲舒的所谓'抑黜百家,独尊儒术',是根据汉武帝的意图提出的。董仲舒完全是在那里揣摩武帝的意旨。"③ 此论甚是,但进一步说,在这背后实际上有着武帝由贵族化学养带来的意识背景。这种意识使武帝倾心于儒学的工具价值,而本身作为大儒的董仲舒敏锐地据此作出回应,双方一拍即合,④ 使社会历史发展所提出的,将儒学确立为国家意识形态的客观大势落为现实。

---

① 对于"儒学"和"儒术"两个名词的差异,蒋国保先生有所辨证,他说:"在汉儒的心目中,'儒术'与'儒学'这两个词名异实同,完全可以互换使用。……'术'化儒家思想可以说是汉儒适应时代要求,使儒家思想合乎封建大一统之政治统治需要的一个自觉的取向。……体现了儒家精神蕲向由重道德理性向重工具理性的转变。"此言甚确〔见氏著《汉儒称"儒学"为"儒术"考》,《中山大学学报》(社会科学版)2009年第1期〕。
② 《汉书》卷五十六《董仲舒传》,第2495~2496页。
③ 熊铁基:《秦汉新道家略论稿》,上海人民出版社,1984,第175页。
④ 钱穆先生也说:"武帝诏册,辞旨昭彰,固已有隆礼更化之意矣。仲舒所对,特与朝旨欣合,非果由仲舒始开是意也……"(见氏著《两汉经学今古文平议》,商务印书馆,2001,第196页)

第三章 儒学文化在礼仪、器物、民风和教育层面的汉初复起

如前所述，贵族意识和平民意识在社会上的起伏变化影响汉初思想的盛衰变迁，最终直接促成儒学被王朝尊奉为统治思想。探讨汉初儒学被独尊的机理，描述这一机理展开的具体过程，是非常重要的。不过，儒学还代表一种复杂的文化现象，探讨汉初儒学，只是知晓其地位随时代而发生的升降变化，这显然是不够的。事实上，作为涉及广泛的文化现象，儒学是渗透到社会的诸多方面和领域的，研究汉初儒学衰盛变化，我们也必须探究儒学在其他具体方面和领域上的表现。

前文曾论及，汉初伊始上层社会的平民化意识促成黄老道家思想兴盛，同时，作为一体之两面，社会平民意识的高扬又使得儒学受到排斥，不过，这种排斥，在更明确的意义上说，是作为社会主导思想地位的排斥，而不可能彻底斩绝以往儒学文化所留下的一切余绪。而且，通常情形下，一个王朝的政治，有其主导思想，细节之处或深层的一些方面也会有其他的思想作为枝辅或者补充，故在汉初政权建立之初，社会即存在儒家文化之踪迹。而吊诡之处又在于，汉初伊始的平民化的社会背景恰也提供了儒学文化在礼仪、器物、民风和教育等层面获得逐步兴起之契机，并最终促成儒学的全面复兴。

第一节 儒学文化在礼仪和器物层面的复起

历史上，礼仪制度与儒学是密切联系的，"盛容饰，繁登降之礼，趋详之节"[①] 等一系列礼仪及其玉器、冠冕服饰、车马、舟楫、旗旌等与之相搭配的诸多器物，都承载着儒家的特定文化价值理念，故儒家推尊和传承礼仪礼器。《史记·儒林列传》曾说："陈涉之王也，而鲁诸儒持孔氏之礼器往归陈王。"[②] 此语揭明礼器对于儒学的文化意义。所以，儒学文化在礼仪和器物层面的汉初复起，亦为观察儒学汉初发展的重要标志。那么，

---

① 《史记》卷四十七《孔子世家》，第1911页。
② 《史记》卷一百二十一《儒林列传》，第3116页。

>>> 社会的平民化变迁与儒学变化

平民化的社会结构构成是怎么为儒学在礼仪以及与之相关的器物这个文化层面复兴提供契机的呢?

一

贵族社会完结,社会走向平民化,刘邦政权的兴起是这一历史趋势的反映。时代产生了以社会下层人物为执政主体的刘氏政权,最初这个政权连它的架构都是朴素的、毫无修饰的。汉五年春正月(公元前202年)刘邦即位定陶,即位初,刘邦"悉去秦苛仪法,为简易"①。前书曾讨论过刘邦废秦法的问题,对于刘邦是否废秦之法律或许还有讨论的空间,但是汉政权初建时废仪法,这是确凿无疑的。刘邦废仪法,"为简易",这体现了轻礼乐、重实际、求朴素的平民意识。从先秦到汉初社会平民化的历史发展大势把刘邦所建立的这种平民政府推上历史台面,也因而促成政权架构上浓厚的平民化气息。

但是,作为操作工具,平民意识影响下建立起来的政权体制并不具有合理性,充满平民化色彩的这种架构一建立起来就使政权的实际运转发生了问题,在新立的朝廷上,"群臣饮酒争功,醉或妄呼,拔剑击柱"②。这种混乱的场面让新皇帝刘邦不安起来,"高帝患之"③。这套有平民化色彩的政权建制不只是无以突出皇帝的地位,而且朝堂无序,行政从属关系紊乱,已经影响到新政权本身的运作。本来,一种不讲求礼乐、毫无上下等次的社会架构就不为儒家所认可,儒家一直希冀的是设置一套礼法仪制以维护社会的运转,经过秦政之后残留下来的汉初儒者亦不外于此。而政权过于浓厚的平民化气息影响到了政权作为一种行政权力所具有的效能,对儒者实现其恢复礼法仪制的理想而言,这不啻一大好机会。汉兴之后的儒者也确实是以此为契机尝试进行礼法仪制的建设的。

不过,这里前提性的问题是,在充满平民乃至游民意识的刘邦政权里,何以有儒者存在并进而发挥作用的空间呢?

二

秦亡汉兴时,一些能迎合平民、游民心理的儒者为刘邦所接受,进

---

① 《史记》卷九十九《刘敬叔孙通列传》,第2722页。
② 《史记》卷九十九《刘敬叔孙通列传》,第2722页。
③ 《史记》卷九十九《刘敬叔孙通列传》,第2722页。

第三章 儒学文化在礼仪、器物、民风和教育层面的汉初复起

入了他的创业集团,① 这些特殊的儒者因其身上的平民、游民性格使其能混迹于刘邦创业集团,他们在政权初定后便能脱颖而出,在礼仪以及与之相关的器物这类制度文化建设上有所突破。为说明当时这些儒者的这种选择,我们先溯源历史。

秦统一六国后,李斯建议禁止私相授学,缴烧百家之书,这个建立文化思想专制的建议得到秦始皇的赞同,秦王朝的文化政策使春秋晚期以来勃兴的士人活动归于沉寂。秦王朝设置博士一职,网罗一批具有较高文化的士人,但据《汉书·百官公卿表》所载"博士,秦官,掌通古今"②,可见,秦的博士是官职,被置于官僚系统中的这些士人已经丧失了战国时代士人的独立性,所以当淳于越提出恢复分封制这个有儒家色彩的建议以不被采纳而告终后,秦博士所能做的剩余工作便是为王朝就具体事宜,特别是在仪礼方面做顾问了。即使如此,秦始皇也越来越疏远这些博士,使他们在实际上无所作为,"博士虽七十人,特备员弗用"③。在民间,由于秦王朝思想文化政策的威慑,士人也被置于难有作为的状态。一部分士人加入了秦的官僚体制中的行政队伍,成为文法之吏,服务于依法家精神建立起来的社会管理系统。例如,张苍本"好书律历",而在"秦时为御史,主柱下方书"④。郦食其"好读书,家贫落魄,无以为衣食业,为里监门吏"⑤,成为低级小吏。另一部分士人则退隐没身,自守思想家园,如汉初传经的一批大师,孔子八世孙孔鲋也属这种士人,他"在魏居乱世而能正其行,修其祖业,不为时变"⑥。

在秦的统治下,士人只有这样两条去路。纵横法术之士能够以对思想文化价值不加关切的立场放弃原有的信念以适应社会,而对于负载儒家文化传统的儒士来说,无论作何种选择,他们都无法实现自己"兼济天下"

---

① 牟宗三先生言,刘邦队伍中的儒生"如郦生、陆贾、叔孙通,皆读书。或识体,或有辩才。而为当时所目为儒生者,实则自儒家言之,皆贱儒耳。或亦不可说为儒。而自平民集团言之,则儒也"。见氏著《历史哲学》,第150~151页。牟先生此言,反映他本人心气甚高,故对"儒"的定义太过狭义。《汉书·艺文志》谓:"儒家者流……助人君顺阴阳明教化者也。游文于六经之中,留意于仁义之际,祖述尧、舜,宪章文、武,宗师仲尼,以重其言……"若据此标准,刘邦创业集团中的郦食其、陆贾、叔孙通等人是应以"儒"相称的。
② 《汉书》卷十九上《百官公卿表》,第726页。
③ 《史记》卷六《秦始皇本纪》,第258页。
④ 《史记》卷九十六《张丞相列传》,第2675页。
⑤ 《史记》卷九十七《郦生陆贾列传》,第2691页。
⑥ 孔鲋撰《孔丛子》卷六《独治》,中华书局,1985年影印本,第133页。

的理想，春秋晚期以来兴起的儒士阶层陷入了精神抑制状态。

陈胜起事后，秦的统治秩序开始瓦解，这给陷入精神抑制状态的儒士们带来转机，不少儒士走上秦政权的直接对立面，参加反秦队伍。《史记·儒林列传》说："然而缙绅先生之徒负孔子礼器往委质为臣者，何也？以秦焚其业，积怨而发愤于陈王也。"①

在几支反秦力量里，刘邦的队伍日渐壮大。这支队伍发展过程中，也有儒者辗转加入其间，其中郦食其、陆贾、随何、叔孙通、娄敬、朱建、楚元王刘交七人可见于《史记》和《汉书》的记载。郭沫若先生在《秦楚之际的儒者》②一文中列刘邦集团里的六名儒者——郦食其、陆贾、叔孙通、朱建、刘交和张良，但尚遗漏随何、娄敬两人。

娄敬，齐人。汉五年（公元前202年），刘邦率军过雒阳，娄敬衣羊裘求见刘邦，得召见。娄敬以周、秦故事，劝导刘邦不要定都雒阳，而应入关置都，这个提议为刘邦接受，他本人也因此被赐姓刘，拜为郎中，号春申君。汉七年（公元前200年），汉军欲攻匈奴，有出使匈奴经历的娄敬认为汉军此行将被匈奴伏兵袭击，进言阻止，刘邦未纳其谏，结果自己及所率人马被匈奴奇兵围于白登，七日后乃得解，娄敬再一次因言立功，受封二千户，为关内侯，号建信侯。此后，为安定匈奴，他又上和亲之策，出使匈奴，开汉室与匈奴和亲之始。娄敬还建议徙齐地人口居关中，以备匈奴，汉遂迁齐大宗十万余人关中。③《汉书·艺文志》列《刘敬》三篇于儒家类。④

随何，早年以谒者身份跟随刘邦，刘邦曾称他为"腐儒"⑤。汉三年（公元前204年），随何说服淮南王黥布背楚归汉，被刘邦擢升为护军中尉。

在郭沫若先生所列的六名儒者中，张良虽"尝学礼淮阳"⑥，但入函谷关后，他开始"道引不食谷，杜门不出岁余"，"愿弃人间世，欲从赤松子游"，⑦成为由儒入道的人物。

---

① 《史记》卷一百二十一《儒林列传》，第3116~3117页。
② 郭沫若著作编辑出版委员会编《郭沫若全集》（历史编），人民出版社，1982，第585~597页。
③ 《史记》卷九十九《刘敬叔孙通列传》，第2715~2720页。
④ 《汉书》卷三十《艺文志》，第1726页。
⑤ 《史记》卷九十一《黥布列传》，第2603页。
⑥ 《史记》卷五十五《留侯世家》，第2034页。
⑦ 《史记》卷五十五《留侯世家》，第2044、2048页。

第三章 儒学文化在礼仪、器物、民风和教育层面的汉初复起 <<<

这些儒者何以能被平民化的刘邦集团接受呢？原本重学知礼的这些儒者大多有意显示或营造出一种重现实、求朴实的平民作风，甚至是豪放和漠视规范的游民性格——这可称作是对自我人格的非贵族化塑造——以此迎合具有平民、游民心理的刘邦及其重要成员，① 换取进入刘邦队伍的机会，在追随刘邦创业的活动中，他们又以功利实绩赢得刘邦等人的认同。

以非贵族化人格塑造谋求进入刘邦队伍的机会，郦食其和叔孙通有典型性的表现。史载，郦食其欲从刘邦时，就刻意强调自己是"狂生"，他对引见者说："吾闻沛公慢而易人，多大略，此真吾所愿从游，莫为我先。若见沛公，谓曰：'臣里中有郦生，年六十余，长八尺，人皆谓之狂生，生自谓我非狂生也。'"② 叔孙通则根据刘邦的喜恶，改变自己的装束取悦刘邦，刘邦当时憎儒服，叔孙通"服短衣，楚制"③，让刘邦满意。

获取功利实绩是儒者赢得刘邦及其骨干认同的关键，郦食其、陆贾、随何长于充当说客，郦食其"伏轼下齐七十城"④；陆贾为"有口辩士"，出使南越，大获成功⑤；随何说黥布背楚归汉⑥；娄敬提议入关建都⑦；刘交则随刘邦"西攻南阳，入武关，与秦战蓝田……从入蜀汉，还定三秦，诛项籍"⑧；叔孙通在战争中做推荐"诸故群盗壮士"⑨ 的工作。

这些儒者在秦汉、楚汉相争中以战争胜负为直接目的行事，他们无法去张开儒家的人文价值追求，但是，从日后将儒学带入汉初现实政治而言，刘邦创业集团里儒者的这种实际状况却是有着重大意义的。

首先，就儒士来说，刘邦创业集团里儒士活跃的活动改变了秦王朝时他们被束缚的状态，从被秦政抑制的状态中解放出来，他们找到了展示个人才智的机会。虽然此时他们还不具备条件进一步张开儒家的人文价值追求，但这已经为日后他们以及其他儒者施展身手，基于儒学本身资源去提

---

① 对这个问题也可参见王学泰先生对社会边缘人的研究，他说："社会边缘人的形成大致有三种原因：一是经济的原因迫使主流社会的人们流向边缘，二是统治者的政策导致一些本应属于主流社会的群体边缘化，三是一些身处主流人士主动走向边缘。"这个说法为我们理解进入刘邦集团的这些特殊儒生提供了很好的思路。见氏著《重读江湖》，福建人民出版社，2004，第20页。
② 《史记》卷九十七《郦生陆贾列传》，第2692页。
③ 《史记》卷九十九《刘敬叔孙通列传》，第2721页。
④ 《史记》卷九十七《郦生陆贾列传》，第2696页。
⑤ 《史记》卷九十七《郦生陆贾列传》，第2697、2698页。
⑥ 《史记》卷九十一《黥布列传》，第2601、2602页。
⑦ 《史记》卷九十九《刘敬叔孙通列传》，第2726页。
⑧ 《汉书》卷三十六《楚元王传》，第1921页。
⑨ 《史记》卷九十九《刘敬叔孙通列传》，第2721页。

出目标和实现理想迈出了一步。

其次,就汉初统治者来说,刘邦创业集团里儒者的存在及其发挥的作用,使得儒者作为一种社会身份被统治层接受。刘邦最初是讨厌儒者的,但面对他们为自己带来的战果,刘邦已不像先初那样排斥儒士了。当他在酒宴上一时兴起,忘乎所以地指随何为"腐儒",言"为天下安用腐儒哉"时,随何敢面折刘邦:"陛下谓何'腐儒',为天下安用腐儒,何哉?"刘邦却不能不掩饰说:"吾图子房之功也。"① 这时候刘邦虽内心中尚轻视儒士,但在儒士面前已不再随意公开显示其不满态度了,不得不在实际上接受儒士。参与刘邦创业的儒士——叔孙通、陆贾、朱建之辈转化为社会上层,比起那些缺乏文化修养、对《诗》《书》《礼》《乐》等儒家文化有隔阂甚至是不屑一顾的其他上层人物,他们在汉王朝上流社会所占的比重微不足道,但他们有与刘邦共同创业的经历,又已攀上了较高的政治位置,这些取得高位的儒士不仅没有了秦政对他们的抑制,而且同汉王朝少了一层隔膜,这铺垫了此后儒学在政治上发挥作用的良好基础。

当平民意识影响下建立起来的平民政制实际运转不畅时,因时而变成为势所必然,当此之时,原先刘邦平民创业集团对儒者的吸收,恰恰又为此做好了人事准备。如此一来,重建礼仪及其器物制度在汉高祖之时就剩下时间问题了。

三

就文化传播的机制看,在文化的诸层面中,器物文化和制度文化是相对于观念文化更容易被客体所接受的。观念文化在远远未被某个阶层或个人接受之前,器物文化和制度文化因其功效收益的快捷性,有可能已经迅捷地被这个阶层或个人所接受。对汉初的统治者来说正是如此,刘邦未必心悦诚服地接受儒家思想,但在立竿见影的功效和实绩面前,面对平民政制的运转不畅,他是可以接受儒者所制定的一套礼仪及其器物制度的。守候良久、因时而动的刘邦创业集团中的儒者与刘邦在这个问题上有了交集,双方一拍即合,这开启了礼仪及其器物制度层面上汉初儒学的复兴。对这一过程,我们不妨详加论述。

前文言及,汉初伊始,实际运转不畅的平民政制亟待改进。新王朝的急迫需求是一方面,另一方面是,该运用何种文化资源进行有效建构才能改变平民政制的弊端,使之成为兼有礼法仪制色彩的新体制呢?因为对儒

---

① 《史记》卷九十一《黥布列传》,第 2603 页。

第三章　儒学文化在礼仪、器物、民风和教育层面的汉初复起

家文化资源有所掌握，所以完成这一历史任务正是儒士的拿手本领。刘邦创业集团中的儒士与刘邦之间业已建立起正向关系，这进一步使儒者有条件和机会在这方面有所作为。

在刘邦创业集团的儒者中，对制定礼乐的历史任务有最清楚认识的莫过于精于时变、审时度势的叔孙通，叔孙通早就伺机主导汉王朝制作礼乐的任务。叔孙通久已期盼的制作礼乐，也就是要发挥礼"别"的作用，以突出等级差别，将儒学的礼法仪式加入汉代政治之中，去除政权架构上的平民化气息。

根据《史记》《汉书》的记载，对政权体制所显示的弊端，叔孙通"知上亦厌之"①，认定这是制礼乐的时机，于是他因时进言："臣愿征鲁诸生，与臣弟子共起朝仪。"② 有重实际特点的平民意识使刘邦很自然地接受了这个要求，叔孙通随后与弟子随从开始了这项借助儒学资源推动汉政建设的工作。

叔孙通征集来三十余名谙熟古礼的鲁地儒生，带领他们与自己的百余名弟子及左右为学者一起在野外拉起长绳、扎起草束，进行了一个多月的演练。之后叔孙通请刘邦前去观看，刘邦观毕，对这套朝仪有了兴趣，下令群臣练习。汉七年（公元前200年），长乐宫建成。十月，叔孙通制定的朝仪正式启用，诸侯群臣依从这套仪式朝见皇帝。天初亮，谒者治礼，引导众臣入殿门。当诸侯群臣入殿门，廷中站立车骑、戍卒、卫官，陈列兵器，张扬旗帜，此时再传入"趋"声。宫殿之下，郎中站立陛阶，有数百人。功臣、列侯、将军及军吏依次列于西方，东向而立；文官丞相以下列于东方，西向而立。大行设九宾之仪，并负责传上语告下以及传下语告上。这时候皇帝辇出房，百官执戟传声示警，导引诸侯王以下至六百石的官吏依次向皇帝献贺，在整个过程中御史负责将不依朝仪行礼者驱逐出去，参加者"莫不震恐肃静"，"竟朝置酒，无敢喧哗失礼"③。叔孙通的这套朝仪改变了以往君臣无别、殿庭混乱的局面，严整了朝纪，树立了君臣上下次序。对此，刘邦不禁感叹："吾乃今知为皇帝之贵也。"④

自西汉以来诸多论者对叔孙通所制之礼，特别是其所定朝仪颇有微词，如《史记·礼书》就对照秦的礼仪制度，评他所制之礼是"颇有所增益减

---

① 《史记》卷九十九《刘敬叔孙通列传》，第2722页。
② 《史记》卷九十九《刘敬叔孙通列传》，第2722页。
③ 《史记》卷九十九《刘敬叔孙通列传》，第2723页。
④ 《史记》卷九十九《刘敬叔孙通列传》，第2723页。

损，大抵皆袭秦之故"①。宋人徐天麟说："叔孙通所起朝仪，谓之秦仪杂就，往往犹祖其尊君卑臣之陋习。"② 朱熹更将之与古礼比较，称："叔孙通制汉仪，一时上下肃然震恐，无敢喧哗，时以不善。然不过尊君卑臣，如秦人之意而已，都无三代燕飨底意思了。"③ 余英时先生则斥其制定朝仪是将儒家法家化。④ 这些批评的要点是以为叔孙通的朝仪依秦仪为范本，不合儒家之礼，体现的是法家的统治精神。

对叔孙通所制朝仪，本书认为，只有联系叔孙通制礼的背景才能做公允的评论。首先，就功能和意义看，叔孙通制朝仪的出发点是要严整朝纪，以使新政权能够正常运转。基于这样的出发点，显然，叔孙通必须突出礼的"别""异"的意义，以求君臣有别，上下有序，解决现实政治问题。制礼活动的这一目标使叔孙通设计出来的朝仪有其特征——他的朝仪突出礼"别"的一面，而这一特征，我们确实又不能说不是儒家礼制所具有的。其次，就叔孙通所制礼仪的源流上看，他的礼虽有秦仪的成分，但也绝不是如朱熹所言那样是秦仪的改头换面，并非"只是秦人尊君卑臣之法"⑤，他不辞远途，往鲁地求聘谙熟古礼的儒生，而非以自己在秦廷所熟悉的经验来完成制礼的工作，这说明叔孙通所制定的礼仪注重吸收鲁地儒家礼仪的成分，他将儒者所传之礼用于他所定的朝仪之中。进而言之，叔孙通提供出的礼制架构是具有采自鲁地的儒家文化思想成分的。

叔孙通制定的朝仪被刘邦接受下来，这为叔孙通在制礼作乐方面进一步发挥作用奠定了基础。

通过叔孙通所制定的朝仪，刘邦初步认识到礼乐带给他的益处，他对汉王朝制定礼乐的工作也积极起来，《汉书·杨胡朱梅云传》中梅福《上成帝书》说："叔孙通遁秦归汉，制作仪品。"⑥ 叔孙通制作仪品，这个行动获得了刘邦的认可，王充《论衡·谢短篇》谓："高祖诏叔孙通制作仪品十六篇何在？"⑦

刘盼遂先生说："十六篇当依《后汉书》作十二篇……《汉书》叔孙通本传所称。起定朝仪，汉诸仪法、宗庙仪法。及诸经注疏所引礼器制度，即

---

① 《史记》卷二十三《礼书》，第1159页。
② 徐天麟撰《东汉会要》卷三《礼一》，上海古籍出版社，1978，第31页。
③ 黎靖德编《朱子语类》卷一三五，中华书局，1986，第3222~3223页。
④ 参见余英时《反智论与中国政治传统》一文，见氏著《中国传统思想的现代诠释》，江苏人民出版社，1995。
⑤ 黎靖德编《朱子语类》卷一三五，第3222页。
⑥ 《汉书》卷六十七《杨胡朱梅云传》，第2917页。
⑦ 刘盼遂：《论衡集解》卷十二《谢短篇》，北京古籍出版社，1957，第259页。

第三章 儒学文化在礼仪、器物、民风和教育层面的汉初复起

此之仪品十二篇也。"① 叔孙通所定的"朝仪，汉诸仪法、宗庙仪法"是《仪品》十二篇所谈及的内容。王朝的礼仪法式是经由叔孙通的努力制定出来的，《汉书·郦陆朱刘叔孙传》亦言："及稍定，汉诸仪法，皆通所论著也。"而被制定出的礼仪法式又是怎样的呢？至王充时《仪品》十二篇不存，不过，《晋书·刑法志》称，"叔孙通益律所不及，《傍章》十八篇"。《汉书·礼乐志》又称："今叔孙通所撰礼仪与律令同录藏于理官。"据此可知，叔孙通以律的形式把"汉诸仪法"固定下来，将它们律法化，形成作为律的《傍章》十八篇。据程树德考订，"通之傍章，即《汉仪》也"②。《傍章》十八篇亡佚已久，清代著名法律家沈家本以为"叔孙通益律所不及即以所撰礼仪益之"③，他据此说将"关于礼仪者"加以汇列，辑佚、考释出其中的十六条。④ 通过这些辑佚，我们可以搜检出叔孙通在礼仪上订立的一些规定。这些规定反映出叔孙通制定的礼仪涉及宗庙⑤、皇陵兴建⑥、王侯丧葬⑦、祭祀⑧等方面内容。

---

① 刘盼遂：《论衡集解·谢短篇》。另，王充《谢短篇》"高祖诏叔孙通制作仪品"一语后有"十六篇何在"的文字。但《后汉书·曹褒传》言："章和元年正月……令小黄门持班固所上叔孙通《汉仪》十二篇。"见《后汉书》卷三十五《张曹郑列传》，第1203页。刘盼遂据此认为《谢短篇》之"十六篇"是"十二篇"之误，应依此作"十二篇"。(同见刘盼遂《论衡集解》，第259页)
② 程树德：《九朝律考·汉律考·律名考》，中华书局，1963年影印本，第16页。
③ 沈家本：《沈寄簃先生遗书》(上册) 中国书店，1990年影印本，第705页下栏。《晋书·刑法志》认定叔孙通制定礼仪即《傍章》，傍章因与律令同录而得名，这一说法遂为通说。张建国通过对张家山汉简的研究，提出新说。他认为，叔孙通制定的仅为汉礼仪，没有制定《傍章》，唐代人撰写的《晋书·刑法志》有误，傍章在汉代应是写成和读作"旁章"。根据张家山汉简中所见的律篇名，他推测，凡其中不属于《正律》即《九章律》篇名的，依类别而论，应当就是旁章中的篇名。(参见张建国《叔孙通定〈傍章〉质疑——兼析张家山汉简所载律篇名》，载《北京大学学报》1997年第6期) 本书认为，这一研究值得注意，不过，即使叔孙通所制汉仪非《傍章》，后文沈家本所辑佚、考释出的其中的十六条礼仪内容也为确实。
④ 沈家本：《历代刑法考·汉律摭遗·傍章》，载《沈寄簃先生遗书》(上册)，第705~708页。
⑤ 沈家本辑佚的"祠宗庙丹书告"，即是说用丹书以祠宗庙。见《沈寄簃先生遗书》(上册)，第705页下栏。
⑥ 沈家本辑佚的"山陵未成置酒歌舞"，实际上是规定营建皇陵未竣工前，不得置酒歌舞。见《沈寄簃先生遗书》(上册)，第706页下栏。
⑦ 沈家本辑佚的"临丧后"，是规定诸侯王、列侯死后，王侯百官会同送丧之礼。见《沈寄簃先生遗书》(上册)，第706页下栏。
⑧ 沈家本辑佚的"侍祠"，是指诸侯列侯每年遣使进京侍祠助祭；"乏祠"，是祭祀有缺而失礼；"侍祠醉歌"是指侍祠帝位宗庙，不得醉酒狂歌；"见姅变不得侍祠"，是说经期、孕期、生养子女时期的妇女，不得行侍祭之礼。见《沈寄簃先生遗书》(上册)，第706页上栏、下栏。

>>> 社会的平民化变迁与儒学变化

叔孙通不仅制定礼仪，而且还详细说明与礼仪有关的各种器具并列明其使用细则，一般认为，散佚已久的《汉礼器制度》就为叔孙通所撰。

叔孙通著的《汉礼器制度》，其中一些内容被郑玄、孔颖达、贾公彦用来注疏《周礼》《仪礼》《礼记》[1]，通过这些被引用的条文，可以看出《汉礼器制度》对礼仪器具的详尽规定，从帝棺上的文饰[2]、盛冰寒尸的盘[3]、放食物的笾[4]、用作饮器的觚和觯[5]、盥洗用的弃水器[6]到柶、釵这

---

[1] 华友根《西汉礼学新论》引《周礼》疏四条，《仪礼》疏一条，《礼记》疏两条。（见华友根《西汉礼学新论》，上海社会科学院出版社，1998，第14~17页）王应麟辑《玉海·三礼·汉三礼·汉礼器制度》搜检《周礼》疏七条，《仪礼》疏三条，《礼记》疏三条。孔颖达注疏《尚书》《毛诗》《左氏春秋》也引用《汉礼器制度》，《玉海·礼制·汉礼器制度》搜检出用于注疏《尚书》一条，《毛诗》两条以及《左氏春秋》一条。（见王应麟辑《玉海》卷三十九《艺文》，江苏古籍出版社，上海书店出版社，1987年影印本，第731页下栏、第732页上栏）

[2] 《周礼·天官·缝人》云："丧，缝棺饰焉。"郑玄注："孝子即名，见棺犹见亲之身，既载，饰而以行，遂以葬，若存时居于帷幕而加文绣……《汉礼器制度》：'饰棺，天子龙火黼黻皆五列，又有龙翣二，其戴皆加璧。'"叔孙通为帝棺上的文饰作出细致的规定。（见《周礼注疏》卷八，阮元校刻《十三经注疏》，中华书局，1980年影印本，第692页）

[3] 《周礼·天官·凌人》云："大丧共夷盘冰。"贾公彦疏："……依《制度》云，天子大盘，广八尺，长丈二尺，深三尺，漆三尺，漆赤中。此经云夷盘无形制，故依焉若然。此周谓之夷盘，汉谓之大盘，是别大昇名。"防止天子尸体腐烂而盛冰的容器，周叫"夷盘"，叔孙通定汉名叫"大盘"。（见《周礼注疏》卷五，《十三经注疏》，第617页）

[4] 《周礼·天官·笾人》云："笾人掌笾之实。"郑玄注："笾竹器如豆者，其容实皆四升。"贾公彦疏："郑知笾是竹器者，以其字竹下为之，亦依《汉礼器制度》而知也。云如豆者，皆面径尺柄尺，亦依《汉礼》知之也。"对于祭祀或宴会时放置食物的"笾"，叔孙通《汉礼器制度》规定了它的尺寸。（见《周礼注疏》卷五，《十三经注疏》，第617页）

[5] 《周礼·冬官·梓人》云："梓人为饮器……觚三升。"郑玄注："觚当为觯。"贾公彦疏："《礼器制度》云：觚大二升，觯大三升。"（见《周礼注疏》卷四十一，《十三经注疏》，第25页）对于作为饮器的"觚"和"觯"，叔孙通《汉礼器制度》也规定了它们的尺寸。

[6] 《仪礼·士冠礼》云："夙兴，设洗直于东荣，南北以堂深，水在洗东。"郑玄注："夙早也，兴起也，洗起也，洗承盥洗者，弃水器也。士用铁，荣屋翼也，周制自卿大夫以下，其室为夏屋，水器尊卑皆用金罍，及大小异。"贾公彦疏："洗承盥洗者，弃水器也者，谓盥手洗爵之时，恐水秽地，以洗承盥洗水而弃之，故云弃水器也，去士用铁者，案《汉礼器制度》'洗之所用，士用铁，大夫用铜，诸侯用白银，天子用黄金'。……云水器尊卑皆用金罍及其大小异者，此亦案《汉礼器制度》'尊卑皆用金罍及其大小异'。"叔孙通所撰《汉礼器制度》，对于盛放盥洗后污水的容器，也依上下尊卑等级高低，规定其质地和大小的不同。（见《仪礼注疏》卷一，《十三经注疏》，1980年影印本，第948页）

第三章 儒学文化在礼仪、器物、民风和教育层面的汉初复起

种特定乐器①,以及皇帝的冠冕②等,都有严格的规定。

叔孙通对礼仪和礼仪器具使用作了制度规定。除此之外,叔孙通又常因时因地提出对具体礼仪的增设。汉惠帝常出游离宫,叔孙通看到这是增益宗庙之礼的时机,于是提出应按时令奉献新鲜水果于宗庙的建议,他说:"古者有春尝果,方今樱桃熟,可献,愿陛下出,因取樱桃献宗庙。"③ 这个建议得到惠帝的赞同,应时向宗庙献鲜果由此成为定例。

叔孙通不仅为汉朝定礼,④ 而且还制乐。乐在战国末已佚,汉建立后,招鲁人制氏,封为乐官,但他只懂金石鼓乐,不知其义。叔孙通只好令秦人制宗庙礼乐,按《汉书·礼乐志》的记载,这套庙乐的演奏程序是这样的:

> 大祝迎神于庙门,奏《嘉至》,犹古降神之乐也。皇帝入庙门,奏《永至》,以为行步之节,犹古《采荠》、《肆夏》也。乾豆上,奏

---

① 孔颖达《正义》:"按《汉礼器制度》'柷状如漆筒,中有椎,将作乐先击之,敔如小鼓,长柄旁有耳摇之,使自击'。柷之节乐节一曲之始,其事宽,故以将诸侯之命。敔所以节一唱之终,其事狭,故以将伯子男之命。"(见《礼记正文》卷十二,《十三经注疏》,1980 年影印本,第 1332 页,亦见《礼记训纂》卷五,第 176 页)根据《汉礼器制度》的说法,"柷""敔"都是节乐的礼器,前者击于奏乐之前,后者依《礼记·王制》云"天子赐诸侯乐,则以柷将之。赐伯子男乐,则以敔之"用于奏乐之后。
② 《左传·桓公二年》孔颖达《正义》称:"《汉礼器制度》云:'冕制,皆长尺六寸,广八寸,天子以下皆同。'"(见《春秋左传正义》卷五,《十三经注疏》,1980 年影印本,第 1741 页)《周礼·夏官·弁师》云:"弁师掌王之五冕,皆玄冕,朱里,延,纽。"贾公彦疏:"凡冕体,《周礼》无文,叔孙通作《汉礼器制度》,取法于周,今还取彼以释之,按彼文,凡冕以版,广八寸,长六寸六分,以此上玄下朱覆之,乃以五彩缫绳贯五彩玉,垂于延前后,谓之'邃延'。"(见《周礼注疏》卷三十二,《十三经注疏》,第 216 页)《礼记·王制》云:"制三公一命卷,若有加则赐也,不过九命。次国七君,不过七命。小国之君,不过五命。""卷",即为衮冕衣服。孔颖达《正义》:"……冕服有六而言五者,大裘之冕,盖无旒不联数也,凡冕之制皆玄,裳上纁下……当以缯为之,以其前后旒用丝故也。按《汉礼器制度》广八寸,长尺六寸也。……盖冕随代变异,大小不同,今依《汉礼器制度》为定。今天子五冕之旒,皆用五采之丝为旒,垂五采之玉。"(见《礼记正义》卷十一,《十三经注疏》,第 1326~1327 页)《汉礼器制度》规定了冠冕的大小规格、样式和色彩。
③ 《汉书》卷四十三《郦陆朱刘叔孙传》,第 2131 页。
④ 魏博士张揖在《上广雅表》云:"昔在周公,缵述唐虞,宗翼文武,克定四海,勤相成王。……六年制礼以导天下,著《尔雅》一篇以释其意义。……爰暨帝刘,鲁人叔孙通撰置《礼记》,文不违古。"(载王念孙撰《广雅疏证》,江苏古籍出版社,1984 年影印本,第 3 页上栏)清儒陈寿祺在《左海经辨·大小戴〈礼记〉考》中推阐张揖之说,认为《汉书·艺文志》所著录的百三十一篇《记》即是叔孙通所纂辑之"《礼记》"。〔陈寿祺:《左海经辨·大小戴〈礼记〉考》,阮元、王先谦编《清经解 清经解续编》(第 8 册),凤凰出版社,2005 年,第 9732 页〕

《登歌》，独上歌，不以管弦乱人声，欲在位者遍闻之，犹古《清庙》之歌也。《登歌》再终，下奏《休成》之乐，美神明既飨也。皇帝就酒东厢，坐定，奏《永安》之乐，美礼已成也。①

具体地说，首先由大祝迎神于庙门，奏《嘉至》，这好比古代降神之乐；皇帝入庙门，奏《永至》之乐，和着行步的节奏，这好比《逸诗》中的《采荠》《肆夏》等古歌乐；当乾豆等祭品摆上台，奏《登歌》，此歌只清唱而不伴以管弦之乐，以防管弦窜乱人声，使在位者都能听清楚，这好比古代的《清庙》之歌；《登歌》之后，奏《休成》之乐，称美神明已经受飨。随后皇帝敬酒东厢，坐定，再奏《永安》之乐，至此，整个仪式圆满结束。据《汉书·礼乐志》服虔注，《嘉至》《永至》《登歌》《休成》《永安》等乐歌都为"叔孙通所奏作也"②。

要之，叔孙通所制定的朝仪以礼之"别"规范众臣，他倡导之礼乐讲求细致的程序规范，强调奉行礼仪者神情的恭顺、虔敬以及仪式场面的庄严，他在礼仪法式上的这些要求不合于一般平民讲求朴素、注重实际的行事观念，实际上是具有贵族化气息的政治设施。这样一套礼仪法式的制定和实际贯彻，一方面说明了儒者通过调整儒学使其保持对社会的适应性，另一方面也显示了新王朝对儒学的吸纳。叔孙通的努力标志着儒学开始在礼仪制度层面走上了复兴之路，以此为起点，随着汉初社会上层思想意识由平民化向贵族化转变过程的持续深入，在礼仪制度层面上的儒学文化得以全面繁荣。

第二节 儒家文化在民风层面的复起

叔孙通制礼作乐带来儒学在制度层面的复兴，与此同时，儒学在思想文化层面也逐步兴起。

为便于问题的深入，我们借鉴文化研究中颇为时兴的"大传统"（great tradition）和"小传统"（little tradition）的两种文化划分类型作为研究方法。

最初使用"大传统"和"小传统"概念的人类学家所依据的经验来

---

① 《汉书》卷二十二《礼乐志》，第1043页。
② 《汉书》卷二十二《礼乐志》，第1044页。

第三章 儒学文化在礼仪、器物、民风和教育层面的汉初复起

自农村社会,所以两种传统隐含着城市和乡村之分。① 不过,由于中国文化是与生活、伦理直接关联的,并不是西方社会的知识型文化,故在分析传统中国思想时,学者通常对两个传统及其关系有不同的认识。在中国文化里,"小传统"是本源,"大传统"是对"小传统"的总结、提炼,代表大小传统的人物也未必分别对应地分布于城市和乡村,葛兆光先生对两个传统的阐释说:"'大传统'在我们这里是一个时代最高水准的思想和文化,其代表是一批知识精英,但他们未必是社会的'上层',也未必能够成为社会的'正统'……而小传统的人员也不仅仅包括一般百姓,还包括那些身份很高而文化等级很低的皇帝、官员和贵族以及他们的亲属,他们并不以文字来表达他们的思想,只是在行动中表达他们潜在的观念……"② 这个阐释颇为具体和确当。深入看待当时这样的两个传统,可以看出,平民化社会背景之下,儒家思想意识在这两个方面都悄然涌动。

余英时先生从文化学角度论汉代循吏,立说恢弘,认定他们充当了传播"大传统",以儒家伦理化民成俗的角色,③ 他声言:"孝悌观念之深入中国通俗社会是由于汉儒的长期宣扬。"④ 但也正如他所指出,"教化型的循吏辈出确在宣帝之后"⑤,汉初尚未出现这种实际传播"大传统"的循吏。⑥ 汉初缺乏循吏对"大传统"的传播,尽管如此,我们仍可看到,儒家伦理中的孝亲观念在汉初时期是渐渐深入社会,影响着汉初民风的。

一

孝亲观念能在民间社会传播开来,同社会的平民化走向亦有关联。

上一节谈到儒学在制度文化方面的兴起时,我们曾指出,汉初伊始,建立一套能使新政权有效运转的政权架构具有历史必然性,在这种必然性下,有重实际特点的平民意识引起新王朝对礼乐仪制的接受。孝亲观念被汉初社会接受也存在着相类似的契机——王朝统治者具有的平民意识也是

---

① Robert Redfield: *Peasant Society and Culture* Ⅲ: *The Social Organization of Tradition* (The University of Chicago Press, 1956), p.70.
② 葛兆光:《七世纪前中国的知识、思想和信仰世界》,复旦大学出版社,1998,第220页。
③ 参见余英时《汉代循吏与文化传播》一文,见氏著《士与中国文化》。
④ 余英时:《士与中国文化》,第114页。
⑤ 余英时:《士与中国文化》,第156页。
⑥ 《汉书》所记汉初循吏只有约文帝时的河南守吴公和景帝时治蜀的文翁两人,见《汉书》卷八十九《循吏传》,第3623页。

造成汉政权保留以往的"三老"设置和倡导与之相应的孝亲观念的重要缘由。

我们先考察秦王朝统治时期的情形。秦统一六国后,对儒家思想并不一概反对,它也希望造就一套社会的良风美俗,① 所以秦王朝设立"三老"一职,发挥民间自有力量在地方政治中的作用。对"三老"所职,《汉书·百官公卿表》说"三老掌教化"②,《后汉书·百官志》又称:"凡有孝子顺孙,贞女义妇,让财救患,及学士为民法式者,皆扁表其门,以兴善行。"③ 就结果上来看,秦王朝造就社会良风美俗的愿望完全没有实现,但秦设置的"三老"成为地方上有影响的人物。《史记·陈涉世家》载:

> 陈胜自立为将军,吴广为都尉。攻大泽乡,收而攻蕲。……攻陈,陈守令皆不在,独守丞与战谯门中。弗胜,守丞死,乃入据陈。数日,号令召三老、豪杰与皆来会计事。三老、豪杰皆曰:"将军身被坚执锐,伐无道,诛暴秦,复立楚国之社稷,功宜为王。"陈涉乃立为王,号为张楚。
>
> 当此时,诸郡县苦秦吏者,皆刑其长吏,杀之以应陈涉。④

秦二世元年,陈胜由大泽乡起事,攻入陈时,他召集"三老、豪杰",倾听三老的意见。首先,这说明,秦王朝在民间乡野确实有"三老"的设置,根据"号令召三老、豪杰与皆来会计事"和"诸郡县苦秦吏者,皆刑其长吏,杀之以应陈涉"的文字描述,可以断定这些"三老"不属于直接依附政府的"吏",却是地方上的意见领袖,在民间乡野有其分量。其次,这些"三老"在终秦时依然能发挥在处理地方事务上一定的权威。

刘邦集团主要成员有着游民性格,他们不受拘束,不循规范,但攻城略地后对地方实行控制却是实实在在要做的事情。面对于此,重实际、求朴实的平民意识发挥出了作用,平民意识使刘邦这样一群统治者力求简便,而因循以往,继续发挥"三老"的作用正符合这种思想作风,由此,以往的"三老"一职被保留下来,作为政治上层建筑的一个部分在

---

① 顾炎武《日知录·秦纪会稽山石刻》评论说:"秦之任刑虽过,而其坊民正俗之意,固未始异于三王也。"见顾炎武撰、黄汝成集释《日知录集释》,中州古籍出版社,1990,第587页。对秦王朝利用儒家思想的问题,王启发《秦代的儒生与儒学》一文亦有所发挥,王文载于《中国哲学》编委会编《中国哲学》(第18辑),岳麓书社,1998。
② 《汉书》卷十九《百官公卿表》,第742页。
③ 《后汉书》志第二十八《百官五》,第3624页。
④ 《史记》卷四十八《陈涉世家》,第1952~1953页。

第三章 儒学文化在礼仪、器物、民风和教育层面的汉初复起

新政权下继续发挥着作用。史载:

> (汉二年)二月癸未,令民除秦社稷,立汉社稷。施恩德,赐民爵。……举民年五十以上,有修行,能帅众为善,置以为三老,乡一人。择乡三老一人为县三老,与县令丞尉以事相教,复勿徭戍。以十月赐酒肉。①

楚汉相争中刘邦刚立住脚,在"立汉社稷"的同时即恢复了"三老"的设置。刘邦又规定汉三老"与县令丞尉以事相教",这个掌教化的基层职官被赋予了更进一步的权力,他能与地方行政官吏"以事相教"。"三老"的选拔条件是"年五十以上,有修行,能帅众为善","三老"必须由有德行、能为道德表率者担任。

在汉武帝之前,儒学尚未被确立起独尊的地位,但是,刘邦在汉兴后设置"三老"以及发挥和提升其在地方事务中作用的政策一直被延续下来,惠帝以后,朝廷之旨多有"赐三老"的内容。汉文帝十二年,文帝又下诏"以户口率置三老、孝悌、力田常员,令各率其意以道民焉"②,强化"三老"设置。

虽然战国以来民间乡野社会构成的地域性已逐渐替代血缘性,宗族不再是完整的血缘经济单位,但聚族而居的现象依然存在。秦朝在地方上依然有"三老",那么"三老"当然脱不了以家族血缘观念作为处理人际关系和行为准则的依据,儒家思想原本就是以传统血缘经济社会为生长点的,如此,"三老"所认肯的观念和应用的行动准则就正好与儒家如"孝""悌"等这样一些伦理观念相通了。

作为游民的刘邦本无确定的思想原则,但汉政权以地方"三老"控制社会基层,地方"三老"要"帅众为善",这使刘邦也不时地要把自己扮做道德伦理的尊崇者,以便为社会树立导向。平民、游民性格的刘邦工具性地尊崇"三老"的地位,那么儒家伦理也就获得了存在的空间。《汉书·高帝纪上》记载汉二年三月刘邦同一位叫董公的"三老"接触的情形:

> (刘邦)南渡平阴津,至洛阳,新城三老董公遮说汉王曰:"臣闻'顺德者昌,逆德者亡','兵出无名,事故不成'。故曰:'明其为贼,敌乃可服。'项羽为无道,放杀其主,天下之贼也。夫仁不以勇,义不以力,三军之众为之素服,以告之诸侯,为此东伐,四海之内莫不仰

---

① 《汉书》卷一上《高帝纪上》,第 33~34 页。
② 《汉书》卷四《文帝纪》,第 124 页。

德。此三王之举也。"汉王曰:"善,非夫子无所闻。"①

这位作为地方"三老"的董公围绕仁义德行为刘邦谋划,刘邦即采纳其议。汉五年(公元前202年)十二月,"楚地悉定,独鲁不下,汉王引天下兵欲屠之,为其守礼义之国,乃持羽头示其父兄,鲁乃降"②。刘邦本欲武力攻克鲁国,但鲁国在时人眼里是"守礼义之国",刘邦因此放弃了武力进攻的打算,而改为对鲁国劝降。刘邦军事战略上的这次变更等于是旌表了儒家伦理,并为汉初天下提供了一个仿效的榜样。在为社会树立思想导向时,刘邦尤其注意的是孝亲观念的确立,高祖六年(公元前201年)五月,已就帝位的刘邦尊其父刘太公为太上皇,下诏称:"人之至亲,莫亲于父子,故父有天下传归于子;子有天下尊归于父,此人道之极也。"③借这样的机会刘邦将自己树立为行孝的楷模,向天下宣传了一番孝道。

1959年秋在甘肃武威磨嘴子第十八号汉墓出土的《王杖十简》记:

> 制诏丞相、御史:高皇帝以来至本二年,胜(朕)甚哀老、小,高年受王杖,上有鸠,使百姓望见之,比于节。有敢妄骂、詈殴之者,比逆不道。得出入官府、郎第,行驰道旁道。市卖复毋所与如山东。④

同样由磨嘴子汉墓中出土,1981年9月文物普查时由农民交出的《王杖诏令册》载:

> 高皇帝以来至本始二年,朕甚哀怜耆老。高年赐王杖,上有鸠,使百姓望见之,比于节;吏民有敢骂殴詈辱者,逆不道。得出入官府、节第、行驰道中;列肆贾市毋租,比山东复。⑤

"杖",即"王杖",由周代天子赐老者之杖而得名,汉因循未改,《王杖十简》中所谓的"本二年"实为"本始二年"。"本始"是汉宣帝的年号。两者都提到,"高年赐王杖"始于汉高祖刘邦。虽然这里的文句是汉成帝追述前代皇帝的制度时所言,但此文句明确说明赐杖制度在高祖时期已经

---

① 《汉书》卷一上《高帝纪上》,第34页。
② 《汉书》卷二下《高帝纪下》,第50页。
③ 《汉书》卷二下《高帝纪下》,第62页。
④ 中国科学院考古研究所编辑室:《武威磨咀子汉墓出土王杖十简释文》,《考古》1960年第9期。
⑤ 武威县博物馆:《武威新出土王杖诏令册》,载甘肃省文物工作队、甘肃省博物馆编《汉简研究文集》,甘肃人民出版社,1984。

第三章　儒学文化在礼仪、器物、民风和教育层面的汉初复起 <<<

实行，汉代养老制度的实施始于汉高祖。

1983年出土的张家山汉简的律令部分，记录了汉初三十多种法律，这些法律包括了汉律的主体。其中《傅律》记载：

> 大夫以上年七十，不更七十一，簪袅七十二，上造七十三，公士七十四，公卒、士五（伍）七十五，皆受仗（杖）。①

张家山汉律的最晚年代在吕后二年，这段文字更具体地显示出汉高祖时按照不同爵级规定的不同授杖年龄，从而使我们细致了解到刘邦的养老孝亲政策在年龄上的执行界限。另据朱红林依据张家山汉简的研究，当时持有王杖者享有这样几项优待：

> 第一，王杖持有者如使者持节，官吏或他人不得擅自征召、辱骂、殴打持杖者，否则处以极刑。
> 第二，可以出入官府、郎第，在驰道旁道行走。
> 第三，经商免税。
> 第四，对于抚养善待这些老人的人，国家也免除其赋税徭役。
> 第五，比照六百石官员看待，可以入官廷不趋，犯有"罪耐以上"罪者，从轻处理。②

在张家山汉简中还显示，汉兴之初的另外两项尊老政策——"免老"和"睆老"。

"免老"是对达到年龄标准的编户齐民免除徭役。张家山汉简《傅律》说：

> 大夫以上年五十八，不更六十二，簪袅六十三，上造六十四，公士六十五，公卒以下六十六，皆为免老。③

"免老"的最低年龄大夫是五十八岁。大夫以下，"免老"的年龄依次提高，直到公卒以下，六十六岁始"免老"。除"免老"之外，《傅律》对于

---

① 张家山汉墓竹简整理小组：《张家山汉墓竹简》（二四七号墓），文物出版社，2001，第181页。
② 朱红林：《汉代"七十赐杖"制度及相关问题考辨——张家山汉简〈傅律〉初探》，《东南文化》2006年第4期。
③ 张家山汉墓竹简整理小组：《张家山汉墓竹简》（二四七号墓），文物出版社，第181页。

"睆老"的年龄也有明确的规定:

> 不更年五十八,簪袅五十九,上造六十,公士六十一,公卒、士五(伍)六十二,皆为睆老。①

"睆老"的最低年龄是五十八岁,同样有爵位限制,自四级爵不更降至无爵的公卒、士伍,年龄要求依次提高。"睆老"享有减半服徭役的优待政策。

二

刘邦逝后,宣传孝道的做法从来没有在其他汉帝那里被抵制,汉廷对孝亲观念是持续倡导的。据《史记·刘敬叔孙通列传》载,惠帝继位,住在未央宫,每次给吕太后请安,都要驻跸清道,中断行人往来,很不方便,于是修筑了复道。可是汉高祖的衣冠每月从寝陵出游至高庙,却要从复道下面通过,叔孙通说:"奈何令后世子孙乘宗庙道上行哉?"② 如此一句话语点醒惠帝,惠帝马上要拆除复道,叔孙通趁势主张:

> 人主无过举。今已作,百姓皆知之,今坏此,则示有过举。愿陛下原庙渭北,衣冠月出游之,益广多宗庙,大孝之本也。③

惠帝刘盈照做后,刘邦的衣冠出游就不会经过复道之下了,这既维护了皇帝的威望,又伸张了孝道。汉朝皇帝谥号加"孝",胡适认为:"这一个制度,史家虽没有明文,我们很可以归功于那位叔孙太常。这便是儒教成为国教的第一声。"④

史称汉以孝治天下,由上可见,此说在汉兴之初已肇始端。惠帝以后,去世的前帝均谥"孝"字,朝廷所下诏书常常提到"赐三老""赐高年""尊高年""赐孝悌"⑤ 的内容。由政权力量发出来的措施成为汉初儒家伦理观念传播开来的基础,得益于此,孝亲观念对民风民俗的化育有所成效。为进一步分析孝亲观念被汉初社会接受的具体情形,我们将《史记》《汉书》所记载的有关当时的孝亲故事列于表3-1。

---

① 张家山汉墓竹简整理小组:《张家山汉墓竹简》(二四七号墓),第181页。
② 《史记》卷九十九《刘敬叔孙通列传》,第2725页。
③ 《史记》卷九十九《刘敬叔孙通列传》,第2725~2726页。
④ 胡适:《中国中古思想史长编》,安徽教育出版社,2006,第86页。
⑤ 参见《汉书》之《惠帝纪》《高后纪》《文帝纪》和《景帝纪》。

第三章 儒学文化在礼仪、器物、民风和教育层面的汉初复起 <<<

表3-1 汉初孝亲史料一览

孝亲人物	身份	主要情节	情节发生时间	结果或影响	记载出处
刘恒	诸侯王	悉心侍奉患病的母亲薄太后,做到"不交睫解衣",亲尝汤药。①	惠吕时	成为社会的孝亲典范,爰盎称:"夫曾参以布衣犹难之,今陛下亲以王者修之,过曾参远矣。"②	《汉书·爰盎晁错传》。明朱棣据历代《孝传》作《孝顺事实》仍引此情节
缇萦	平民	因其父坐法当刑,故上书文帝"……妾愿入身为官婢,以赎父刑罪,使得改过自新也"③。	文帝时	"上悲其意,此岁中亦除肉刑法。"④	《史记·扁鹊仓公列传》
淮南厉王刘长	诸侯王	因"母不当坐赵时事,辟阳侯力能得之吕后,不争",而"自袖金锥锥之",并声言自己是"为天下诛贼,报母之仇"⑤。	文帝时	复仇行为为统治层所宽容,"文帝伤其志,为亲故,赦之"⑥。	《汉书·淮南衡山济北传》
万石君四子	官员	"(石)奋长子建,次子甲,次子乙,次子庆,皆以驯行孝谨。""(长子)建老白首,万石君尚无恙。建为郎中令,每五日洗沐谒亲,入子舍,窃问侍者,取亲中裙厕牏,身自浣涤,复与侍者,不敢令万石君知,以为常。""万石君徙居陵里。内史庆醉归,入外门不下车。万石君闻之,不食。庆恐,肉袒请罪,不许。举宗及兄肉袒,万石君让曰:'内史贵人,入闾里,里中长老皆走匿,而内史坐车中自如,固当!'乃谢罢庆。庆及诸子弟入里门,趋至家。"⑦	文景时	"万石君家以孝谨闻乎郡国,虽齐鲁诸儒质行,皆自以为不及也。"⑧	《史记·万石张叔列传》

① 《汉书》卷四十九《爰盎晁错传》,第2269页。
② 《汉书》卷四十九《爰盎晁错传》,第2269页。
③ 《史记》卷一百五《扁鹊仓公列传》,第2795页。
④ 《史记》卷一百五《扁鹊仓公列传》,第2795页。
⑤ 《汉书》卷四十四《淮南衡山济北传》,第2136页。
⑥ 《汉书》卷四十四《淮南衡山济北传》,第2136页。
⑦ 《史记》卷一百三《万石张叔列传》,第2764~2766页。
⑧ 《史记》卷一百三《万石张叔列传》,第2764页。

续表

孝亲人物	身 份	主要情节	情节发生时间	结果或影响	记载出处
梁孝王刘武	诸侯王	"孝王慈孝,每闻太后病,口不能食,居不安寝,常欲留长安侍太后。太后亦爱之。"①	文景时	深得笃信黄老之术的窦太后的欢心。	《史记·梁孝王世家》
灌夫	平 民	吴楚反时,其父张孟死吴军中。"汉法,父子俱,有死事,得与归丧,夫不肯随丧归。奋曰:'愿取吴王若将军头以报父仇!'于是夫被甲持戟,募军中壮士所善愿从数十人。及出壁门,莫敢前。独两人及从奴十余骑驰入吴军,至戏下,所杀伤数十人。不得前,复还走汉壁,亡其奴,独与一骑归。夫身中大创十余,适有万金良药,故得无死。创少瘳,又复请将军曰:'吾益知吴壁曲折,请复往。'"②	景帝时	"将军壮而义之,恐亡夫,乃言太尉,太尉召固止之。吴军(败)[破],夫以此名闻天下。"③	《汉书·窦田灌韩传》

如表3-1所示,就人物看,这些被记载下来的孝亲楷模既有皇族、公卿,又有一般百姓,显示出孝亲观念影响了颇为广泛的社会阶层;就这些情节在当时引起的社会反应看,文景时期的"万石君家以孝谨闻乎郡国,虽齐鲁诸儒质行,皆自以为不及也",灌夫为报父仇而奋不顾身,天下闻名。他们的孝亲事迹能传播开来,为人所重视,闻名于世,说明通俗社会形成了以孝亲为荣的共识,儒家所倡导的孝亲观念初步融入民风之中。

汉初孝亲观念的塑造和孝亲实践在社会上的显现,也使孝亲伦理由内在情感要求向外在具体和形式化的礼仪扩展开来,以礼为教的色彩日渐浓郁。例如《汉书·窦田灌韩传》载,灌夫"尝有服,过丞相蚡。蚡从容曰:'吾欲与仲孺过魏其侯,会仲孺有服。'"④ 这里谈的是居丧不访友的礼教规矩。而景帝之子江都易王死未葬,江都易王子建"说易王宠美人淖姬,夜使人迎与奸服舍中";"又尽与其姊弟奸。事既闻,汉公卿请捕治

---

① 《史记》卷五十八《梁孝王世家》,第2086页。
② 《汉书》卷五十二《窦田灌韩传》,第2382页。
③ 《汉书》卷五十二《窦田灌韩传》第2382页。
④ 《汉书》卷五十二《窦田灌韩传》第2385页。

第三章 儒学文化在礼仪、器物、民风和教育层面的汉初复起

建。天子不忍,使大臣即讯王。王服所犯,遂自杀"。① 江都易王子建居丧期间与妇人交,这违反了丧期不近妇人、不作乐的礼制规定,因违礼不孝,成其大罪,江都易王子建被迫自杀。

1983 年出土的张家山汉简《二年律令》提到:

> 子牧杀父母,殴詈泰父母、父母叚(假)大母、主母、后母,及父母告子不孝,皆弃市。其子有罪当城旦舂、鬼薪白粲以上,及为人奴婢者,父母告不孝,勿听。②
>
> 父母殴笞子及奴婢,子及奴婢以殴笞辜死,令赎死。③

儿子谋杀父母或打骂父母、祖父母、继父母等长辈,或儿子受到父母不孝之名的控告,都应当处以"弃市"的严厉极刑处罚。但是,父母确实把儿子或奴婢打死了,虽也要判死刑,父母却可以用金钱来赎罪。这样的法律明显偏袒长辈一方,这表明,儒家孝亲的伦常观念被纳入法律规范之中。有论者根据对《二年律令》这类律令的研究,认为"儒家的道德观念、儒家的伦理学说也很突出……在西汉社会,儒家的道德观念、儒家的伦理学说已经得到社会的普遍认同,在现实生活中有重要地位"④。这个说法似乎过高估计了汉初前期儒家伦理的实际地位。但如果我们认为,在汉初,至少日后时代,孝亲伦理已经发展为形式化的礼仪要求甚至被法律化,那么这种判断应该还是中肯的。

贾谊的《新书·俗激》谈到当时社会的民风,他对当时社会风气持否定态度,三十多年后的建元元年夏四月武帝诏书也对民风有间接的反映,对照这两段文字材料,亦可看到孝亲观念由微而著深入"小传统"的总趋向,贾谊的《新书·俗激》指陈文帝初年社会"是类管子谓'四维不张'者"⑤,这意味着当时孝亲观念在社会上是匮乏的,但是这种情形在汉初末期已完全变了。

建元元年夏四月的武帝诏说:

> ……今天下孝子、顺孙愿自竭尽以承其亲,外迫公事,内乏资财,

---

① 《史记》卷五十九《五宗世家》,第 2096 页。
② 《张家山汉墓竹简》(二四七号墓),第 133 页。
③ 《张家山汉墓竹简》(二四七号墓),第 132 页。
④ 刘欢、赵璐:《从〈二年律令〉看儒家思想对西汉立法的影响》,《人文杂志》2004 年第 4 期。
⑤ 王洲明、徐超校注《贾谊集校注》,人民文学出版社,1996,第 88 页。

>>> 社会的平民化变迁与儒学变化

是以孝心阙焉。朕甚哀之。民年九十以上,已有受鬻法,为复子若孙,令得身帅妻妾遂其供养之事。①

这个诏书尽管有"孝心阙焉"之言,认为劳役、经济负担限制了百姓对亲长的供养,但不否定"今天下孝子、顺孙愿自竭尽以乘其亲"。它肯定当时人们具备孝亲观念,这恰恰说明汉初后期儒家伦理的兴倡已使孝亲观念确实渗透进了大众社会。

第三节 知识精英了解和掌握儒学的风潮之形成

一

前文已叙,平民意识、游民意识同黄老道家思想能相接榫,黄老之学在平民化社会的背景下流行有其有利条件,儒学则因其带有贵族文化气息难以被汉初伊始的平民化社会所接受,由此造成汉初乍始时前者得势,后者受冷遇。不过,汉王朝稳定不久之后在代表"大传统"的知识精英那里,五经的师学甚受知识人重视,这正如南朝梁刘勰《文心雕龙·时序》所言:"施及孝惠,迄于文景,经术颇兴。"②伴随对经的学习,儒学开始为士人学者广泛了解和接受。汉王朝稳定不久之后为什么会出现这一变化呢?

一般认为,作为学说传承和推广的儒学在汉初兴起,其原因可以归于黄老作为政治治理之道的实施。在此,我们引李景明先生著《中国儒学史》(秦汉卷)中的这段叙述:"由于汉初实行无为而治的治道,对社会许多事情少加干预(实际上也无力多加干预),同时在学术上不强求学术独专,因而形成了一种较少约束的自由宽松的思想学术环境,于是先秦各派的后继者趁机活跃起来……在这种环境中,儒学也得以复兴,逐步崛起。"③的确,汉初平民化社会背景下,黄老是社会的指导思想。黄老政治讲求清静无为,它对思想和教育并不加以钳制,这为儒学传播提供了条件。

清静无为的政策有利于儒学的社会传播,可以说,当时清静无为的政策正是儒学得以复兴的重要契机,但进一步的问题是,黄老之政带来的思

---

① 《汉书》卷六《武帝纪》,第156页。
② 周振甫注《文心雕龙注》,人民文学出版社,2002,第476页。
③ 李景明:《中国儒学史》(秦汉卷),广东人民出版社,1998,第39页。

第三章 儒学文化在礼仪、器物、民风和教育层面的汉初复起

想生长和传播环境对其他学说的发展也具有同样的意义,儒学何以又能从当时活跃起来的多种学说中脱颖而出,在汉初中后期为众多的知识人所了解和接受呢?所以,在平民化社会结构这个重要根据之外,我们还应该找寻其他依据,以期深化对问题的认识。

前文已叙,刘氏政权建立起来后,即使是在平民化气息兴盛的历史时期,汉初王朝的一系列举措,如政治架构上引入朝仪法式,基层政权配置上恢复"三老",制度层面上制作礼仪章典,观念导向上崇敬"三老"和提倡孝亲等,都推动或直接造就儒学在制度文化和观念文化层面的兴起。儒学是讲求社会伦理、关注文化价值的人文主义学说,汉初统治者所接受的朝仪法式,重建的礼仪章典,树立的崇敬"三老"以及孝亲意识等,这些都为儒家所尊奉的经典所描述或注重。儒家传承下来的经籍会聚着诸多此类内容,汉初统治者在社会治理上又倚仗它们,这就不仅使王朝的最高统治者开始看重五经的政治指导意义,而且促成当时以入世经国为职志的文化人从儒习经,借此入儒家经世之学之堂奥。①

要言之,汉初伊始平民化的社会结构构成造成的黄老清静无为的政策选择,给儒学传播带来了理想的文化环境,而平民化政权特色又带给刘氏政权在制度文化上选择前述近儒家的管理策略,这又彰显出本来就属于王官学的五经的社会意义,两个条件的结合便使经籍得以不可阻挡地流行开来,经籍中的儒家思想学说也就得以被广泛传播。以下我们援引文献资料,具体看看五经在不同社会层面所展开的状况。

《史记·袁盎晁错列传》说:"孝文帝时,天下无治《尚书》者,得闻

---

① 对于儒学和经学两者间的关系,有学者指出:从经的来源看,孔子以"述而不作,信而好古"、"不语怪、力、乱、神"、"攻乎异端,斯害也已"、"《诗》、《书》、执礼,皆雅言也"四条原则与方法以述代作对中华远古经典进行了整理,"既保存原来的内容和文辞,又反映孔子的哲学观点和政治观点,并且实现了内容的精炼和在当时条件下的语言规范化"。(夏传才:《十三经概论》,天津人民出版社,1998,第5~6页)因此,可以说经学蕴含了儒家的思想原则、方法和主张。再则,由于孔子开创的儒家学派对经的传习,战国中后期,六经逐渐由天下之经变为儒家学派尊奉的经典,此点从道、法两家对六经所持的异乎儒家的态度中可以得到佐证。《庄子·天运》里这个故事就反映出战国时代道家对六经的否定态度:"孔子谓老聃曰:'丘治《诗》、《书》、《礼》、《乐》、《易》、《春秋》六经,自以为久矣……'老子曰:'幸矣子之不遇治世之君也!夫六经,先王之陈迹也,岂其所以迹哉!今子之所言,犹迹也。夫迹,履之所出,而迹岂履哉!'"〔王先谦注《庄子集解》卷四《天运》,《诸子集成》(第3册),上海书店出版社,1986年影印本,第95页〕《韩非子·五蠹》称,"儒以文乱法",《韩非子·显学》反对世主礼遇"服文学而议说"者。(王先慎:《韩非子集解》,第460、449页)所谓的"文""文学",实则就是指儒家推崇的诗书等经典。

>>> 社会的平民化变迁与儒学变化

济南伏生故秦博士,治《尚书》,九十余,老不可征,乃诏太常使人往受之。"这段文字即表明汉王朝当时对经的重视。王朝对经的重视不仅仅表现为抢救整理濒于失传的经籍,更显示在将这些经籍纳入对上层社会第二代的教育范围中。在前文第二章的"汉初皇室教育史料一览"(见表2-1)中已显示皇室教育中是有五经内容的,在第二章第一节又以阜阳双古堆一号汉墓竹简引证王侯子弟教育中有经的成分。其实,除了社会上层,在《史记》《汉书》里更有不少史料反映出汉初其他阶层的文化人对习经的注重。

东方朔被东汉时期的扬雄评价为"言不纯师,行不纯德"①,是一个没有确定思想倾向的人物,他接受的文化教育情形就颇能反映在知识人选择师学材料时儒经具有的重要地位。武帝初即位,他作文上武帝,文中对自己的教育经历有如下陈述:

> 年十三学书,三冬文史足用。十五学击剑。十六学《诗》、《书》,诵二十二万言。十九学孙吴兵法,战阵之具,钲鼓之教,亦诵二十二万言。凡臣朔诵固巳四十四万言。又常服子路之言。②

书是基本文化技能,文史是基本文化知识,而"孙吴兵法,战阵之具,钲鼓之教"是具体技术。《诗》《书》等儒经则代表经典文化,知晓《诗》《书》才使人成为经典文化掌握者,所以在学书和文史之后,东方朔即习《诗》《书》,"诵二十二万言",并以此为耀。

就所属社会层面而言,即使来自社会下层的知识人也同样习儒经,《汉书·公孙弘卜式儿宽传》载:

> 公孙弘,菑川薛人也。少时为狱吏,有罪,免。家贫,牧豕海上。年四十余,乃学《春秋》杂说。武帝初即位,招贤良文学士,是时,弘年六十……③

从这里记载的"年四十余"和"年六十"两个年龄差推测,公孙弘学《春秋》杂说,其时当在文景之际,公孙弘此时是罪免归家、牧豕为生的社会边际人物,有这种社会背景的人物也发愤习经,这足可见儒经对当时社会下层的吸引力。见于《汉书》的严助和朱买臣习经活动也当在文景之际,

---

① 《汉书》卷六十五《东方朔传》,第2873页。
② 《汉书》卷六十五《东方朔传》,第2841页。
③ 《汉书》卷五十八《公孙弘卜式儿宽传》,第2613页。

第三章 儒学文化在礼仪、器物、民风和教育层面的汉初复起

其社会背景也类似于公孙弘,《汉书·严朱吾丘主父徐严终王贾传》提及严助发迹前的情况:

> 上问助居乡里时,助对曰:"家贫,为友婿富人所辱。"①

另一人物朱买臣后来能在武帝面前"说《春秋》,言《楚词》,帝甚说之"②。五十多岁成为中大夫,而早年的情况也是如此,《汉书·严朱吾丘主父徐严终王贾传》说:

> 朱买臣字翁子,吴人。家贫,好读书,不治产业,常艾薪樵,卖以给食,担束薪,行且诵书。③

对于知识人来说,他们亦可能兴趣于特定一种思想主张,并进而研习该种思想著作,但即便如此,他们往往兼读儒家所传之经,而并非完全漠视五经。如上文提到的公孙弘,"年四十余乃学《春秋》杂学",何焯曰:"杂说,杂家之说,兼儒、墨、合名、法者也。"④ 就是说,公孙弘所学已杂。再从文献记载中我们看到,汉初时期不少治法术、道术者对儒经也颇有了解就更属这种情况了。例如,文法之吏张苍受习过《左氏春秋》,另一名法吏衮盎也通晓《春秋》,根据《春秋》大意,他曾协助解决景帝立太子的问题⑤,原本习黄老的田叔亦通经术,因其通经术故,景帝派遣他处理

---

① 《汉书》卷六十四《严朱吾丘主父徐严终王贾传》,第 2789 页。
② 《汉书》卷六十四《严朱吾丘主父徐严终王贾传》,第 2791 页。
③ 《汉书》卷六十四《严朱吾丘主父徐严终王贾传》,第 2791 页。
④ 何焯著,崔高维点校《义门读书记》(上册),中华书局,1987,第 295 页。
⑤ 参见《史记·梁孝王世家·褚先生补》:"梁王西入朝,谒窦太后,燕见,与景帝俱侍坐于太后前,语言私说。太后谓帝曰:'吾闻殷道亲亲,周道尊尊,其义一也。安车大驾,用梁孝王为寄。'景帝跪席举身曰:'诺。'罢酒出,帝召衮盎诸大臣通经术者曰:'太后言如是,何谓也?'皆对曰:'太后意欲立梁孝王为帝太子。'帝问其状,衮盎等曰:'殷道亲亲者,立弟。周道尊尊者,立子。殷道质,质者法天,亲其所亲,故立弟。周道文,文者法地,尊者敬也,敬其本始,故立长子。周道,太子死,立适孙。殷道,太子死,立其弟。'帝曰:'于公何如?'皆对曰:'方今汉家法周,周道不得立弟,当立子。故春秋所以非宋宣公。宋宣公死,不立子而与弟。弟受国死,复反之与兄之子。弟之子争之,以为我当代父后,即刺杀兄子。以故国乱,祸不绝。故春秋曰君子大居正,宋之祸宣公为之。臣请见太后白之。'衮盎等入见太后:'太后言欲立梁王,梁王即终,欲谁立?'太后曰:'吾复立帝子。'衮盎等以宋宣公不立正,生祸,祸乱后五世不绝,小不忍害大义状报太后。太后乃解说,即使梁王归就国。"(见《史记》第 2091~2092 页)

梁孝王案。①

由此可见，汉初习经人员构成复杂，既有上层皇室公侯家庭，亦有遍及社会上的平民阶层，存在于广阔的社会层面。

二

从师习经有着广泛的主体分布，他们所学习经籍又有哪些呢？

惠帝四年（公元前191年）除挟书令，高后元年（公元前187年）又除妖言法，经的传承被接续起来。经学传授系统在汉初形成，这使文化人更有条件从师习经，汉初知识人了解和接受儒学的渠道也更加畅通。《史记》《汉书》等文献反映了五经在汉初传承的有关情形。② 如果结合对这些情形的考察，我们还能进一步了解知识人学经的人数规模和地域分布的状况。

（一）《易》的传承③

秦以《易》为筮卜之书而不禁，故其传世本未中断。《史记·仲尼弟

---

① 参见《史记·梁孝王世家·褚先生补》："梁王闻其议出于袁盎诸大臣所，怨望，使人来杀袁盎。袁盎顾之曰：'我所谓袁将军者也，公得毋误乎？'刺者曰：'是矣！'刺之，置其剑，剑著身。视其剑，新治。问长安中削厉工，工曰：'梁郎某子来治此剑。'以此知而发觉之，发使者捕逐之。独梁王所欲杀大臣十余人，文吏穷本之，谋反端颇见。太后不食，日夜泣不止。景帝甚忧，问公卿大臣，大臣以为遣经术吏往治之，乃可解。于是遣田叔、吕季主往治之。此二人皆通经术，知大礼。来还，至霸昌厩，取火悉烧梁之反辞，但空手来对景帝。景帝曰：'何如？'对曰：'言梁王不知也。造为之者，独其幸臣羊胜、公孙诡之属为之耳。谨以伏诛死，梁王无恙也。'景帝喜说，曰：'急趋谒太后。'太后闻之，立起坐餐，气平复。故曰，不通经术知古今之大礼，不可以为三公及左右近臣。少见之人，如从管中窥天也。"（见《史记》，第2092页）
② 对五经在汉初传承，周予同《中国经学史讲义》（载《周予同经学史论著选集》，上海人民出版社，1996）、徐复观《西汉经学史》〔载氏著《论经学史二种——中国经学史的基础》，（台湾）正中书局，1982〕、罗义俊《汉初学术复兴论》（《史林》1988年第4期，1989年第1期）、王葆玹《西汉经学源流》〔（台湾）东大图书股份有限公司，1994〕等著作均有论及。与他们关注的要点有异，本书的讨论所注意的是当时参与学习诸经的人数规模及其分布状况，以期考察显示在大传统上的有关儒学复兴的情形。
③ 传统上一般将汉易即说成是象数易，但学者高怀民提出"儒门易"概念，认为象数易奠下基础的实际上是儒门易，这个论断说明当时易学的传承正是儒学传播的重要方面。高怀民举四项理由肯定田何易学是儒门易：第一，从时代方面看，此时象数易未兴。第二，武帝以后，朝廷中《易经》博士，均为田氏传人，而《易经》博士自然都是治儒门易的。第三，证诸约与田何同时的韩氏易，证诸传说中为丁宽所传的《子夏易传》，证诸今所见的零星残卷施氏《易章句》及梁丘氏《易章句》，均为儒门义理。第四，孟喜因为"改师法"，而不得为《易经》博士。〔参见高怀民著《两汉易学史》，（台湾）中国学术著作奖助委员会，1970〕

第三章　儒学文化在礼仪、器物、民风和教育层面的汉初复起

子列传》云：

> 孔子传易于瞿，瞿传楚人馯臂子弘，弘传江东人矫子庸疵，疵传燕人周子家竖，竖传淳于人光子乘羽，羽传齐人田子庄何，何传东武人王子中同，同传淄川人杨何。何元朔中以治《易》为汉中大夫。①

《汉书·儒林传》云：

> 商瞿子木受《易》于孔子，以授鲁桥庇子庸。子庸授江东馯臂子弓。子弓授燕周丑子家。子家授东武孙虞子乘。子乘授齐田何子装……汉兴，田何以齐田徙杜陵，授东武王同子中、洛阳周王孙，梁人丁宽、齐服生，皆著《易传》教篇。……宽授同郡砀田王孙。王孙授施雠、孟喜、梁丘贺。由是《易》有施、孟、梁丘之学。②

《史记》《汉书》的记载略有不同：《索引》《正义》俱称司马迁"子弘"为"子弓"之误；"矫疵"即"桥庇"，字子庸；"淳于"即"孙虞"；"周竖"，《正义》以为即《汉书》之"周丑"。③ 如此，则除子弓、子庸之序不同外，余皆同，可为互证，二史明文论及的汉初《易》学传人仅田何一人。《汉书·艺文志》也说："及秦燔书，而《易》为筮卜之事，传者不绝。汉兴，田（和）[何]传之。"④ 《汉书·儒林传》则称："汉兴，言《易》自淄川田生。""要言《易》者本之田何。"⑤ 所以，田何可谓汉初的《易》学宗师。

汉兴，因徙往杜陵，田何因地得号，被称为杜田生。他把《易》学从关东带到了关中。《汉书·儒林传》说，"初，梁项生从田何受《易》"。⑥ 又说，田何"授东武王同子中、洛阳周王孙、梁人丁宽、齐服生"，这四人因研习《易》学而著名，且"皆著《易传》数篇"。《汉书·艺文志》中《易》类著作里记《王氏》二篇为王同作；《易传·周氏》二篇为周王孙作；《丁氏》八篇为丁宽作；《服氏》二篇虽未记作者名，但应属服生所作。除此四人著作外，有《蔡公》二篇，其作者从学于周王孙。⑦

---

① 《史记》卷六十七《仲尼弟子列传》，第2211页。
② 《汉书》卷八十八《儒林传》，第3597～3598页。
③ 《史记》卷六十七《仲尼弟子列传》，第2211～2212页。
④ 《汉书》卷三十《艺文志》，第1704页。
⑤ 《汉书》卷八十八《儒林传》，第3597页。
⑥ 《汉书》卷八十八《儒林传》，第3597页。
⑦ 《汉书》卷三十《艺文志》，第1703页。

追随田何习《易》者，除《汉书·儒林传》提到的梁项生和著有《易》著的王、周、丁、服五人外，必定还有其他一些人，提到的这五人是其中因学高而显名于当时者。《汉书·儒林传》说："梁项生从田何受《易》，时宽为项生从者，读《易》精敏，材过项生，遂事何。"① 司马迁曾用"次相授业"描述董仲舒传经情景，② 就是说，董仲舒传经的方法是新学生只从老学生受业，不一定亲自见到他本人。在事田何前，丁宽也是被"次相授业"的。可见求学于田何的普通习《易》者未必能亲炙其教，他们要先受教于田何弟子，此亦证明当时习学者不在少数。

田何《易》传习的地域和他所发挥出来的影响也不限于关中，《汉书·儒林传》说，丁宽"学成，何谢宽。宽东归，何谓门人曰：'《易》以东矣。'宽至洛阳，复从周王孙受古义，号《周氏传》"③。丁宽学成后，欲东归，但至洛阳又受习于周王孙。此见周王孙在这之前已在洛阳授学；景帝时丁宽到梁国，为梁孝王将军，在此他"作《易说》三万言"④，又授《易》于同郡砀田王孙，王孙逐启以后的施、孟、梁三家《易》学。

除田氏易外，《汉书·儒林传》载，韩婴"亦以《易》授人，推《易》意而为之传。燕赵间好《诗》，故其《易》微，唯韩氏自传之"⑤。韩婴是《诗》学名家，其《易》学在《韩诗外传》中得以保存六节，涉及对《谦》《困》《艮》《未济》等卦和《系辞》的解释。⑥《汉书·儒林传》的这段文字说明韩婴也以《易》授人，在燕赵不乏门徒。

(二)《书》的传承

汉初言《书》者始自济南人伏生，《史记·儒林列传》载：

> 伏生者，济南人也。故为秦博士。孝文帝时，欲求能治《尚书》者，天下无有，乃闻伏生能治，欲召之。是时伏生年九十余，老，不能行，于是乃诏太常使掌故朝错往受之。秦时焚书，伏生壁藏之。其后兵大起，流亡，汉定，伏生求其书，亡数十篇，独得二十九篇，即以教于齐鲁之间。⑦

---

① 《汉书》卷八十八《儒林传》，第3597页。
② 《汉书》卷五十八《董仲舒传》，第2495页。
③ 《汉书》卷八十八《儒林传》，第3597页。
④ 《汉书》卷八十八《儒林传》，第3597页。
⑤ 《汉书》卷八十八《儒林传》，第3613页。
⑥ 参见黄河《从〈韩诗外传〉探析韩婴的易学思想》，《船山学刊》2011年第1期。
⑦ 《史记》卷一百二十一《儒林列传》，第3124~3125页。

第三章 儒学文化在礼仪、器物、民风和教育层面的汉初复起

《汉书·儒林传》载：

> 伏生教济南张生及欧阳生。张生为博士，而伏生孙以治《尚书》征，弗能明定。是后鲁周霸、雒阳贾嘉颇能言《尚书》云。
> 欧阳生字和伯，千乘人也。事伏生，授倪宽。①

伏生取壁藏《书》教于齐鲁之间。济南人张生、千乘人欧阳生从学于伏生，欧阳生有知名弟子倪宽，汉时传《书》的两家"欧阳、大小夏侯氏学皆出于宽"②。在张生、欧阳生从学伏生之外，晁错晚于两生亦学《书》于伏生。《汉书·儒林传》说："伏生……教于齐鲁之间，齐学者由此颇能言《尚书》。山东大师亡不涉《尚书》以教矣。"③ 山东，时指太行山以东，由此可见，《尚书》的传播范围广泛，而且《尚书》学也已被确立了极高的学术位置，如果按"山东大师亡不涉《尚书》以教"的说法，学术大师当时都把《尚书》作为传学内容，受教的人数当然也不在少数。

因为"能治《尚书》者，天下无有，乃闻伏生能治"的记载，伏生作为汉初《尚书》学的"第一人"，甚至是唯一一传授者，似乎成为共识。不过，《史记·屈原贾生列传》又载："贾生名谊，洛阳人也。年十八，以能诵诗属书闻于郡中。"④《汉书·贾谊传》则更称："能诵诗书属文。"⑤ 贾谊《新书》中颇有征引《尚书》处，如《君道》一篇所引："《书》曰：'大道亶亶，其去身不远，人皆有之，舜独以之。'"这应是已亡的逸《书》。⑥ 如此，则班固称其能诵《诗》《书》，这的确言之有据。

考贾谊生于高祖七年，即公元前 200 年，卒于文帝十二年，即公元前 168 年，文帝初年自洛阳招贾谊为博士，但朝廷初知传《书》的伏生也是在文帝之时，"孝文帝时，欲求能治《尚书》者，天下无有，乃闻伏生能治，欲召之。……汉定，伏生求其书，亡数十篇，独得二十九篇"。据此判断，贾谊的《书》学不可能受自伏生，洛阳民间尚有传授《尚书》者。

（三）《诗》的传承

《诗》经今文学有鲁、燕、齐三家异传，鲁《诗》之传出于申公，申培诗论有《鲁故》《鲁说》流传下来。王先谦认为《鲁故》是申公所著，

---

① 《汉书》卷八十八《儒林传》，第 3603 页。
② 《汉书》卷八十八《儒林传》，第 3603 页。
③ 《汉书》卷八十八《儒林传》，第 3603 页。
④ 《史记》卷八十四《屈原贾生列传》，第 2491 页。
⑤ 《汉书》卷四十八《贾谊传》，第 2221 页。
⑥ 王洲明、徐超校注《贾谊集校注》，第 288 页。

《鲁说》则是其弟子续为补充的。① 《史记·儒林列传》载：

> 申公者，鲁人也。高祖过鲁，申公以弟子从师入见高祖于鲁南宫。吕太后时，申公游学长安，与刘郢同师。已而郢同为楚王，令申公傅其太子戊。戊不好学，疾申公。及王郢卒，戊立为楚王，胥靡申公。申公耻之，归鲁，退居家教，终身不出门，复谢绝宾客，独王命召之乃往。弟子自远方至受业者百余人。申公独以《诗》经为训以教，无传，疑者则阙不传。②

《汉书·楚元王传》载：

> （楚元王）少时尝与鲁穆生、白生、申公俱受《诗》于浮丘伯。伯者，孙卿门人也。及秦焚书，各别去。
>
> （汉六年）元王既至楚，以穆生、白生、申公为中大夫。高后时，浮丘伯在长安，元王遣子郢客与申公俱卒业。③

申公在秦焚书前曾同穆生、白生及楚元王刘交一起受学于浮丘伯，吕后时浮丘伯曾在长安执教，申公在那里从浮丘伯卒学。学成后申公至楚傅太子戊，景帝前二年，归鲁，此后，申公成为传《诗》的重要人物，"退居家教……弟子自远方至受业者百余人"，"弟子为博士者十余人：孔安国至临淮太守，周霸至胶西内史，夏宽至城阳内史，砀鲁赐至东海太守，兰陵缪生至长沙内史，徐偃为胶西中尉，邹人阙门庆忌为胶东内史。其治官民皆有廉节，称其好学。学官弟子行虽不备，而至于大夫、郎中、掌故以百数"④。其弟子卒业后成为博士者十余人，为大夫、郎中、掌故的百数，活跃于景武之际的政治舞台上。

在燕赵地区，韩婴传授的《诗》自成一派，他"推诗人之意，而作内外《传》数万言，其语颇与齐、鲁殊，然归一也"，"燕赵间言《诗》者由韩生出"⑤。

在齐，辕固生治《诗》授业，曾著《诗内外传》。《汉书·艺文志》著录有《齐后氏故》《齐孙氏故》《齐杂记》，都已亡佚。"诸齐人以《诗》

---

① 王先谦：《诗三家义集疏》，中华书局，1987，第5~6页。
② 《史记》卷一百二十一《儒林列传》，第3120~3121页。
③ 《汉书》卷三十六《楚元王传》，第1921~1922页。
④ 《史记》卷一百二十一《儒林列传》，第3121~3122页。
⑤ 《汉书》卷八十八《儒林传》，第3613页。

第三章 儒学文化在礼仪、器物、民风和教育层面的汉初复起

显贵,皆固之弟子。"①《史记·儒林列传》载:

> 清河王太傅辕固生者,齐人也。……齐言《诗》皆本辕固生也。诸齐人以《诗》显贵,皆固之弟子也。②

除鲁、燕、齐三家今文《诗》异传外,汉初又有古文《诗》的传承,陆玑《毛诗草木鸟兽虫鱼疏》曰:"孔子删诗,授卜商,商为之序,以授鲁人曾申,申授魏人李克,克授鲁人孟仲子,仲子授根牟子,根牟子授赵人荀卿,荀卿授鲁国毛亨,亨作《诂训传》,以授赵国毛苌,时人称亨为大毛公,苌为小毛公。"③唐代陆德明著的《经典释文·序录》中有不同记载:"徐整云:子夏授高行子,高行子授薛仓子,薛仓子授帛妙子,帛妙子授河间大毛公,毛公为《诗诂训传》于家,以授赵人小毛公(一云苌),小毛公为河间献王博士,以不在汉朝,故不列于学。一云:子夏传曾申(字子西,鲁人曾参之子),申传李克,克传鲁人孟仲子,孟仲子传根牟子,根牟子传赵人孙卿子,孙卿子传鲁人大毛公。"④唐代孔颖达所著《毛诗正义》引用东汉郑玄所著《读诗谱》说:"鲁人大毛公为《诂训传》于其家,河间献王得而献之,以小毛公为博士。"⑤从三说互相证明可知,古文经《毛诗》在汉初传自鲁人毛亨⑥,毛亨为《诗》作《诂训传》,毛苌习于毛亨,毛苌因其学而成为河间献王博士。《汉书·儒林传》说:"毛公,赵人也,治《诗》,为河间献王博士。"⑦毛苌即此毛公。

此外,如果根据马王堆出土《五行》中所引的《诗经》文句与上述四家有文字上的差异,可以推断,当时还有其他《诗经》流派在汉初传承。⑧

---

① 《汉书》卷八十八《儒林传》,第3612页。
② 《史记》卷一百二十一《儒林外传》,第3123~3124页。
③ 陆玑撰、毛晋参《毛诗草木鸟兽虫鱼疏广要(一)》卷下,上海商务印书馆,1985年影印本,第70~71页。
④ 陆德明撰《经典释文》卷第一《序录》,中华书局,1983年影印本,第10页上栏。
⑤ 《毛诗正义》卷三《鄘风·定之方中传》,《十三经注疏》,中华书局,1980年影印本,第316页。
⑥ 徐复观先生对《毛诗》在汉初传承的研究较为深入。他否定陆玑《毛诗草木鸟兽虫鱼疏》和陆德明《经典释文·序录》中记载的单传统序,认为那是在《毛诗》被压抑之下有人伪造以自重。(参见徐复观著《论中国经学史二种——中国经学史的基础》,第151~161页)其文有据,如果单以《晏子春秋》《新语》等书对《毛诗》的引用亦可见,《毛诗》毫无疑问是先秦旧典,在汉初《毛诗》也确有传承。《汉书·艺文志》称:"又有毛公之学,自谓子夏所传,而河间献王好之,未得立。"只是因为政治原因,毛诗一派受到压抑。
⑦ 《汉书》卷八十八,第3614页。
⑧ 参见梁振杰《从〈长沙马王堆汉墓帛书·五行〉所引〈诗经〉异文看先秦至汉的〈诗经〉传播》,《焦作师范高等专科学校学报》2003年第3期。

(四)《礼》的传承

汉初《礼》的传承始自高堂生，①《史记·儒林列传》说：

> 诸学者多言《礼》，而鲁高堂生最本。《礼》固自孔子时而其经不具；及至秦焚书，书散亡亦多，于今独有《士礼》，高堂生能言之。②

这是说，高堂生启汉初传《礼》的开端，他所传的《士礼》十七篇即后世之《仪礼》。在《史记》《汉书》等史料里，相比他经，《仪礼》的传授没有显示出弟子如流的盛况，但是，《史记·儒林列传》谓"诸学者多言《礼》"，又考虑到礼仪作为制度文化在汉初社会上层已经出现，应该意味着受习于高堂生一系的弟子人数并不在少。

《史记》《汉书》对《周官》和《礼记》在汉初被传授都语焉不详，没有具体的记载。不过，魏博士张揖在《上广雅表》云："昔在周公，缵述唐虞，宗翼文武，克定四海，勤相成王。……六年制礼以导天下，著《尔雅》一篇以释其意义。……爰暨帝刘，鲁人叔孙通撰置《礼记》，文不违古。"清儒陈寿祺在《左海经辨·大小戴〈礼记〉考》中推阐张揖之说，认为《汉书·艺文志》所著录的百三十一篇之《记》即是叔孙通所纂辑之《礼记》，而"大、小戴《礼记》并在《记》百三十一篇中"。他说："《汉书·艺文志》：'礼家，《记》百三十一篇。'……然百三十一篇之《记》，第之者刘向，得之者献王，而辑之者盖叔孙通也。魏张揖《上广雅表》曰：'周公著《尔雅》一篇，爰暨帝刘，鲁人叔孙通撰置《礼记》，文不违古。'通撰辑《礼记》，此其显证。稚让（张

---

① 王葆玹先生说："过去有很多学者根据《汉书·儒林传》，断言徐生是高堂生的弟子，并以为高是汉初人，然而《史记·儒林传（序）》在'今上即位'之后说，'言《礼》自鲁高堂生'，《传》中文说：'于今独有《士礼》，高堂生能言之。'其中所言'今上'指汉武帝。'今'指司马迁所处的武帝时期。"根据这样的判断，王葆玹先生以为高堂生是司马迁同时代人。（见氏著《西汉经学源流》，第94页）对这种见解，本书并不认同。就他提出的第一个问题言，我们不妨看看《史记·儒林列传》里司马迁有关"今上即位"这段文字的具体表达，司马迁说："及今上即位，赵绾、王臧之属明儒学，而上亦乡之，于是招方正贤良文学之士。自是之后，言《诗》于鲁则申培公，于齐则辕固生，于燕则韩太傅。言《尚书》自济南伏生。言《礼》自鲁高堂生。言《易》自淄川田生。言《春秋》于齐鲁自胡毋生，于赵自董仲舒。"这里，司马迁不仅谈到高堂生，还谈到伏生和申公，所以我们确实不能根据这段文字认定高堂生一定是武帝时期人。就他提出的第二个问题言，我们也不妨看看司马迁在"于今独有《士礼》，高堂生能言之"一语之前的文字。《史记·儒林列传》里司马迁言："诸学者多言《礼》，而鲁高堂生最本。《礼》固自孔子时而其经不具，及至秦焚书，书散亡亦多，于今独有《士礼》，高堂生能言之。"由这里可见，很显然，司马迁所言的"今"是指相对于秦之前时代而说的，更确切地说"今"指的就是汉代。

② 《史记》卷一百二十一《儒林列传》，第3126页。

第三章　儒学文化在礼仪、器物、民风和教育层面的汉初复起 <<<

揖字）所言必有所据。……通本秦博士，亲见古籍，尝作《汉仪》十二篇及《汉礼器制度》。而《礼记》乃先秦旧书，圣人及七十子微言大义，赖通以不坠，功亚河间。"①

对于张揖、陈寿祺之说，近代经学家皮锡瑞甚为赞同。他在《经学通论·论礼记始撰于叔孙通》中说："揖去汉不远，其说当有所受。"②

虽然对于张、陈二氏所主叔孙通纂辑"《记》百三十一篇"和大小戴纂辑二戴《礼记》之说，后人尚有不同意见，但以目前所掌握的史料来看，尚难完全推翻和否定张、陈之说。如果《礼记》确实始撰于叔孙通，那么在叔孙通那里也一定是有所传授的。

另外，对于《礼记》的传承，贾谊《新书》也透露了一些信息。贾谊的《新书》已有若干处引用了《礼记》和《大戴礼记》的章句。③ 说明《礼记》

---

① 陈寿祺：《左海经辨·大小戴〈礼记〉考》，载阮元、王先谦编《清经解 清经解续编》（第8册），凤凰出版社，2005，第9732页。
② 皮锡瑞：《三礼·论礼记始撰于叔孙通》，见氏著《经学通论》卷三，上海商务印书馆，1936，第64页。
③ 《礼记·缁衣》说："长民者衣服不贰，从容有常，以齐其民，则民德壹。《诗》云：'彼都人士，狐裘黄黄。其容不改，出言有章。行归于周，万民所望。'"（见朱彬撰《礼记训纂》卷五十五《缁衣》，第806页）《新书·等齐》说："孔子曰：'长民者衣服不贰，从容有常，以齐其民，则民德一。'《诗》云：'彼都人士，狐裘黄裳'，'行归于周，万民之望。'"（见王洲明、徐超校注《贾谊集校注》，第45页）《礼记·曲礼》："道德仁义，非礼不成；教训正俗，非礼不备；分争辨讼，非礼不决；君臣上下、父子兄弟，非礼不定；宦学事师，非礼不亲；班朝治军、莅官行法，非礼威严不行；祷祠祭祀、供给鬼神，非礼不诚不庄。是以君子恭敬撙节退让以明礼。"（见朱彬撰《礼记训纂》卷一《曲礼上》，第5~6页）而《新书·礼》有完全相同的一段话。（见王洲明、徐超校注《贾谊集校注》，第213页）另外，《新书》中的一些文字与《大戴礼记》中的《主言》《傅职》《保傅》《连语》《辅佐》《胎教》等也多有重合。如《新书·陈政事疏》说："夫礼者禁于将然之前，而法者禁于已然之后，是故法之所用易见，而礼之所为生难知也。若夫庆赏以劝善，刑罚以惩恶，先王执此之政，坚如金石，行此之令，信如四时，据此之公，无私如天地耳，岂顾不用哉？然而曰礼云礼云者，贵绝恶于未萌，而起教于微眇，使民日迁善远罪而不自知也。孔丘曰：'听讼，吾犹人也。必也使毋讼乎？'为人主计者，莫如先审取舍；取舍之极定于内，而安危之萌应于外矣。安者非一日而安也，危者非一日而危也，皆以积渐然，不可不察也。人主之所积，在其取舍。以礼义治之者，积礼义；以刑罚治之者，积刑罚。刑罚积而民怨背，礼义积而民和亲。故世主欲民之善同，而所以使民善者或异。或道之以德教，或欧之以法令。道之以德教者，德教洽而民气乐；驱之以法令者，法令极而民风哀（《大戴礼记》作'民哀戚'）。哀乐之感，祸福之应也。"（见王洲明、徐超校注《贾谊集校注》，第436页）这段文字也出现在《大戴礼记·礼察》中（见王聘珍撰、王文锦点校《大戴礼记解诂》卷二《礼察》，中华书局，1983，第22~23页）。贾谊《新书·保傅》说："少成若天性，习惯如自然。"（见王洲明、徐超校注《贾谊集校注》，第187页）《大戴礼记·保傅》作"少成若性，习贯之为常"。（见王聘珍撰、王文锦点校《大戴礼记解诂》卷三《保傅》，第22页）

在当时也是有所传的。

（五）《春秋》的传承

《汉书·艺文志》说："《春秋》……隐其书而不宣，所以免时难也。及末世口说流行，故有《公羊》、《穀梁》、《邹》、《夹》之《传》。……邹氏无师，夹氏未有书。"①《邹》、《夹》不传，今文经学有《公羊传》《穀梁传》于汉初传世。加上《左氏传》也在汉初有传授，这样，汉初便有《春秋》三《传》的传承。

《公羊传》在汉初最兴，关于汉初《公羊传》的传承，"戴宏序曰：'子夏传与公羊高，高传与其子平，平传与其子地，地传与其子敢，敢传与其子寿。至汉景帝时寿乃与齐人胡毋子都著于竹帛。'"② 关于这一单传次序，徐复观在《中国经学史的基础》提出辩驳，证明戴宏传承说的谬误，同时指出《公羊传》的传承次序颇为复杂，广泛涉及汉代以前的学者。③

《史记》《汉书》记载汉初《公羊传》传承者仅有胡毋生和董仲舒。有学者以为胡毋生之师乃"公羊寿"，这一说法颇受被质疑的戴宏传承说的影响，但古籍中除戴宏序中"与齐人胡毋子都著于竹帛"一句外别无记载，其实就是在戴宏的记述中也并没有说到"公羊寿"与胡毋生有师承关系，而只是共著"口传"之书"于竹帛"。即便"公羊寿"真有其人，并与胡毋生共"著于竹帛"，也只能证明二人"同业"，即皆习《公羊》，并且很大程度上师承一家。由此，则胡毋生之《公羊》学，师承不明，可能另有授者。但是无论如何，《史记·儒林列传》载：

> 胡毋生，齐人也。孝景时为博士，以老归教授。齐之言春秋者多受胡毋生，公孙弘亦颇受焉。④

广川人董仲舒也习《公羊》，他亦为景帝博士，受学于他的弟子甚多，以至董仲舒采取特殊的教授形式——"弟子传以久次相授业，或莫见其面"。⑤

《穀梁传》和《左氏传》比起《公羊传》来在汉初不太行时，但即使如此，在当时它们也被传习。就《穀梁传》看，陆贾在《新语·道基》中

---

① 《汉书》卷三十《艺文志》，第1715页。
② 何休注、徐公彦疏《春秋公羊注疏》，《十三经注疏》，1980年影印本，第2189页。
③ 徐复观：《论经学史二种——中国经学史的基础》，第141~143页。
④ 《史记》卷一百二十一《儒林列传》，第3128页。
⑤ 《汉书》卷五十六《董仲舒传》，第2495页。

第三章 儒学文化在礼仪、器物、民风和教育层面的汉初复起

有："《穀梁传》曰：'仁者以治亲，义者以利尊。万世不乱，仁义之所治也。'"又《至德》篇末又有"故《春秋穀》（下缺）"字样。① 《道基》所引文字，不见今本《穀梁传》，或是在流传中可能有所脱漏，但《新语》中有这样的内容，应该说明陆贾是学习过《穀梁传》的。至于陆贾《穀梁传》的师承，余嘉锡《四库提要辨证》和王利器《新语校注》均认为乃直接出自浮邱伯。②

对于《左氏传》，《汉书·儒林传》说："瑕丘江公受《穀梁春秋》及《诗》于鲁申公，传子至孙为博士。"又说："汉兴，北平侯张苍及梁太傅贾谊、京兆尹张敞、太中大夫刘公子皆修《春秋左氏传》。谊为《左氏传》训故，授赵人贯公，为河间献王博士……"③ 许慎《说文解字》序云"北平侯张苍献《左氏春秋传》"④。则张苍有《左氏传》书并修其学，皆有据。又《经典释文·序录》言之更详："左丘明作《传》以授曾申，申传卫人吴起，起传其子期，期传楚人铎椒，椒传赵人虞卿，卿传同郡荀卿（名况），况传武威张苍，苍传洛阳贾谊。"⑤ 章太炎据此称："北平侯张苍献《春秋左氏传》。张之献书，当在高后、文帝时，张以之传贾谊，贾作训诂，以授赵人贯公。"⑥

综合以上有关五经传承的资料。我们看到，第一，就从学五经的人数言，自诸经复传起直至景武之际，各经承传如缕不绝，大部分的经典越往汉初后期，传授势头越强，学习规模越大。在文帝时"欲求能治《尚书》者，天下无有"，可见先前习《尚书》者近绝，而经过一段时期的发展以后竟然出现"山东大师亡不涉《尚书》以教"的情形，这是先前远不能相比的，足可见以后学习《尚书》有空前的盛况。儒经的这种传授势头在

---

① 王利器撰《新语校注》卷上《道基》、卷下《至德》，中华书局，1986，第34、124页。
② 其主要依据是《新语·资质》篇对浮邱伯的高度称赞，《新语·资质》说："鲍丘之德行，非不高于李斯、赵高也，然伏隐于蓬庐之下，而不录于世，利口之臣害之也。"（王利器撰《新语校注》，中华书局，1986，第112页）据此余嘉锡认为鲍丘即浮邱伯，指出："贾著《新语》在申公卒业之前，浮邱尚未甚老，贾之年辈当亦与相上下，而贾极口称之，形于奏进之篇。其意盖欲以此以荐书，则其学出于浮邱伯，尤有明证。"见王利器撰《新语校注》附录三《四库提要辨证》（附余嘉锡辨证），中华书局，1986，第200~201页。
③ 《汉书》卷八十八《儒林传》，第3617、3620页。
④ 许慎撰、段玉裁注《说文解字注》十五卷上，上海古籍出版社，1988年影印本，第762页上栏。
⑤ 陆德明撰《经典释文》，第13页下栏。
⑥ 洪治刚主编《章太炎经典文存》，上海大学出版社，2003，第16页。

《诗》和《春秋》的传承中也反映出来，汉初后段有申公招来"弟子自远方至受业千余之众"①，董仲舒广收弟子，它们在规模上都不会逊于《尚书》之教，这足以表明当时文化人对经的学习已蔚然成风。就所传之经来看，如《易》《书》《诗》《春秋》都并非一经单传，而是被几家异传。大致上说，对经的文意理解不同和有人习读，这是诸经能被异传的两个基本条件。今文经《易》《书》《诗》的异传正是在汉初形成的，这说明当时众多的文化人在研究上对经的投入和在文化接受上对经的依赖。

另外，除了五经，如《论语》《孟子》这样重要的儒家典籍，虽然我们缺乏记载它们在汉初传播的详细资料，但是陆贾、贾谊、韩婴、董仲舒等人在其各自的著作中已经对《论语》有所引用，② 甚至这种情况还出现

---

① 《汉书》卷八十八《儒林传》，第3608页。
② 陆贾《新语·慎微》说："故孔子曰：'道之不行也。'言人不能行之。故谓颜渊曰：'用之则行，舍之则藏，惟我与尔有是夫。'"（王利器撰《新语校注》卷上，第93页）此处陆贾两引《论语》，一引《论语·公冶长》："子曰：'道不行，乘桴浮于海。从我者，其由与？'"另一引《论语·述而》："子谓颜渊曰：'用之则行，舍之则藏，惟我与尔有是夫。'"〔刘宝楠：《论语正义》，《诸子集成》（第1册），上海书店出版社，1986年影印本，第90、140页〕《新语·本行》又说："故曰：'不义而富且贵，于我如浮云。'"（王利器撰《新语校注》卷下，第148页）此引《论语·述而》相同文句。（刘宝楠：《论语正义》，第148页）陆贾《新语·思务》还说："孔子曰：'行夏之时，乘殷之辂，服周之冕，乐则《韶》、《舞》，放郑声，远佞人。'"（王利器撰《新语校注》卷下，第170页）此句引自《论语·卫灵公》。（刘宝楠：《论语正义》，第337~339页）贾谊《新书·容经》："质胜文则野，文胜质则史。文质彬彬，然后君子。"（王洲明、徐超校注《贾谊集校注》，第240~241页）此引《论语·雍也》相同文句。（刘宝楠：《论语正义》，第125页）贾谊《陈政事疏》中说："孔子曰：'听讼，吾犹人也，必也使勿讼乎。'"（王洲明、徐超校注《贾谊集校注》，第436页）此语来自《论语·颜渊》："听讼，吾犹人也，必也使无讼乎。"（刘宝楠：《论语正义》，第173页）韩婴《韩诗外传》卷二第十四章："孔子曰：'子为父隐，父为子隐，直在其中矣。'"（屈守元：《韩诗外传笺疏》，巴蜀书社，1996，第161页）此引《论语·子路》相同文句。（刘宝楠：《论语正义》，第173页）《韩诗外传》卷三第十五章："孔子曰：'起予者商也！始可与言诗已矣。'"（屈守元：《韩诗外传笺疏》，第270页）此引《论语·八佾》相同文句。（刘宝楠：《论语正义》，第49页）《韩诗外传》卷六第二十四章："孔子曰：'其身正，不令而行，其身不正，虽令不从。'"（屈守元：《韩诗外传笺疏》，巴蜀书社，1996，第573页）此引《论语·子路》相同文句。（刘宝楠：《论语正义》，第289页）《春秋繁露·楚庄王》："孔子曰：'无为而治者，其舜乎！'"（苏舆撰《春秋繁露义证》卷一，中华书局，1992，第19页）此引《论语·卫灵公》相同文句。（刘宝楠：《论语正义》，第334页）《春秋繁露·竹林》："孔子曰：'道千乘之国，敬事而信。'"（苏舆撰《春秋繁露义证》卷二，第66页）此引《论语·学而》相同文句。（刘宝楠：《论语正义》，第7~9页）《春秋繁露·对胶西王越大夫不得为仁》："孔子曰：'殷有三仁。'"（苏舆撰《春秋繁露义证》卷九，第267页）此引《论语·学而》相同文句。（刘宝楠：《论语正义》，第286页）等等。

第三章 儒学文化在礼仪、器物、民风和教育层面的汉初复起

在并非属于儒家的汉初著作《淮南子》①中。可见战国到汉初,《论语》传承不绝。赵岐《孟子题辞》云:"逮至亡秦,焚灭经术,坑戮儒生,孟子徒党尽矣。其书号为诸子,故偏籍得不泯绝。"②则《孟子》之书,亦传于世。

第二,就习经的地域范围言,在儒风悠久的齐鲁之地,学习儒经之风不衰,"夫齐鲁之间于文学,自古以来,其天性也"③;汉设都长安,加上高祖五年田何徙关中,经师儒士往来于京城首邑,关中成为研习经籍的一大中心;在河洛地区,有周王孙在师从田何后就执教于洛阳;在燕赵,古文经《毛诗》的传授出自赵,且有河间献王刘德好学自修,表彰古学,"山东诸儒多从之游"④;韩婴、董仲舒这样的大儒更起自燕赵,说明此地习经之风强劲;在南方楚地,马王堆帛书的出土亦反映出经在当时该地也不乏传承者。除了上述资料提供情况外,由《汉书·循吏传》我们还可看到,在西南地区,景帝之前这里没有深厚的文化背景,但文翁任蜀郡太守后,由他的积极推动启开了习经之门。《汉书·循吏传》载文翁事迹:

> 文翁……见蜀地辟陋有蛮夷风,文翁欲诱进之,乃选郡县小吏开敏有材者张叔等十余人亲自饬厉,遣诣京师,受业博士,或学律令。……数岁,蜀生皆成就还归……又修起学官于成都市中,招下县子弟以为学官弟子……使在便坐受事。每出行县,益从学官诸生明经饬行者与俱,使传教令,出入闺阁。县邑吏民见而荣之,数年,争欲为学官弟子,富人至出钱以求之。由是大化,蜀地学于京师者比齐鲁焉。⑤

上述情况表明,虽然汉王朝建立之始政权的平民化色彩浓厚,在武帝之前,汉王朝也终始没有肯定儒家作为政治意识形态的地位,但随汉初历史的逐步发展,借由来自政权的平民性格的黄老清静无为政策提供的宽松思想环

---

① 《淮南子·主术训》说:"是故有诸己不非诸人,无诸己不求诸人。所立于下者,不废于上;所禁于民者,不行于身。所谓亡国,非无君也,无法也。变法者,非无法也,有法者而不用,与无法等。是故人主之立法,先自为检式仪表,故令行于天下。孔子曰:'其身正,不令而行;其身不正,虽令不从。'故禁胜于身,则令行于民矣。"(见刘文典撰《淮南鸿烈集解》卷九,第296~297页)
② 焦循:《孟子正义》,《诸子集成》(第1册),上海书店出版社,1986年影印本,第10页。
③ 《史记》卷一百二十一《儒林列传》,第3117页。
④ 《汉书》卷五十三《景十三王传》,第2410页。
⑤ 《汉书》卷八十九《循吏传》,第3625~3626页。

境，学习儒经渐有不少的参与人数和广泛的地域分布，儒家学说日益被代表"大传统"的知识精英所了解和接受，在"大传统"上，儒学兴盛起来。与之相应，"小传统"中儒家伦理中的孝亲观念渐入汉初民风，再配之以儒学文化在礼仪和器物层面的复起，儒学文化随时间的推进积累起了雄厚的实力，最后加之本书第二章所述及武帝之时儒术独尊的情节，诸方面会聚在一起，儒学享尽风光，儒学思潮由衰微走向兴盛，达到它在汉初发展的最巅峰，① 并成为文化新纪元的起点！

---

① 当然，独尊儒术，并不是说儒学发展在当时已经到达整个汉代时期的巅峰，就此，陈启云先生尤其强调美国汉学家德效骞（Homer Hasenpflug Dubs）在其《前汉史》（*History of the Former Han Dynasty*）的《导论》中阐述的结论，陈启云先生总结德效骞的论点说，武帝时代，"'这是儒学才开始战胜其他学说，但仍未完全获得胜利'（196 页）；在第九章《元帝纪》导论中，才论述'儒学的全面胜利'"。见氏著《儒学与汉代历史文化——陈启云文集二》，代序第 21 页，因此也有研究者如此表述："一般认为汉武帝'罢黜百家，表章六经'后，儒学即取得独尊地位。其实，这只是儒家由衰转盛的一个转捩点，儒家的真正的独尊应是后来的元、成二帝时期。"见尹江海《论前汉儒学之隆兴》，《船山学刊》2008 年第 2 期。

下 篇

社会的平民化走向与儒学思想的汉初演变

由先秦至汉兴，整个社会走向平民化，而汉王朝建立以降，社会的上层又开始了由平民化到贵族化的逐步转变，渐次形成一个贵族化的社会上层，社会结构上的这两个阶段变化促成儒学在汉初地位上的升降变化，直接造就了儒学思潮在汉初乍始的沉寂以及其后的逐步复兴。如果我们由社会结构变迁的上述情况出发，对儒家思想本身进行分析，那么，汉初儒学相应于这种社会结构变迁又会发生什么变化呢？

一般来说，文化思想不会随历史发展而中断，但继承下来的思想又总是被历史依据具体时代的要求重新建构，抹上新的印记，散发出新的气息。先秦以来出现了社会平民化的走向及汉初社会上层由平民化到贵族化的转变，社会结构上的这两个阶段演变也的确带来了儒学面貌的改变，陆贾、贾谊、韩婴和董仲舒是汉初的主要儒家思想家，通过对他们思想的考察，我们可以看到汉初儒学是如何与社会结构上的此番变化同步演变的。

第一章 前提性问题的探讨

——从孔孟到荀学：先秦儒学的文化性格及其变化

为了把握儒学的汉初变化，我们溯源先秦时代，首先分析由孔孟到荀子的思想转变。

第一节 孔孟儒学：心性问题的提出与贵族精神

孔孟是儒家思想的开创者，孔子为春秋后期人，孟子为战国中期人。本书《上篇》曾指出，春秋值贵族社会发展的鼎盛时期，长期的生活和教育形成了春秋贵族特殊的精神风貌。孔孟学说实际上透显着春秋之际贵族社会的时代特征，他们的思想具有鲜明的贵族文化性格。

一

孔子开儒学长河，我们先看一看在孔学里反映出来的贵族精神品质。在这里，我们的考察由西周春秋贵族的精神特征入手。

前文言及，诗书礼乐的教育给西周贵族带来特定的意识方式和行为习惯，形成他们特殊的精神表现，对此诗、书、礼、乐的教育与其精神表现的关系，我们再稍加分析。

当时的贵族自幼即学习礼、乐、射、御、书、数，后来又入更高级的"大学"就学，"大学在郊。天子曰辟雍，诸侯泮宫"。"乐正崇四术，立四教。顺先王，诗、书、礼、乐以造士。"① 延至春秋时期，此种诗书礼乐之教依然，大体上，贵族的精神风貌同这诗、书、礼、乐"四教"有直接关系。

我们先看诗、书。在春秋时期，是否了解诗、书以及对诗、书的熟悉程度，成了贵族是否具备他们所属社会阶层所应有的品味的一个标准。当时各诸侯国在政治上和外交上的来往，贵族们平时的各种社交活动都往往用诗、书来应对。具体就《左传》的记载看，就诗而论，贵族在朝聘、会盟、宴会等场合

---

① 朱彬撰《礼记训纂》卷五《王制》，第 176～177、195 页。

中，往往引诗述怀，赋诗喻志，乃至借诗冷嘲热讽、勾心斗角；① 就书而论，贵族也常常引书之文句或说明已见，或驳斥对手。②《左传》载：晋文公要找一位元帅，赵衰对他说："郤縠可，臣亟闻其言，说礼乐而敦《诗》、《书》。《诗》、《书》，义之府也……君其试之。"③ 对诗书的熟知成了郤縠能被举荐为元帅的一个原因，这大概是《左传》记载的最能反映贵族社会崇尚诗书的例子了。

我们再看礼乐，在西周春秋的贵族社会里，礼乐涉及贵族生活的各个方面，构成了他们生活的重要内容。《礼记·昏义》说："夫礼，始于冠，本于昏，重于丧祭，尊于朝聘，和于乡射，此礼之大体也。"④ 贵族从孩提时代起就需要接受行为细节方面的教育，他们的面貌神色、穿戴配饰、举手投足、聘问交游、宴享嬉戏以至言谈歌咏都当循礼仪的要求，当时的贵族如果不懂礼，或有越礼的行为，都会被嘲笑，甚至引来争斗杀伐，春秋时期的外交斗争就有不少是在礼的名义下展开的。《左传·昭公七年》载：

> 九月，公至自楚。孟僖子病不能相礼，乃讲学之，苟能礼者从之。及其将死也，召其大夫，曰："礼，人之干也。无礼，无以立。吾闻将有达者曰孔丘，圣人之后也，而灭于宋。……臧叔纥有言曰：'圣人有明德者，若不当世，其后必有达人。'今其将在孔丘乎？我若获没，必属说与何忌于夫子，使事之，而学礼焉，以定其位。"故孟懿子与南宫敬叔师事仲尼。⑤

这位孟僖子是鲁国掌握实权的三大贵族（即"三桓"）之一，鲁昭公七年，他曾陪昭公到楚国参加诸侯会盟，担任相礼之职，结果却不能胜任引起列国耻笑。那次的教训使他要遍访知礼者，以求深造。昭公二十四年，孟僖子卒前，又安排自己的两个儿子向孔子学礼。这个事例很能说明礼乐对贵族确立其社会地位、形象的重要意义。

由上可见，崇奉诗书，讲求礼乐教养，这体现了贵族的特有风度。

春秋末年，孔子就是在这样的社会氛围下总结思考学说的。孔子博学广知，本人又是贵族后裔，他盛赞周代贵族文化，声言："周监于二代，郁郁乎文

---

① 何怀宏在《世袭社会及其解体：中国历史上的春秋时代》一书里对此有细致的描述和评论，见氏著《世袭社会及其解体：中国历史上的春秋时代》，第141~146页。
② 刘起釪先生统计今文二十八篇文字见于《左传》的情形，结论是《左传》中引今文《尚书》23次，见氏著《尚书学史》，中华书局，1989，第22页。
③ 杨伯峻编著《春秋左传注》，第445~446页。
④ 朱彬撰《礼记训纂》卷四十四，第879页。
⑤ 杨伯峻编著《春秋左传注》，第1295~1296页。

哉，吾从周。"① 因此，就诗、书论，他不仅"雅言，《诗》、《书》"②，认为："人而不为《周南》、《召南》，其犹正墙面而立也与？"③ 而且把收集到的《诗》、断简残篇的《书》加以编排，传徒授学，称："不学《诗》，无以言……不学礼，无以立。"④ "小子何莫学乎《诗》？"⑤ 他甚至还将《诗》《书》用于诠释自己的思想主张；就礼乐而论，孔子也倡导人们投入礼乐生活。《论语·宪问》说：

> 子路问成人。子曰："若臧武仲之知，公绰之不欲，卞庄子之勇，冉求之艺，文之以礼乐，亦可以为成人矣。"⑥

子路请教什么样才算成人。孔子的回答是，要有如臧武仲的智慧⑦、孟公绰的寡欲⑧、卞庄子的勇敢⑨、冉求的才艺⑩，最后还要加上礼乐之文饰，这样的人

---

① 刘宝楠：《论语正义》卷三《八佾》，第56页。
② 刘宝楠：《论语正义》卷八《述而》，第144页。
③ 刘宝楠：《论语正义》卷二十《阳货》，第375页。
④ 刘宝楠：《论语正义》卷十九《季氏》，第363页。
⑤ 刘宝楠：《论语正义》卷二十《阳货》，第374页。
⑥ 刘宝楠：《论语正义》卷十七，第307页。
⑦ 臧武仲，姓臧，名纥，鲁国大夫。公元前587年，臧宣叔死后，幼子臧武仲继位为鲁司寇，位居第四。其封邑于防（今山东费县东北）。《左传·襄公二十三年》记载，臧武仲运用计谋帮助季武子废除了其长子季孙弥的继承权，立季武子宠爱的季孙悼为继承人。但季武子后来听信孟孙家人的诬告，下令攻打臧武仲，臧氏武仲逃出鲁国国都曲阜，逃亡到邾国。之后他又巧妙地请求保有臧氏的宗祠，最终使鲁襄公同意臧武仲的要求，册立了臧武仲的另一个异母弟臧为作为臧氏家族继承人，继承臧氏家族的宗祧。《左传·襄公二十三年》说："仲尼曰：'知之难也。有臧武仲之知，而不容于鲁国，抑有由也……'"（见杨伯峻编著《春秋左传注》，第1085页。）
⑧ 孟公绰，春秋时期鲁国大夫。《论语·宪问》说："子曰：'孟公绰为赵魏老则优，不可以为滕薛大夫。'"朱熹注："公绰，鲁大夫。赵魏，晋卿之家。老，家臣之长。大家势重，而无诸侯之事；家老望尊，而无官守之责。优，有余……滕薛国小政繁；大夫位高责重。然则公绰盖廉静寡欲，而短于才者也。"（见朱熹撰《四书章句集注》，中华书局，1983，第151页）就是说，孟公绰做晋国大夫赵氏、魏氏的家臣之长绰绰有余，却不可以做滕、薛两小诸侯国的大夫，这也正符孟公绰清静寡欲的性情。
⑨ 卞庄子，春秋时鲁国的大夫，有勇力。《韩诗外传》卷十第十三章载："卞庄子好勇，母无恙时，三战而三背。交友非之，国君辱之，卞庄子受命，颜色不变。及母死三年，鲁兴师，卞庄子请从。至，见于将军。曰：'前犹与母处，是以战而背也。辱吾身。今母没矣，请血责。'遂走敌而斗，获甲首而献之，'请以此血一背。'又获甲首而献之，'请以此血再背。'将军止之曰：'足。'不止，又获甲首而献之，'请以此血三背。'将军止之曰：'足，请为兄弟。'卞庄子曰：'夫背，养母也，今母没矣，吾责雪矣。吾闻之：节士不以辱生。'遂奔敌杀七十子而死。"（屈守元：《韩诗外传笺疏》，巴蜀书社，1996，第852页）
⑩ 在孔门弟子中，冉求以才艺见长，故《论语·雍也》中孔子回答季康子说："求也艺，于从政乎何有！"（见刘宝楠《论语正义》卷七，第118页）

才称得上"成人"。在孔子的这个回答里,提到"知""不欲""勇"和"艺"时都联系具体的人物,只有言及礼乐时没有谈到具体人物。这样的表达似乎说明,在孔子眼里,对于"成人"来说,"知""不欲""勇"和"艺"都很重要,但"礼乐"更是最基本的要求,是"成人"的必要条件。因此孔子坚称:

> 君子义以为质,礼以行之,孙以出之,信以成之,君子哉。①
> 君子博学于文,约之以礼,亦可以弗畔矣夫。②
> 不知礼,无以立……③

由此可见,贵族以谈诗书为时尚,孔子同样喜好诗书;贵族讲求礼乐,孔子亦重视礼仪,他欣赏一种温文尔雅、彬彬有礼的人格形象。显然,孔子的这种思想契合贵族社会的思想品味。

孔子学说里有上述内容,然作为一个有创见性的思想家,他并非局限于对贵族行为、思想的亦步亦趋、刻意逢迎,他理论里还具有一种春秋贵族未曾触及,却又是可以溯源于贵族意识的独特思想,这种思想的提出使孔子学说所蕴含的贵族精神和文化性格更显现了出来。对此,我们不妨作如下深入阐释。

西周春秋时期,习惯于贵族生活方式的社会上层自认为自己有君子风度,故他们明确地将自己和平民区别开来。他们认为,平民不具有自我道德约束力,应是法刑管制的对象,而自己不同于平民,他们本已有靠礼仪教育形成的内在涵养,故他们是无须法刑的,《礼记·曲礼》"礼不下庶人,刑不上大夫"④之说正是这种思想的产物。孔子对当时这一观念是如何回应的呢?

《孔子家语》里,孔子的学生冉有问孔子:"先王制法,使刑不上大夫,礼不下庶人。然则大夫犯罪,不可加以刑;庶人之行事,不可治于礼乎?"孔子回答:

> 不然。凡治君子,以御其心,所以属之以廉耻之节也。故古之大夫,其有坐不廉污秽而退放之者,不谓之不廉污秽而退放,则曰:'簠簋不饬'。有坐淫乱男女无别者,不谓之淫乱男女无别,则曰'帷

---

① 刘宝楠:《论语正义》卷十八《卫灵公》,第342页。
② 刘宝楠:《论语正义》卷七《雍也》,第130页。
③ 刘宝楠:《论语正义》卷十九《季氏》,第363页。
④ 朱彬撰《礼记训纂》卷一《曲礼上》,第39页。

幕不修'也。有坐罔上不忠者，不谓之罔上不忠，则曰'臣节未著'。有坐罢软不胜任者，不谓之罢软不胜任，则曰'下官不职'。有坐干国之纪者，不谓之干国之纪，则曰'行事不请'。此五者，大夫既自定有罪名矣，而犹不忍斥然正以呼之也。既而为之讳，所以愧耻之。是故大夫之罪，其在五刑之域者，闻而谴发，则白冠氂（原文"厘"系误字，改正为"氂"——笔者注）缨，盘水加剑，造乎阙而自请罪，君不使有司执缚牵掣而加之也。其有大罪者，闻命则北面再拜，跪而自裁，君不使人捽引而刑杀之也，曰："子大夫自取之耳，吾遇子有礼矣。"以刑不上大夫，而大夫亦不失其罪者，教使然也。所谓礼不下庶人者，以庶人遽其事而不能充礼，故不责之以备礼也。①

这段回答的意思是，大夫犯有贪污、淫乱、不忠、废政软弱、干犯国纪等五种罪过时，不直呼其罪名，而以委婉之名代之，以此让犯罪者感到自愧自耻。对那些需要给予惩处的大夫则通过大夫本人的愧耻自裁来实现。

昭公二十九年，晋国赵鞅铸刑鼎，孔子也大为不满，他说：

晋其亡乎！失其度矣。……今弃其度也，而为刑鼎，民在鼎矣，何以尊贵？贵何业之守？贵贱无序，何以为国？②

铸刑鼎明确使"民在鼎矣"，这含有在刑法面前贵族和平民一律平等的意味，以往的"刑不上大夫"被这里的刑可上大夫的见解所代替。孔子反对铸刑鼎，他认同"刑不上大夫"。前文已言，贵族讲的是风度、内在涵养，故他们对法刑不以为然，而在这里，孔子也不屑于谈论法刑，然而相比于当时贵族的看法，孔子思想是有创发性的，他不只是期待人们通过礼的操持提升涵养，他更注重人本有的内在德性，主张人依靠对自我心性的挖掘和提升，获得道德自觉，以此养成人格，造就风度。

当子夏问及对"巧笑倩兮，美目盼兮，素以为绚兮"的理解时，孔子答道："绘事后素。"③ 以为正如先有白绢才能作画一样，礼应是内心情感的表达。同样的思想在孔子对守丧三年之礼的解释中讲得更直接，《论语·阳货》载：

宰我问："三年之丧，期已久矣。君子三年不为礼，礼必坏；三年

---

① 王肃撰《孔子家语》卷七《五刑解》，辽宁教育出版社，1997，第80页。
② 杨伯峻编著《春秋左传注》，第1504页。
③ 刘宝楠：《论语正义》卷三《八佾》，第48页。

> 不为乐，乐必崩。旧谷既没，新谷既升，钻燧改火，期可已矣。"
>
> 子曰："食夫稻，衣夫锦，于女安乎？"
>
> 曰："安。"
>
> "女安则为之！夫君子之居丧，食旨不甘，闻乐不乐，居处不安，故不为也。今女安则为之！"
>
> 宰我出，子曰："予之不仁也！子生三年，然后免于父母之怀。夫三年之丧，天下之通丧也。予也有三年之爱于其父母乎？"①

"三年之丧"之所以成为"天下之通丧"，这源于"子生三年，然后免于父母之怀"的经历在人们情感世界积淀成的对亲长的感怀之情。在这里，礼的规范意被孔子淡化了，体现为丧礼的这种孝成了血亲之爱，即人本有之"仁"的心理流露，礼的遵循成了心性问题，孔子把礼看作是人际亲情的自然引申。对比之下，否定法刑，讲求通过礼的教养提升涵养，达到自我约束，这是贵族的思想观念；而孔子否定法刑，要求心性完善，成就风度，这也当是孔子思想的贵族性格的体现。与当时普遍的贵族观念相比，孔子学说超越之处在于，孔子是立足于新的思想起点，亦即由心性问题出发提出贵族风度的培养的。

《论语》称孔子"有教无类"②，的确，孔子打破以往上层社会对文化的独享，去掉贵族文化对血缘、身份的讲求，把教育面向普通大众，广泛传播礼乐文化。但他崇奉诗书，讲求礼乐教养，这依然展示出其思想上的贵族性。不仅如此，孔子更倡导人们通过心性追求培养起特殊的人格风范，成为心性上的贵族。可见，孔子学说具有浓烈的贵族精神和气概，体现出鲜明的贵族文化性格。

二

我们再看孟子。

孟子自称私淑孔子，如同孔子，他的思想亦带有贵族性。由传本《孟子》看，《诗》《书》中的文句常常为孟子引用，《孟子》一文令人印象深刻的是孟子口齿犀利的雄辩，在众多回合的辩论中，孟子经常对《诗》《书》脱口而出，出奇制胜。例如，《孟子·梁惠王下》中孟子与齐宣王的辩论，孟子数语之间即三引《诗》《书》中的文句：

---

① 刘宝楠：《论语正义》卷二十《阳货》，第380~382页。
② 刘宝楠：《论语正义》卷十八《卫灵公》，第348页。

> 齐宣王问曰："交邻国有道乎？"
>
> 孟子对曰："有。惟仁者为能以大事小，是故汤事葛，文王事混夷。惟智者为能以小事大，故大王事獯鬻，句践事吴。以大事小者，乐天者也；以小事大者，畏天者也。乐天者保天下，畏天者保其国。《诗》云：'畏天之威，于时保之。'"
>
> 王曰："大哉言矣！寡人有疾，寡人好勇。"
>
> 对曰："王请无好小勇。夫抚剑疾视曰：'彼恶敢当我哉！'此匹夫之勇，敌一人者也。王请大之！《诗》云：'王赫斯怒，爰整其旅，以遏徂莒，以笃周祜，以对于天下。'此文王之勇也。文王一怒而安天下之民。《书》曰：'天降下民，作之君，作之师，惟曰其助上帝宠之，四方有罪无罪惟我在，天下曷敢有越厥志？'"①

这里，"畏天之威，于时保之"出自《诗经·周颂·我将》，"王赫斯怒，爰整其旅，以遏徂莒，以笃周祜，以对于天下"出自《诗经·大雅·皇矣》②，"天降下民，作之君，作之师，惟曰其助上帝宠之，四方有罪无罪惟我在，天下曷敢有越厥志"为《尚书》逸文。《孟子·梁惠王下》又载：

> 齐宣王问曰："人皆谓我毁明堂。毁诸？已乎？"
>
> 孟子对曰："夫明堂者，王者之堂也。王欲行王政，则勿毁之矣。"王曰："王政可得闻与？"
>
> 对曰："昔者文王之治岐也，耕者九一，仕者世禄，关市讥而不征，泽梁无禁，罪人不孥。老而无妻曰鳏。老而无夫曰寡。老而无子曰独。幼而无父曰孤。此四者，天下之穷民而无告者。文王发政施仁，必先斯四者。诗云：'哿矣富人，哀此茕独。'"王曰："善哉言乎！"
>
> 曰："王如善之，则何为不行？"王曰："寡人有疾，寡人好货。"
>
> 对曰："昔者公刘好货；诗云：'乃积乃仓，乃裹糇粮，于橐于囊。思戢用光。弓矢斯张，干戈戚扬，爰方启行。'故居者有积仓，行者有裹囊也，然后可以爰方启行。王如好货，与百姓同之，于王何有？"王曰："寡人有疾，寡人好色。"
>
> 对曰："昔者大王好色，爱厥妃。诗云：'古公亶甫，来朝走马，率西水浒，至于岐下。爰及姜女，聿来胥宇。'当是时也，内无怨女，

---

① 焦循：《孟子正义》卷二《梁惠王章句下》，第 65～69 页。
② 朱熹注《诗经集传》，第 153、126 页，另 "以遏徂莒" 句，《诗经集传》作 "以按徂旅"。

外无旷夫。王如好色,与百姓同之,于王何有?"①

在上段文字里,"哿矣富人,哀此茕独"取自《诗经·小雅·正月》,"乃积乃仓,乃裹糇粮,于橐于囊。思戢用光。弓矢斯张,干戈戚扬,爰方启行"取自《诗经·大雅·公刘》,"古公亶甫,来朝走马,率西水浒,至于岐下。爰及姜女,聿来胥宇"取自《诗经·大雅·緜》,② 文辞交锋之间,数引《诗》《书》,已经不是孟子对《诗》《书》的熟悉,而是他对《诗》《书》的醉心了。

礼仪规范也为孟子所重视,对孟子之于礼仪规范的尊崇,《孟子》的如下一则记载作了生动的反映。

在《孟子·告子章句下》里,一位任国人与代表儒家观点的屋庐子有这样的思想交锋:

> 任人有问屋庐子曰:"礼与食孰重?"
> 曰:"礼重。"
> "色与礼孰重?"
> "礼重。"
> "以礼食,则饥而死;不以礼食,则得食,必与礼乎?亲迎,则不得妻;不亲迎,则得妻,必亲迎乎?"
> 屋庐子不能对……③

孟子认肯屋庐子的观点,他驳斥任人称:"紾兄之臂而夺之食,则得食;不紾则不得食,则将紾之乎?逾东家墙而搂其处子,则得妻;不搂则不得妻,搂之乎?"④ 孟子认为,对礼的遵循应是严格的,不能因生理欲求而动摇和改变。

如同孔子,孟子也要求成就礼仪与德性兼备的君子。孟子说:

> 君子所以异于人者。以其存心也。君子以仁存心,以礼存心。仁者爱人,有礼者敬人。……非仁无为也,非礼无为也,若有一朝之患,则君子不患矣。⑤

---

① 焦循:《孟子正义》卷二《梁惠王章句下》,第77~83页。
② 朱熹注《诗经集传》,第89、133、122页。
③ 焦循:《孟子正义》卷十一《告子章句上》,第474~475页。
④ 焦循:《孟子正义》卷十一《告子章句上》,第476页。
⑤ 焦循:《孟子正义》卷八《离娄章句下》,第350~351页。

第一章 前提性问题的探讨

以往贵族讲求通过礼的规范以提升涵养，孔子转而主张依靠对人心性的挖掘，培育君子风度。在孟子那里，这种心性追求则成了他思想的中心，也构成了他的理论创新点。

上文谈到孔子从人际亲情引申出"三年之丧"，孟子之时，亦有一个叫夷子的人被评为"葬其亲厚"，"葬其亲厚"是对夷子在葬亲时合"礼"做法的描述，对于夷子的行为，孟子评论和发挥说：

> 盖上世尝有不葬其亲者。其亲死，则举而委之于壑。他日过之，狐狸食之，蝇蚋姑嘬之，其颡有泚，睨而不见。夫泚也，非为人泚，中心达于面目，盖归反虆梩而掩之。掩之诚是也，则孝子仁人之掩其亲，亦必有道矣。①

由将死去的亲人"举而委之于壑"，发展到"掩之"，孟子以为，这种丧葬之礼的形成也是由发自内心而显于面目的自然亲情所促成的。

孟子强调人的自然情感，在此基础上，他比起孔子又迈进了一步，他认人性为善，提出性善论：

> 人皆有不忍人之心。②
>
> 恻隐之心，人皆有之；羞恶之心，人皆有之；恭敬之心，人皆有之；是非之心，人皆有之。恻隐之心，仁也；羞恶之心，义也；恭敬之心，礼也；是非之心，智也。仁义礼智，非由外铄我也，我固有之也，弗思耳矣。③

在他看来，"人皆有不忍人之心"，"恻隐之心""羞恶之心""恭敬之心""是非之心"是"人皆有之"的四"心"，按照他的说法，先天之善成了普遍存在的、具体的生命个体无由回避的本性。孟子的性善论拓展了早期儒学在心性课题上的探讨，如果从本书的社会学分析视角上看，更具有重要意义的是，孔子心性追求的思想主张凸显了儒学的贵族精神气息，对比而言，孟子的性善论理论则是孔子以来的儒家学说所蕴含贵族精神最极致的表现。

为什么说性善论是儒家学说所蕴含的贵族精神最极致的表现呢？为了说明这一点，我们不妨先行挖掘孟子性善论的深刻内涵。著名学者劳思光

---

① 焦循：《孟子正义》卷七《滕文公章句上》，第238页。
② 焦循：《孟子正义》卷三《公孙丑章句下》，第138页。
③ 焦循：《孟子正义》卷二《梁惠王章句下》，第446页。

先生曾这样评论孟子的性善论：

> 孟子之言"性"，实指人之"Essence"而言（注意，此处所说之"Essence"乃依亚里士多德之法——作者原注）。孟子认为，人与其他存在有一不同条件，此条件称之为人之"性"。而此条件非它，即有"价值自觉"是。人之"性"为"有价值自觉"，因"有价值自觉"乃人之心灵所独具的条件，换言之，价值自觉为人之 Essence。……性善论所言之"性"，与通常所谓生而具有之"性"，截然不同。盖孟子之"性"取本质义，非通常以人之初生时所具之本能为"性"，是事实义。①

劳思光先生以为孟子的"性"取的是"本质义"，非"事实义"，他对孟子性善论定性恰当，评价精到，但问题是，何以孟子不以"事实义"，而非要以"本质义"来谈"性"呢？

孔子以来的儒家立意于心性贵族的造就、道德君子的培养，他们确信人是可以通过心性修养获得对肉体生命的超越的，而且，也唯有实现这种生命超越的理想人物才是不枉费生命的人。既此，在厘定人的本质时，他们就不能不以"本质义"，即是否具备德性作为标准来评判别人，他们不理会现实中的芸芸众生具有的种种生理欲求和实际生存现实，而是以更高的德行标准来拔擢人、提升人。这样的思考便决定了他们最终要在超越经验的层面上去评定人，并断定只有德性才是人区隔于物的特质。孟子由这条思路出发来构作人性理论，"善"就被顺理成章地看作是人之为人的本质规定了。②

---

① 劳思光：《新编中国哲学史》（卷一），（台湾）三民书局，1982，第 278 页。
② 其实孔子的思想里也有人性善的内容，只是不如孟子这样鲜明地提出而已。例如，在《论语·述而》中，孔子说："天生德于予。"（刘宝楠：《论语正义》卷七，第 146 页）他认为有天赋之德的存在。既然有天赋之德，此德自然是与生俱来的固有之德。在《论语·雍也》中，孔子说："人之生也直。"朱熹引程子注释为"生理本直"，"直"就是本真之性；而郑玄注曰："始生之性皆正直。"（朱熹撰《四书章句集注》，第 89 页；刘宝楠：《论语正义》，第 125 页）由此可知，"直"应当有着孟子"诚"的含义，即实而无伪，"不失其赤子之心者也"〔焦循：《孟子正义》卷八《离娄章句下》，第 327 页〕，是人性之中生而有之的善的因素。

另外，在《庄子·天道》中对孔子的人性思想也有所描述，其中内容虽然有可能出于虚构，但仍可以作为一种旁证。文中道："老聃中其说，曰：'大谩，愿闻其要。'孔子曰：'要在仁义。'老聃曰：'请问仁义，人之性邪？'孔子曰：'然。君子不仁则不成，不义则不生。仁义，真人之性也，又将奚为矣？'"（王先谦注《庄子集解》卷四《天道》，第 85 页）由《庄子》的记载看，孔子是以仁义为人之本性的。（转下页注）

第一章 前提性问题的探讨

弄明了孟子的这条思路，我们就不难弄懂性善论是儒家学说所蕴含贵族精神最极致的表现这个结论了。周作人曾说：

> 平民的精神可以说是淑本好耳（叔本华——笔者注）所说的求生意志，贵族的精神便是尼采所说的求胜意志了。前者是要求有限的平凡的存在，后者是要求无限的超越的发展；前者完全是入世的，后者却几乎有点出世的了。①

这段文字言说精当，平民精神"要求有限的平凡的存在"，贵族精神"要求无限的超越的发展"，杨春时先生曾对此分析："这里把贵族精神确定为自由的超越精神……贵族精神肯定精神的自由和人格的高贵。"② 结合这些评论我们分析孟子提出性善论的思路。

实际上，孟子在事实层面也是肯定"人之所以异于禽兽者几希"③的，孟子知晓人同动物一样具有自然本性和种种生理欲求，但他却不以人生而具有的自然本性谈论人的本质，他寻求用超越事实层面的"价值自觉"去设定人，从而以"善"为人之"性"。如此可见，孟子弃绝囿于感性和生理层面对人的描述，因为确信人是可以通过心性修养获得对肉体生命的超越的，所以他就直接从超越的层面来理解人、设定人，因此可以说，孟子首先抓住的就是人的"精神的自由和人格的高贵"，徐复观先生在《中国人性论史》中的一段评论所言甚确，他说：

> 孟子性善之说，是人对自身惊天动地的伟大发现……有了这一伟

进而孟子自称孔子的"私淑弟子"，他对于孔子的人性思想也有所记载："诗曰：'天生烝民，有物有则。民之秉彝，好是懿德。'孔子曰：'为此诗者，其知道乎！故有物必有则；民之秉彝也，故好是懿德。'"朱熹注解说："有物必有法，如有耳目，则有聪明之德；有父子，则有慈孝之心，是民所秉执之常性也，故人之情无不好此懿德者。以此观之，则人性之善可见。"（朱熹撰《四书章句集注》，第329页）从中也可以看出，孔子显然认为人性之中存在善德。

郭店楚简中反映出来的人性论思想以性善论为基调，如《性自命出》说："仁，性之方也。""信，情之方也，情出于性。爱类七，唯性爱为近仁。"（见荆门市博物馆《郭店楚墓竹简》，第180、204页，文物出版社，1998）另可参见陈宁《郭店楚墓竹简中的儒家人性言论初探》（《中国哲学史》1998年第4期）、唐雄山《郭店楚简儒家人性思想的现代诠释》（《佛山科学技术学院学报》1998年第4期）。郭店楚简的创作年代不晚于战国中期，说明儒家自孔子开创以来直至孟子时代，其人性论基调是基本一致的，在这一历史时期中，儒学的贵族文化性格是一以贯之的。

① 周作人：《贵族的与平民的》，载周作人著《自己的园地》，岳麓书社，1987，第22页。
② 杨春时：《贵族精神和现代性批判》，《厦门大学学报》2005年第3期。
③ 焦循：《孟子正义》卷八《离娄章句下》，第334页。

>>> 社会的平民化变迁与儒学变化

大发现之后，每一个人的自身，即是一个宇宙，即是一个普遍，即是一个永恒。可以透过一个人的性，一个人的心，以看出人类的命运，掌握人类的命运，解决人类的命运。每一个人即在他的性、心的自觉中，得到无待外求、圆满自足的安顿，更用不上在夸父追日似的在物质生活中，在精神陶醉中去寻求安顿。①

孟子在意和抓住人"精神的自由和人格的高贵"，而对照周作人、杨春时有关贵族精神的说法，显然，孟子的性善论当然是最极致地表现了儒家学说的贵族精神。

通过以上所论，可以认为，孟子思想的贵族文化性格色彩是鲜明的，如果说孔孟之间存在差别的话，那么可以说，孔子提出心性问题，让人借此养成君子风度，孟子则以性善论深化了儒家的心性理论，从而使早期儒学的贵族精神最极致地表现出来。

要言之，孔孟的思想目标是一致的，对比孔孟，孟子借性善说为孔子养育君子人格的思想确立人性论理论基础。如果说，孔子崇奉诗书，讲求礼乐教养，尤其是成就人格德性之说都不乏鲜明的贵族情结，因而孔子学说有着贵族文化性格的话，那么，孟子的性善说则大大凸显了创建之初的儒学的这种文化性格。

第二节　荀学：儒学贵族性格之减弱与平民性格之加入

本书在《上篇》中曾提到，春秋开始，社会向平民化方向发展，战国时期贵族社会没落，社会越来越呈现出平民化面貌。这一变化为儒学转型提供了深刻的社会基础。

平民阶级不如贵族那样在政治、经济上享有特权，《国语·鲁语下》公父文伯之母敬姜言："自庶人以下，明而动，晦而休，无日以怠。"春秋时期平民无法像贵族那样脱离生产，他们是相对于"劳心者"的"劳力者"，他们从事农业、手工业、商业等生产、流通以及服务性工作，其中绝大多数人要靠日常劳作维持生计，战国时期的平民当然也是如此。

靠日常劳作维持生计，这对这样一个平民阶层的群体意识显然是有直接影响的。我们在上篇中提到，牟宗三在其《历史哲学》里有"平民之现实性与朴实性"之语，牟宗三认现实性与朴实性为平民精神特征，这是极

---

① 徐复观：《中国人性论史（先秦篇）》，上海三联书店，1993，第159页。

为正确的。推而论之，对于要靠日常劳作维持生计的平民来说，平民意识应当具体体现为平民首重生存实际。我们在上一节中引用周作人谈论"贵族的精神"和"平民的精神"的一段文字，为了理解方便，我们再看一看周作人的这段文字，周作人说：

> 平民的精神可以说是淑本好耳所说的求生意志，贵族的精神便是尼采所说的求胜意志了。前者是要求有限的平凡的存在，后者是要求无限的超越的发展；前者完全是入世的，后者却几乎有点出世的了。

周作人认为平民精神是如叔本华所说的"求生意志"的体现，所以它要求的是有限、平凡的存在，他所谓的"入世"，也就是世俗生存。这也就是说，平民阶级是着意于生存的，他们首先注重的是生理欲求的满足。

平民阶级首先需求的是生理欲求的满足，由此造成其注重有限、平凡的存在，缺乏超越的精神，何以如此呢？如果我们再结合人本主义心理学大师马斯洛（Abraham H. Maslow）的研究加以领会，对此种平民意识可以获得更具体的理解。

马斯洛在研究动机与人格理论时认为：

> 至少有五种目标，我们可称之为基本需要，扼要地说，这就是生理、安全、爱、尊重和自我实现。……这些目标是互相联系的，并排列成一个优势层次，这意味着，最占优势的目标支配着意识。……不怎么占优势的需要则被减弱，甚至被遗忘和否定。①

平民日常劳作，冀求温饱，物质生活的满足乃是他们的基本祈求。如果按照马斯洛以上说法，那么，在五种基本需要中，生理的需要应是作为"劳力者"的平民阶级之优势需要，平民阶级既以生理需要为优势需要，那么，生理需要也就构成了其群体意识所反映的首要内容，对生理需要的注重成为平民意识的基本特征。

荀子学说正是社会走向平民化的思想产物。战国末期的荀子不是像孔孟那样去注视人的天然亲情，强调人性善，他"注重物质上之调剂"②，看到更多的是人的饮食、御寒等生理欲求，他说：

> 饥而欲食，寒而欲暖，劳而欲息，好利而恶害，是人之所生而有

---

① 马斯洛等著、林方主编《人的潜能和价值》，华夏出版社，1987，第176页。
② 梁启超：《先秦政治思想史》，第109页。

也，是无待而然者也，是禹桀之所同也。①

荀子极富现实洞察力，在这里，他触及社会平民化这一时代特征，荀子所谓"饥而欲食，寒而欲暖，劳而欲息，好利而恶害"即是平民由其"优势需求"所引起的普遍心理意识，这种心理意识在经过平民化洗礼的战国社会下成为具主导性、强烈的普遍社会意识。对时代精神的一番把握影响着荀子这位思想大师对人的定位，荀子以萌生自平民之"优势需求"的生理欲念为人性，他说：

> 今人之性，生而有好利焉，顺是，故争夺生而辞让亡焉；生而有疾恶焉，顺是，故残贼生而忠信亡焉；生而有耳目之欲，有好声色焉，顺是，故淫乱生而礼义文理亡焉。然则从人之性，顺人之情，必出于争夺，合于犯分乱理而归于暴。②

人生来即有"好利""疾恶""好声色"等自然之情，故荀子以人性为恶。

作为儒者，荀子虽然也同孔孟一样注重礼仪规范，要求人们进行道德修为，成为君子，但在荀子那里，这些主张是包含着同孔孟儒学存在些许差异的思想意图和内涵的。对此，我们不妨由荀子对道德修为所持的立场入手加以理解，《荀子·礼论》指出：

> 礼起于何也？曰：人生而有欲，欲而不得，则不能无求；求而无度量分界，则不能不争；争则乱，乱则穷。先王恶其乱也，故制礼义以分之，以养人之欲，给人以求；使欲必不穷乎物，物必不屈于欲，两者相持而长，是礼之所起也。③

《荀子·修身》也说：

> 凡用血气、志意、知虑，由礼则治通，不由礼则勃乱提僈；食饮、衣服、居处、动静，由礼则和节，不由礼则触陷生疾；容貌、态度、进退、趋行，由礼则雅，不由礼则夷固僻违，庸众而野。故人无礼则不生，事无礼则不成，国家无礼则不宁。④

---

① 王先谦：《荀子集解》卷三《非相》，《诸子集成》（第2册），上海书店出版社，1986年影印本，第50页。
② 王先谦：《荀子集解》卷十七《性恶篇》，第289页。
③ 王先谦：《荀子集解》卷十三《礼论篇》，第231页。
④ 王先谦：《荀子集解》卷一《修身篇》，第13~14页。

从上文我们看到，针对作为平民"优势需求"的生理欲念，要有一套整饬社会的方案，这是荀子着力考虑的问题。对于荀子来说，荀子本人仍是所谓"彼其人者，生乎今之世而志乎古之道"①。正如清儒谓："古者圣王经世之道，莫切于礼。"② 荀子从传统儒家那里找到思想资源，在他看来，因人性本恶，欲壑难填，如若不加节制，社会群体势必产生纷争，出现动乱，并最终导致社会、国家的动荡。由此，在荀子那里，礼是非常重要的，礼被强调为社会管制的有效手段，人的德性也被认作是调整人际利益关系的工具。孔孟强调人的自然情感，以"仁义"释"礼"，而荀子重视"礼"，由荀子这样的观点，"礼"就并非取决于"仁义"，相反，"礼"是为协调人们相互关系而不得不有的工具，它才是"仁义"的"经纬蹊径"。

荀子在道德修为上持与孔孟不同的立场，这影响到他对"君子"的看待。荀子对"君子"讨论甚多，其中多数谈论的是"君子"所应有的面貌，唯《荀子·子道》站在一个特别的角度——比较规范性的"礼"和情感性的"孝悌"之于人具有的不同意义的角度——谈到判别道德人格的标准，荀子称：

> 入孝出悌，人之小行也；上顺下笃，人之中行也；从道不从君，从义不从父，人之大行也。若夫志以礼安，言以类使，则儒道毕矣，虽舜不能加毫末于是也。③

这里虽未著"君子"一词，但所讨论的还是关于理想人格的问题，故亦可以视为荀子对"君子"的评价。荀子以"志以礼安，言以类使"为"儒道"，"入孝出悌"不过"人之小行"，也就是说，内在的仁义道德必须经由外在的规范才有可能存在，前者要服从于后者。由此可以看出，在对"君子"的看待上，荀子所着眼的不是作为修身者个体的仁义孝悌之德，而是作为社会规范的礼法纲纪。同孔孟的君子观截然不同的，他的"君子"理想具有政治操作的特征、工具化的特征。徐复观先生在比较荀子与孔孟时指出："荀子因政治的气味太重，几乎把人生的一切，都淹没于政治中，于是人格自我完成的成分，似乎没有孔孟来的深刻而显著。"④ 徐复

---

① 王先谦：《荀子集解》卷八《君道篇》，第155页。
② 《四库全书总目·经部十九·礼类一·周礼·〈礼说〉提要》，《四库全书总目》，中华书局，1965年影印本，第156页下栏。
③ 王先谦：《荀子集解》卷二十《宥坐篇》，第347页。
④ 徐复观：《荀子政治思想的解析》，载《徐复观集》，群言出版社，1993，第163页。

>>> 社会的平民化变迁与儒学变化

观先生的说法是深刻的,就荀子提出的"君子"看,"君子"之说的重点也不在成就心性贵族,荀子所着眼的是从宰制社会平民化趋向日益浓厚背景下的社会大众,实现"志以礼安,言以类使",使其为社会规范所范导。

一般认为,荀子合流儒法思想,的确,法家的尊君①、重势和主张法刑的观点都曾出现在荀子的论述中,《荀子·性恶》说:

> 古者圣人以人之性恶,以为偏险而不正,悖乱而不治,故为之立君上之势以临之,明礼义以化之,起法正以治之,重刑罚以禁之,使天下皆出于治,合于善也。是圣王之治而礼义之化也。今当试去君上之势,无礼义之化,去法正之治,无刑罚之禁,倚而观天下民人之相与也,若是,则夫强者害弱而夺之,众者暴寡而哗之,天下之悖乱而相亡,不待倾矣。用此观之,然则人之性恶明矣,其善者伪也。②

这里,荀子谈到要尊君以治下,以势显君主的地位,又要"起法正以治之,重刑罚以禁之"。联系上文的分析,我们认为,荀子言尊君、重势和主张法刑,追根溯源,同他把握道德的规范性意义一样,出发点都在于试图以此整合社会——整合一个经平民化洗礼的社会,在这里,法刑是强制性规范,君势则为礼和法刑的实施提供保障。③

本书上一节曾述及,孔孟儒学具有鲜明的贵族性,尽管荀子也言谈《诗》《书》,重视礼仪修养,倡导培养贵族化行为风范,表现出其思想贵

---

① 孔孟儒学也言"尊君",但他们主张是相对地尊君,"尊君"并不意味要"卑臣",君之尊不以臣之卑为条件,如《论语·颜渊》说:"齐景公问政于孔子。孔子对曰:'君君,臣臣,父父,子子。'""君君"的意思是为君尽君道。所谓"君道"就是人所共同认可的为君的客观标准。既然为君者必须符合一客观标准,则君之本身不是绝对的,无限的。《论语·八佾》又说:"定公问:'君使臣,臣事君,如之何?'孔子对曰:'君使臣以礼,臣事君以忠。'"在这里,君臣关系是一种相对关系,君的地位不是绝对的,"尊君"不是绝对的。而法家的"尊君"却以"卑臣"为条件,其"尊君"是绝对的。(对于儒、法两家"尊君"的差异,可参见余英时著《中国思想传统的现代诠释·反智论与中国传统政治》,江苏人民出版社,1995)
② 王先谦:《荀子集解》卷十七《性恶篇》,第293页。
③ 业师冯达文先生认为:"'时命'这一客观社会历史的演变,在先秦时期,就表现为一种由贵族为主要构成到由平民为主要构成的演变。……这种演变有其不可逆的正当性。"而社会走向平民化又带来荀子工具理性的不可避免,造成信仰和理性的紧张,他说:"及至荀子、韩非子,则力图通过扩张理性、排斥信仰的方法,来消除这种紧张性。荀、韩面对的,是社会平民化走向导致的利益分割、冲突,乃至战争。(转下页注)

族性，但对比之下，表现孔孟儒学的贵族文化性格的一些重要特征在荀学那里已有所改变。

第一，就具体的观点说，荀子否定性善论，主张性恶说，性恶说把人视为利益之躯，它使以往那种重视涵养，自恃能通过礼的学习成为具有自我道德约束力的贵族形象黯然失色。尽管荀子也强调和重视人可以"化性起伪"，成为君子，但毕竟在对人的基本定位上，荀子已经不是如孟子性善论那样自始就认定人的"精神的自由和人格的高贵"了，他的性恶论包含着对平民生理欲求的正视，散发着朴素的平民意识，所以，可以说，荀子的性恶论思想实实在在地属于平民意识，体现着平民文化性格。

第二，就思想的总体倾向看，孔孟儒学以心性问题为中心，心性追求恰恰体现着其思想的贵族文化特征；而心性问题不是荀子学说的核心问题。立足于平民化演变之后的社会背景，荀子以礼为制欲的工具，将思想的重点放在对政治操作的思考上，他挖掘礼作为社会管制手段之价值，以至借鉴法家重法刑、尊君势的思想，由此全面设计整饬经平民化洗礼的现实社会的思想方案。荀子的这套理论立基于他的性恶论，而既然性恶论思想体现出平民文化性格，那么，我们可以说，荀子建立在性恶论思想基础上的尊君、重势和主张法刑等观点也一样都是浸润了性恶论这种具有平民文化性格的思想因素的，这些思想因素在荀学中的存在扩大了性恶论所具有的平民文化性格的理论表现空间。

要之，从孔子发展到孟子，儒家学说的贵族文化性格愈加凸显，在他们那里，我们看不到性恶论这种体现出平民文化性格的思想要素，更看不到尊君、重势和主张法刑这样一类管制社会的思想论述，而荀学中新添入的这些思想内容或散发着朴素的平民意识，体现出一种平民文化性格；或扩大了这种思想内容的理论表现空间。如果加以比较，那么荀学中新添入的这些思想内容与孔孟儒学具有的贵族文化气息肯定是不合拍的，更况，

他们个人的立足点，则是力图对这种社会的公共秩序与结构作出整合。他们认为，处理、协调人与人之间的纷争，求之于'天'没有意义，只能直面现实世界中每个个人，每个个人的人心、人性。而现实中的每个个人的人心、人性都是好利恶害的，惟有诉诸统一、冷峻的'法'才有可能加以制导。'法'完全排斥道义信仰，'法'面对广大平民的利益分割而建立，'法'与相应的国家机构亦且是为了功利（富国强兵）目的而人工地设置，这都表明，荀、韩推重的为知识理性。特别是韩非子，他甚至把理性往工具化、术数化的方向上扩展到了极点。"这些见解深得其要，对本书观点的构思极有启发。参见冯达文《作为人文教养的早期儒学——兼谈先秦社会历史演变中的贵族与平民》，《中山大学学报》2003年第4期。

探讨心性问题体现了思想的贵族文化特征，心性问题是孔孟儒学的核心，荀子学说的整个思想重心却偏离了孔孟所坚执的心性问题。因此我们可以说，荀子学说使儒学原有的贵族文化性格弱化了。

不过，在汉初崭新的思想舞台上，带来儒家思想重大转向的荀子学说却开启了儒学发展的新方向。

第二章　陆贾儒学：儒学平民性格成分的极致化

陆贾曾参加刘邦的创业活动，后职任中大夫，游走于诸侯群臣之间，以知辩行纵横之事。虽然陆贾说项羽归刘太公吕雉未果，① 但他出使南越，劝降南越王对汉称臣，又参与剪除吕氏集团的密谋，功勋卓著。《汉书·郦陆朱刘叔孙传》曾详细记载陆贾事迹：

> 陆贾，楚人也。以客从高祖定天下，名有口辩，居左右，常使诸侯。
>
> 时中国初定，尉佗平南越，因王之。高祖使贾赐佗印为南越王。贾至，尉佗魋结箕踞见贾。贾因说佗曰："足下中国人，亲戚昆弟坟墓在真定。今足下反天性，弃冠带，欲以区区之越与天子（伉）[抗]衡为敌国，祸且及身矣。夫秦失其正，诸侯豪桀并起，唯汉王先入关，据咸阳。项籍背约，自立为西楚霸王，诸侯皆属，可谓至强矣。然汉王起巴蜀，鞭笞天下，劫诸侯，遂诛项羽。五年之间，海内平定，此非人力，天之所建也。天子闻君王王南越，而不助天下诛暴逆，将相欲移兵而诛王，天子怜百姓新劳苦，且休之，遣臣授君王印，剖符通使。君王宜郊迎，北面称臣，乃欲以新造未集之越屈强于此。汉诚闻之，掘烧君王先人（家）[冢]墓，夷种宗族，使一偏将将十万众临越，即越杀王降汉，如反覆手耳。"
>
> 于是佗乃蹶然起坐，谢贾曰："居蛮夷中久，殊失礼义。"因问贾曰："我孰与萧何、曹参、韩信贤？"贾曰："王似贤也。"复问曰："我孰与皇帝贤？"贾曰："皇帝起丰沛，讨暴秦，诛强楚，为天下兴利除害，继五帝三王之业，统天下，理中国。中国之人以亿计，地方万里，居天下之膏腴，人众车舆，万物殷富，政由一家，自天地剖判未始有也。今王众不过数万，皆蛮夷，崎岖山海间，譬如汉一郡，王何乃比于汉！"佗大笑曰："吾不起中国，故王此。使我居中国，何遽

---

① 《史记》卷七《项羽本纪》载："汉遣陆贾说项王请太公，项王弗听。"见《史记》，第330页。

不若汉?"乃大说贾,留与饮数月。曰:"越中无足与语,至生来,令我日闻所不闻。"赐贾橐中装直千金,它送亦千金。贾卒拜佗为南越王,令称臣奉汉约。归报,高帝大说,拜贾为太中大夫。

贾时时前说称《诗》、《书》。高帝骂之曰:"乃公居马上得之,安事《诗》、《书》!"贾曰:"马上得之,宁可以马上治乎?且汤武逆取而以顺守之,文帝并用,长久之术也。昔者吴王夫差、智伯极武而亡;秦任刑法不变,卒灭赵氏。乡使秦以并天下,行仁义,法先圣,陛下安得而有之?"高帝不怿,有惭色,谓贾曰:"试为我著秦所以失天下,吾所以得之者,及古成败之国。"贾凡著十二篇。每奏一篇,高帝未尝不称善,左右呼万岁,称其书曰《新语》。

孝惠时,吕太后用事,欲王诸吕,畏大臣及有口者。贾自度不能争之,乃病免。以好畤田地善,往家焉。有五男,乃除所使越橐中装,卖千金,分其子,子二百金,令为生产。贾常乘安车驷马,从歌鼓瑟侍者十人,宝剑直百金,谓其子曰:"与女约:过女,女给人马酒食极(饮)[欲],十日而更。所死家,得宝剑车骑侍从者。一岁中以往来过它客,率不过再过,数击鲜,毋久溷女为也。"

吕太后时,王诸吕,诸吕擅权,欲劫少主,危刘氏。右丞相陈平患之,力不能争,恐祸及己。平(尝)[常]燕居深念。贾往,不请,直入坐,陈平方念,不见贾。贾曰:"何念深也?"平曰:"生揣我何念?"贾曰:"足下位为上相,食三万户侯,可谓极富贵无欲矣。然有忧念,不过患诸吕、少主耳。"陈平曰:"然。为之奈何?"贾曰:"天下安,注意相;天下危,注意将。将相和,则士豫附;士豫附,天下虽有变,则权不分。权不分,为社稷计,在两君掌握耳。臣常欲谓太尉绛侯,绛侯与我戏,易吾言。君何不交欢太尉,深相结?"为陈平画吕氏数事。平用其计,乃以五百金为绛侯寿,厚具乐饮太尉,太尉亦报如之。两人深相结,吕氏谋益坏。陈平乃以奴婢百人,车马五十乘,钱五百万,遗贾为食饮费。贾以此游汉廷公卿间,名声籍甚。及诛吕氏,立孝文,贾颇有力。

孝文即位,欲使人之南越,丞相平乃言贾为太中大夫,往使尉佗,去黄屋称制,令比诸侯,皆如意指。语在《南越传》。陆生竟以寿终。①

这段文字记载陆贾追随刘邦,驰骋纵横,能言善辩,两使南越,说服赵佗,

---

① 《汉书》卷四十三《郦陆朱刘叔孙传》,第 2111~2116 页。

第二章　陆贾儒学：儒学平民性格成分的极致化 <<<

又交通周勃、陈平，谋断政事，平灭诸吕。全篇以称颂陆贾口才始，以称颂陆贾口才终，展现陆贾辩才和机智，不过，还有一段谈到陆贾分家析产的文字值得注意，上文说到陆贾以"生分"析产的方式，陆贾出卖自己出使南越的"橐中装"所得千金，而不是他的全部财产，其车马、侍者和价值百金的宝剑等都没有分，这些部分将归谁所有，则要看儿子们对他如何供养。这种分家析产方式本身也显示了春秋贵族社会瓦解之后的家庭变革，尤其是当时贵族宗法制下立宗子的做法已被破坏的状况。在这种情形下，陆贾以一种狡狯的方式确保自己将来能获得儿子们的照顾，这也表现出陆贾本人平民化的意识倾向。

陆贾的这种意识倾向是时代变迁的反映。我们在前文讨论中曾指出，荀子所处的战国后期是春秋以来的贵族社会濒临灭亡，社会凸显平民化特征的时代；刘邦执政的汉初，则是旧的贵族社会已经消亡殆尽，新一代上层社会还未转向贵族化的时期。可以说，这一期间实际上是西周后期以来的社会平民化走向极致的时期。对处于这一时代的陆贾进行思想总结，他的思想将出现什么样的变化呢？

第一节　陆贾承接荀子的法家思想因素及弱化儒家贵族文化性格之体现

荀子对法家的"刑"以及与之关联的重势、尊君的思想有所认同，以应对显扬着平民心理意识的社会的治理问题。陆贾同荀子有学术渊源①，

---

① 研究陆贾的思想源流，一般认为，陆贾的学术同浮丘伯有关，而浮丘伯为荀子弟子，《汉书·楚元王传》称："（楚元王刘交）少时尝与鲁穆、白生、申公俱受诗于浮丘伯。伯者，孙卿门人也。"（班固：《汉书》卷三十六，第1921页）又，浮丘伯，《新语》作"鲍丘"，《新语·资质》提到"鲍丘之德行"。（见王利器撰《新语校注》，第112页）《盐铁论》作"包丘子"，《盐铁论·毁学》言："昔李斯与包丘子俱后荀卿……"（见王利器《盐铁论校注》，中华书局，1992，第229页）"浮丘""鲍丘""包丘"，三名可通。对此，余嘉锡有详述。见余嘉锡《四库提要辨论·子部类·新语》（余嘉锡《四库提要辨证》，中华书局，1958，第518~531页）另，"浮丘伯"之"丘"，汉后著作者常写为"邱"，此当为避孔子之讳。因此，陆贾之学与荀学关系甚密。余嘉锡《四库全书辨证·新语》即称，陆贾"学出于浮邱伯"（余嘉锡《四库提要辨证》，第552页）余嘉锡所论颇详，可参见。应该说，陆贾之学承自荀子这种推断是不错的。此外，笔者注意到，《荀子·性恶》称："善为古者，必有节于今。"（王先谦：《荀子集解》卷十七，第293页）而《新语·术事》说："善言古者合之于今。"（王利器《新语校注》卷上，中华书局，1986，第37页）两句话思想相同，文字相近，也可以作为陆贾对荀子学有所承的旁证。

又正值汉初伊始这样一个社会平民化大势被进一步推进的时期，循序荀学的思路，对他来说是很自然的。对此，比照荀子的学说，我们首先看看陆贾同荀子相同的若干观点。

第一，肯定法刑。

陆贾说：

> 故圣人持一政以绳百姓，持一概以等万民。……故事不生于法度，道不本于天地，可言而不可行也，可听而不可传也，可□玩而不可大用也。①

《周礼·冬官考工记》言："槩而不税。"贾公彦《疏》："槩，所以勘当诸廛之量器以取平者，非是平常所用。"② 王利器《新语校注》言："屈原《九章·怀沙》：'同糅玉石兮，一概而相量。'洪兴祖补注曰：'概，平头斛木。'此文以概等为言，亦谓等量也。"③。据此，"一概"，就是指同一法度或标准。这说明陆贾强调天下应有同一规、一距——"一政""一概"，用它来等上下高低，齐众民之政。陆贾同荀子一样也主张建立法治，以此来范导人民。所以他又说：

> 夫持天地之政，操四海之纲，屈申不可以失法，动作不可以离度。④

至于秦二世而亡，陆贾认为，这不是以法治世之误，而是用法太过、聚敛民财太切所致。"故世衰道失，非天之所为也，乃君国者有以取之也。"⑤

陆贾还举具体事例说：

> 鲁庄公一年之中，以三时兴筑作之役，规虞山林草泽之利，与民争田渔薪菜之饶，刻桷丹楹，眩曜靡丽，收民十二之税，不足以供邪曲之欲，缮不用之好，以快妇人之目，财尽于骄淫，力疲于不急，上困于用，下饥于食，乃遣臧孙辰请滞积于齐，仓廪空匮，外人知之，于是为齐、卫、陈、宋所伐，贤臣出，邪臣乱，子般杀，鲁国危也。公子牙、庆父之属，败上下之序，乱男女之别，继位者无所定，逆乱

---

① 王利器撰《新语校注》卷下《怀虑》，中华书局，1986，第132～137页。
② 郑玄注、贾公彦疏《周礼注疏》卷四十，《十三经注疏》，第279页。
③ 王利器撰《新语校注》卷下《怀虑》，第134页。
④ 王利器撰《新语校注》卷下《明诫》，第154页。
⑤ 王利器撰《新语校注》卷下《明诫》，第155页。

第二章 陆贾儒学：儒学平民性格成分的极致化

者无所惧。于是齐桓公遣大夫高子立僖公而诛夫人，逐庆父而还季子，然后社稷复存，子孙反业，岂不谓微弱者哉？故为威不强还自亡，立法不明还自伤，鲁庄公之谓也。①

鲁庄公为一己之私，滥征劳役，与民争利，肆意收税，生活奢靡，造成人民疲敝，仓廪空匮，外国侵凌，贤人出走，奸邪进用，等等。陆贾点评鲁庄公的败绩，总结教训，其中有一条便是其"立法不明还自伤"，即没有严明的法度。

对于刑罚，陆贾同样也是强调的，虽然他说过："秦非不欲治也，然失之者，乃举措太众、刑罚太极故也。"② 批评秦政"举措太众，刑罚太极"——过多的举措和过分的刑罚。他又说：

> 恃刑者民畏之，归之则充其侧，畏之则去其域。故设刑者不厌轻，为德者不厌重，行罚者不患薄……③

陆贾明确地反对刑罚太重，但他并非不讲刑，他仍坚持刑的作用，故他肯定"汤武之君、伊吕之臣""因天时而行罚"④。又言："夫法令所以诛暴也……"⑤

第二，重势。

陆贾认为治政者必须握有势。他特别注意到权势在社会治理中的重要性，他说：

> 公卿之子弟，贵戚之党友，虽无过人之能，然身在尊重之处，辅之者强而饰之众也，靡不达也。⑥

相反，如果没有"势"，即使有才干也无所作为。所以他说：

> 孔子遭君暗臣乱，众邪在位，政道隔于三家，仁义闭于公门，故作《公陵》之歌，伤无权力于世，大化绝而不通，道德施而不用。⑦

---

① 王利器撰《新语校注》卷下《至德》，第124页。
② 王利器撰《新语校注》卷上《无为》，第62页。
③ 王利器撰《新语校注》卷下《至德》，第117页。
④ 王利器撰《新语校注》卷上《慎微》，第95页。
⑤ 王利器撰《新语校注》卷上《无为》，第65页。
⑥ 王利器撰《新语校注》卷下《资质》，第108页。
⑦ 王利器撰《新语校注》卷上《辨惑》，第84页。

>>> 社会的平民化变迁与儒学变化

陆贾抓住仁义礼则与权势各自不同的归属领域，认为光凭仁义礼则未必能解决为政治世的问题，进行社会治理一定要借助政治权威，所以他接着说："夫言因权而立，德因势而行。"① 孔子曾言："不在其位，不谋其政。"② 陆贾对孔子此语作了新解，顺着"夫言因权而立，德因势而行"一语，他更说道：

> 不在其位，则无以齐其政，不握其柄者，则无以治其刚。③

借用孔子之言，陆贾突出权位在施展政治作为上的重要作用。最后，为强调己见，陆贾引逸《诗》称："《诗》云：'有斧有柯。'言何以治之也。"④ 表明圣贤如果没有借助如斧一般的一定的权势，就无法助人君成仁义礼乐之治。

第三，尊君。

荀子主张"立君上之势"，陆贾《新语·思务》说：

> 圣人因其势而调之，使小大不得相逾，方圆不得相干，分之以度，纪之以节，星不昼见，日不夜照，雷不冬发，霜不夏降。臣不凌君，则阴不□□阳……⑤

王利器先生据浮溪精舍刻宋翔凤校本为底本著《新语校注》，对其中"阴不□□阳"一语，《新语校注》说："宋翔凤曰：子汇作'阴不侵阳'，无缺。""李本、天一阁本、唐本、《品节》亦作'阴不侵阳'，程本作'阴不□阳'，两京本作'阴不侵盛阳'。"⑥ 综合此中诸说，"阴不□□阳"当为"阴不侵阳"。

至少从战国末期起，阴、阳已经有了被贬抑、被崇扬的分别，《易·系辞》首言："天尊地卑，乾坤定矣。卑高已陈，贵贱立矣。"⑦ 乾，为天，纯阳之卦；坤，为地，纯阴之卦，天贵地贱，天尊地卑。《易·系辞》评价阴卦和阳卦时说："阳，一君而二民，君子之道也；阴，二君而一民，小

---

① 王利器撰《新语校注》卷上《辨惑》，第84页。
② 刘宝楠：《论语正义》卷十七《宪问》，第319页。
③ 王利器撰《新语校注》卷上《辨惑》，第84页。
④ 王利器撰《新语校注》卷上《辨惑》，第84页。
⑤ 王利器撰《新语校注》卷下《思务》，第168页。
⑥ 王利器撰《新语校注》卷下《思务》，第169页。
⑦ 孔颖达：《周易正义》卷七，《十三经注疏》，中华书局，1980年影印本，第75页。

人之道也。"① 陆贾将"臣不凌君"同"阴不侵阳"相比类，阳为君，阴为臣，这正是他在君臣关系上坚持尊君卑臣立场的显示。此外，陆贾又如此褒扬君王：

> 圣人承天之明，正日月之行，录星辰之度，因天地之利，等高下之宜，设山川之便，平四海，分九州，同好恶，一风俗。《易》曰："天垂象，见吉凶，圣人则之；天出善道，圣人得之。"②

陆贾把天道与人事联系起来，认为圣人有秉自天的完美人格，能洞察天之道、地之理，故能治万物、平四海、分九州、同好恶、一风俗，这显然是对君主权威的充分肯定。

荀子对法家的"刑"以及与之关联的重势、尊君思想有所认同，此当归因于荀子构作思想的年代正处于社会走向平民化的时代背景。荀子在其学说中加入这样一些浸润了平民文化性格的思想内容，这些思想内容无疑压缩了他的学说本应具有的贵族化思想所占有的空间，也显示出他对儒家原有的贵族文化性格的弱化，而处于汉初伊始社会平民化程度达到极致的时代，陆贾为应对汉初伊始社会的政治治理，亦接受这些观点。而且，在尊君这个问题上，陆贾甚至比荀子走得更远，更接近法家的思想主张，故可以说，在给思想学说加入浸润平民文化性格的思想因素方面，陆贾承接着荀子的路数，从而在弱化儒家的贵族文化性格这个方向上更深入了一步。

第二节 陆贾承接荀子之"性""礼"思想及其儒家向平民性格方向的推进

荀学吸收法家思想因素的理论出发点是其性恶理论，荀学更深刻之处也正在于性恶说的提出及由此而来的对"礼"的创新性认识。处于平民化大潮猛烈冲击后的汉初伊始，陆贾对这些思想亦有回应。

一

前文言及，平民化凸显的时代没有以往贵族社会存在的温文尔雅、含情脉脉，人与人之间更多显示的是生存需要带来的直接的利益纠葛，因此战国末年的荀子不主张心性上说"仁义"，而主张人性恶。荀子这

---

① 孔颖达：《周易正义》卷八，《十三经注疏》，第87页。
② 王利器撰《新语校注》卷下《明诫》，第157页。

种性恶理论彻底否定了凸显儒学贵族性格的性善思想，折射出社会平民化背景下的喧嚣于世的平民群体意识，彰显出被叔本华和周作人总结为平民阶级的"求生意志"的平民精神。荀子这样的见解在汉初伊始的陆贾那里是获得了共鸣的，《新语·道基》叙述现实人文世界为天生、地养、人成的道理：

>……于是先圣乃仰观天文，俯察地理，图画乾坤，以定人道，民始开悟，知有父子之亲，君臣之义，夫妇之别，长幼之序。于是百官立，王道乃生。

>民人食肉饮血，衣皮毛；至于神农，以为行虫走兽，难以养民，乃求可食之物，尝百草之实，察酸苦之味，教人食五谷。

>天下人民，野居穴处，未有室屋，则与禽兽同域。于是黄帝乃伐木构材，筑作宫室，上栋下宇，以避风雨。

>民知室居食谷，而未知功力。于是后稷乃列封疆，画畔界，以分土地之所宜；辟土殖谷，以用养民；种桑麻，致丝枲，以蔽形体。

>当斯之时，四渎未通，洪水为害；禹乃决江疏河，通之四渎，致之于海，大小相引，高下相受，百川顺流，各归其所，然后人民得去高险，处平土。

>川谷交错，风化未通，九州绝隔，未有舟车之用，以济深致远；于是奚仲乃桡曲为轮，因直为辕，驾马服牛，浮舟杖楫，以代人力。

>铄金镂木，分苞烧殖，以备器械，于是民知轻重，好利恶难，避劳就逸；于是皋陶乃立狱制罪，县赏设罚，异是非，明好恶，检奸邪，消佚乱。

>民知畏法，而无礼义；于是中圣乃设辟雍庠序之教，以正上下之仪，明父子之礼，君臣之义，使强不凌弱，众不暴寡，弃贪鄙之心，兴清洁之行。

>礼义不行，纲纪不立，后世衰废，于是后圣乃定《五经》，明《六艺》，承天统地，穷事察微，原情立本，以绪人伦，宗诸天地，纂修篇章，垂诸来世，被诸鸟兽，以匡衰乱，天人合策，原道悉备，智者达其心，百工穷其巧，乃调之以管弦丝竹之音，设钟鼓歌舞之乐，以节奢侈，正风俗，通文雅。

>后世淫邪，增之以郑、卫之音，民弃本趋末，技巧横出，用意各殊，则加雕文刻镂，傅致胶漆丹青、玄黄琦玮之色，以穷耳目之好，极工匠之巧。

第二章 陆贾儒学：儒学平民性格成分的极致化

> 夫驴骡骆驼，犀象玳瑁，琥珀珊瑚，翠羽珠玉，山生水藏，择地而居，洁清明朗，润泽而濡，磨而不磷，涅而不淄，天气所生，神灵所治，幽闲清净，与神浮沉，莫不效力为用，尽情为器。

历数圣人上述功绩后，陆贾说：

> 故曰，圣人成之。所以能统物通变，治性情，显仁义也。①

对"所以能统物通变，治性情，显仁义也"句，唐晏称其"皆释'圣人成之'之义也"②。据此，"统物通变"应是指陆贾所说的先圣、中圣和后圣为民所建立的功业；"治性情"当针对他所述及的所谓"中圣""立法刑，设礼义"，使民"好利恶难"的情性有所治这层意思；"显仁义"则意为受礼义教化后人们彰显出"强不凌弱，众不暴寡，弃贪鄙之心，与清洁之行"这样的德性，它相当于荀子"化性起伪"的说法。显见，在陆贾眼里，"仁义"并不具有人心性上的先天根据，陆贾在理解"仁义"上不是像孔孟那样显示出其思想的贵族性的。

陆贾虽未明言性恶，但实际上他是认可荀子性恶说的，荀子说："今人之性，生而有好利焉。"人天生就有追逐财利之心，这是与生俱来的本能。不仅好利是本能，而且避害也是天性，荀子又说："好利而恶害，是人之所生而有也，是无待而然者也。"③

而陆贾《新语·道基》亦说："于是民知轻重，好利恶难，避劳就逸。"语势与荀子相似，也同样认为人会趋利避害，当受法刑之约束，"于是皋陶乃立狱制罪，县赏设罚，异是非，明好恶，检奸邪，消佚乱"。

前文分析陆贾思想时，我们就曾引这个说法："（圣人）治性情，显仁义。"这里，"性情"须"治"，陆贾将"性"作为治的对象，意味着"性情"不可言善；"仁义"当显，说明应"化性起伪"。除这些语句之外，同样的见解还可见于《新语·怀虑》，《新语·怀虑》说："养气治性……则志不流于外。"④"性"也被认作是应该被"治"的对象。

由上可见，在陆贾看来，"性情"须"治"，"仁义"当显，这认可了荀子的性恶论。如同荀学，陆贾这种思想亦彰显出重"求生意志"的平民意识。

---

① 王利器撰《新语校注》卷上《道基》，第9～24页。
② 王利器撰《新语校注》卷上《道基》，第25页。
③ 王先谦：《荀子集解》卷二《荣辱篇》，第39页。
④ 王利器撰《新语校注》卷下《怀虑》，第129页。

二

与性恶说相对应，荀子还挖掘"礼"的工具意义，以"礼"制欲，以适应社会的平民化转型。对应于此，我们也看看"礼"在陆贾思想中所占的位置及其蕴意。

一般论者在对陆贾思想进行总结时都提到陆贾对"仁义"的重视，明人严可均评的《新语》说："汉代子书，《新语》最纯最早，贵仁义，贱刑威，述《诗》、《书》、《春秋》、《论语》，绍孟荀而开贾、董，卓然儒家之言。"① "述《诗》、《书》、《春秋》、《论语》"是指《新语》引用文句借助的原典；"绍孟荀而开贾、董，卓然儒家之言"是指其在思想史上承上启下的作用；而所谓"贵仁义，贱刑威"一语中，"贱刑威"是"贵仁义"题中应有之物，"贵仁义"指出了《新语》的整体思想特征。任继愈先生主编的《中国哲学发展史》（秦汉卷）叙陆贾思想也以讨论陆贾的仁义观为主，② 金春峰先生则把陆贾学说概括成"'仁义'为本"的思想，③ 徐复观先生也以为："要求以诗书，即是以仁义，作（政治）方向的转换，这是他发心立言的真正依据。"④

刚刚历经秦的虐民暴政，作为应时之作，《新语》确实多言"仁义"，极少言"礼"，但这不意味着陆贾缺乏对礼的思考，实际上，"礼"亦为他所注重。

《新语》开篇为《道基》，《道基》为我们了解陆贾的"礼"提供了材料。该篇首先从"传曰：'天生万物，以地养之，圣人成之。'功德参合，而道术生焉"，说到"张日月，列星辰"等以描述"天地相承，气感相应"的天地生物养物的状况，接着分别谈到"先圣""中圣""后圣"的历史功业。对于"先圣"，他指出：

> 先圣乃仰观天文，俯察地理，图画乾坤，以定人道，民始开悟，知有父子之亲，君臣之义，夫妇之别，长幼之序。于是百官立，王道乃生。

《易传·序卦》解释"圣人"观象所作卦象之寓意，其中说："有天地然后

---

① 《严可均新语叙》，见王利器撰《新语校注》附录三《书录》，第215页。
② 参见任继愈主编《中国哲学发展史》（秦汉卷），第134～136页。
③ 金春峰：《汉代思想史》，第78页。
④ 徐复观：《两汉思想史》（卷二），（台湾）学生书局，1985，第96页。

有万物，有万物然后有男女。有男女然后有夫妇。有夫妇然后有父子。有父子然后有君臣，有君臣然后有上下。有上下然后礼义有所错。"陆贾说到的先圣"仰观天文，俯察地理，图画乾坤"，据天道而定人道，当是由《序卦》的这层意思引申出来的。"人道"能让民"始开悟"，从而"知有父子之亲，君臣之义，夫妇之别，长幼之序"，这样的"人道"当然就是先圣制定的，用以分别人群的"父子""君臣""夫妇""长幼"之规范，即儒家所称道的"礼"。所以，这里涉及陆贾对人的德性和礼义之形成根据的理解。

紧接其后，陆贾又描绘人类在物质生产、生活条件方面的变化历程：神农"教民食五谷"；黄帝使人"上栋下宇，以避风雨"；后稷率众"辟土殖谷，以用养民；种桑麻，致丝枲，以蔽形体"；禹平治水土，"人民得去高险，处平土"；奚仲制车船"以代人力，铄金镂木，分苞烧殖，以备器械"。叙述至此，陆贾话锋一转，再以历史主义的立场，指出人类社会的法刑和礼义之由来：

……于是民知轻重，好利恶难，避劳就逸；于是皋陶乃立狱制罪，县赏设罚，异是非，明好恶，检奸邪，消佚乱。

民知畏法，而无礼义；于是中圣乃设辟雍庠序之教，以正上下之仪，明父子之礼，君臣之义，使强不凌弱，众不暴寡，弃贪鄙之心，兴清洁之行……

陆贾看到，有了先圣带来的一系列物质条件，"于是民知轻重"，人们产生分别之心，呈现出"好利恶难"的情性，由此皋陶立法刑，设政治，使社会安定；至于教育和礼义，它们是由于法刑作用之不足而被推广开来的，实际上是社会管制的补充手段，故他将礼义的出现列于皋陶立法刑之后。这就是说，由人们"好利恶难"的情性引起社会无序，因此而有了法纪礼义的运用，法纪通过"县（悬）赏设罚"，而收到"异是非，明好恶，检奸邪，消佚乱"的功效；礼则通过"上下之仪""父子之礼""君臣之义"的明确，使人民"强不凌弱，众不暴寡，弃贪鄙之心，兴清洁之行"，要之，此即荀子之说中的"化性起伪"。

由陆贾在这里所谈的"中圣"的功业看，他对礼的见解是异于孔孟而接近荀子的。孔孟以为"礼"的根据在于人的自然情感，故他们以"仁义"释"礼"，荀子则偏向于将礼视作政治治理的工具。陆贾不由人的内在心理情感说"礼"，他认人有"好利恶难"的情性，强则凌弱，众则暴寡，具"贪鄙之心"，故需立法以管制社会，再设礼教以化导人民，通过

"礼"能使人"弃贪鄙之心"。陆贾肯定法，又将"礼"置于法之后，在陆贾眼里，"礼"同法一样，更多的是被当成了政治操作工具。

结合陆贾所谈的"先圣"和"中圣"的功业看，在谈论先圣时，陆贾涉及人的德性和"礼"的由来；之后他又把礼教的实行和礼制的推行归功于中圣，以礼义为政治治理工具。前者的要点是由天道推出人道，后者则着重于揭示礼的工具性质，凸显礼义于政治操作上的意义。对于陆贾的做法，可以认为，由天道推出人道，这是陆贾为礼义找寻根据，那么怎样找到这个根据呢？在此，陆贾借鉴了《易传》的宇宙论论述，不过，尽管如此，陆贾并没有否定礼的工具性意义。相反，陆贾是把他天道推出人道制定礼义的"天人合策"①，同以礼为操作工具这两种思路结合在一起。正因如此，所以《新语·慎微》有如是言：

> 是以君子居乱世……修父子之礼，以及君臣之序，乃天地之通道，圣人之所不失也。故隐之则为道，布之则为文……而情得以利，性得以治。②

这里，"情"和"性"是治理的对象，至于治理"情""性"的具体方法，如同荀子一样，陆贾也认为它需要通过礼义教化，不同于荀子，陆贾又称此种礼为"天地之通道"，给"礼"附上形上根据。

通过上述分析，我们已可领会出陆贾在对"礼"的看法上与荀子的一致之处，荀子视"礼"为整饬社会的纲纪，以期达到社会治理的目标，陆贾正承袭其说。《新语·至德》言："……在朝者忠于君，在家者孝于亲；于是赏善罚恶而润色之，兴辟雍庠序而教诲之，然后贤愚异议，廉鄙异科，长幼异节，上下有差，强弱相扶，大小相怀，尊卑相乘，雁行相随，不言而信，不怨而威，岂待坚甲利兵、深牢刻令、朝夕切切而后行哉？"③这里所言"兴辟雍庠序而教诲"、"长幼异节，上下有差"、"大小相怀，尊卑相乘"即是对礼教和礼制的肯定，是陆贾以"礼"整合社会愿望的集中体现。

陆贾偏于将礼视作政治操作的工具，他对礼的这种理解接近于荀子，前文曾言及，荀子提出了"君子"，荀子"君子"之说的重点也不在成就心性贵族，荀子所着眼的是宰制社会平民化趋向浓烈背景下的社会大众，实现"志以礼安，言以类使"，使其为社会规范所范导。因此，相对于孔

---

① 王利器撰《新语校注》卷上《道基》，第18页。
② 王利器撰《新语校注》卷上《慎微》，第97~98页。
③ 王利器撰《新语校注》卷下《至德》，第118页。

第二章　陆贾儒学：儒学平民性格成分的极致化

孟对"礼"的理解，荀子类型的"礼"不如孔孟那样由心性着眼，它减弱了孔孟儒学的贵族文化性格，陆贾亦复如是。

不过，如果再深察陆贾思想，我们还可发现，陆贾不仅承接了荀子的"礼"论，延续荀子对孔孟贵族文化性格的弱化的路数，而且在这个问题上又向前迈进了一步。

对荀子来说，虽然他的思想与孔孟有异，但荀子亦如孔孟，也强调通过礼仪对人们的范导，造就出人们一种温文尔雅、彬彬有礼的人格风范。荀子称：

……食饮、衣服、居处、动静，由礼则和节，不由礼则触陷生疾；容貌、态度、进退、趣行，由礼则雅，不由礼则夷固僻违庸众而野。①

而要成就这样的贵族风度，荀子更强调复杂的礼器和细碎的招式和步骤：

……刍豢稻粱，五味调香，所以养口也；椒兰芬苾，所以养鼻也；雕琢、刻镂、黼黻、文章，所以养目也；钟鼓、管磬、琴瑟、竽笙，所以养耳也；疏房、檖䫉、越席、床笫、几筵，所以养体也。故礼者，养也。君子既得其养，又好其别。曷谓别？曰：贵贱有等，长幼有差，贫富轻重皆有称者也。故天子大路越席，所以养体也；侧载睪芷，所以养鼻也；前有错衡，所以养目也；和鸾之声，步中《武》、《象》，趋中《韶》、《护》，所以养耳也；龙旗九斿，所以养信也；寝兕、持虎、蛟韅、丝末、弥龙，所以养威也；故大路之马必倍至，教顺，然后乘之，所以养安也。孰知夫出死要节之所以养生也！孰知夫出费用之所以养财也！孰知夫恭敬辞让之所以养安也！孰知夫礼义文理之所以养情也！②

华丽而繁复的乐舞更是不可或缺：

声乐之象：鼓大丽，钟统实，磬廉制，竽笙箫和，管籥发猛，埙篪翁博，瑟易良，琴妇好，歌清尽，舞意天道兼。鼓，其乐之君邪！故鼓似天，钟似地，磬似水，竽笙、箫和、管籥似星辰日月，鼗、柷、拊、鞷、椌、楬似万物。曷以知舞之意？曰：目不自见，耳不自闻也，然而治俯仰、诎信、进退、迟速莫不廉制，尽筋骨之力以要钟鼓俯会之节，而靡有悖逆者，众积意謘謘乎！

---

① 王先谦：《荀子集解》卷一《修身篇》，第14页。
② 王先谦：《荀子集解》卷十三《礼论篇》，第231~232页。

>>> 社会的平民化变迁与儒学变化

> ……主人亲速宾及介,而众宾皆从之,至于门外,主人拜宾及介,而众宾皆入,贵贱之义别矣。三揖,至于阶;三让,以宾升。拜至献酬辞让之节繁。及介省矣。至于众宾,升受,坐祭,立饮,不酢而降。隆杀之义辨矣。工入升歌,三终主人献之;笙入,三终,主人献之;间歌,三终,合乐,三终,工告乐备,遂出。二人扬觯,乃立司正。焉知其能和乐而不流也。宾酬主人,主人酬介,介酬众宾,少长以齿,终于沃洗者焉,知其能弟长而无遗也。降,说屦,升坐,修爵无数。饮酒之节,朝不废朝,莫不废夕。宾出,主人拜送,节文终遂。①

荀子注重礼乐器具和步骤的规范、细致,强调礼乐的典雅、华丽,要以礼仪培养人们贵族化的精神气质和行为风格,然而在陆贾笔下却没有这样的内容。在汉初,陆贾所面对的是一个平民化成为时代特征的时期,在这样一个时期里,平民意识、游民意识凸显,具贵族文化气息的思想观念难以找到市场,故陆贾并不发挥荀子关于培育贵族涵养的相关思想,相反他要求:

> 圣人不贵寡,而世人贱众,五谷养性,而弃之于地,珠玉无用,而宝之于身。圣人不用珠玉而宝其身,故舜弃黄金于崭岩之山,捐珠玉于五湖之渊,将以杜淫邪之欲,绝琦玮之情。②

因此陆贾全然没有如荀子所致力倡导的食饮、衣服、居处等方面的等级规范,对等级制的礼仪设计毫不顾及,甚至说:

> 君子远荧荧之色,放铮铮之声,绝恬美之味,疏嗌呕之情。③
> 夫怀璧玉,要环佩,服名宝,藏珍怪,玉斗酌酒,金罍刻镂,所以夸小人之目者也;高台百仞,金城文画,所以疲百姓之力者也。故圣人卑宫室而高道德,恶衣服而勤仁义,不损其行,以好其容,不亏其德,以饰其身,国不兴不事之功,家不藏不用之器,所以稀力役而省贡献也。璧玉珠玑,不御于上,则玩好之物弃于下;彫琢刻画之类,不纳于君,则淫伎曲巧绝于下。④

由上可见,虽然在上文中我们谈到,荀子在儒家思想中加入了浸润平民文

---

① 王先谦:《荀子集解》卷十四《乐论篇》,第256页。
② 王利器撰《新语校注》卷上《术事》,第39页。
③ 王利器撰《新语校注》卷上《辅政》,第55页。
④ 王利器撰《新语校注》卷下《本行》,第149页。

化性格的思想因素，但在荀子那里，荀子仍倡导通过贵族性的器物、用具、仪态的讲究，练就一种彬彬有礼的人格风范和精神气质；相反，陆贾则全然不提贵族性的器物、用具、仪态的讲究。陆贾之学源于荀子，但荀子在这方面的思想完全没有进入他的视野，与此相反，陆贾的理论反而有颇类似平民性格极强的墨家崇善俭朴之特点，正如清初学者钱鹤滩所论："陆贾所论，多崇俭尚静。"① 因此在这个方面，我们也看到，在荀子削弱孔孟儒学贵族文化性格的方向上，陆贾又往前迈进了一步。

第三节　陆贾思想中的黄老因素与平民文化性格成分的极致化

本书《上篇》指汉初伊始社会为一平民化社会时，特别着意于当时的上层社会总体上仍保留着其原有的平民、游民习性这一情形。陆贾除有上述循自荀学而提出的见解外，还不乏迎合当时平民政府成员思想意识的另一些主张，平民、游民意识同黄老"清静无为"思想能相接榫，故陆贾也将"无为"思想纳入其学说之中，陆贾的《新语·无为》言：

> 道莫大于无为，行莫大于谨敬。②

这里，陆贾提到"道莫大于无为"，以"无为"为道的特点。"无为"之语首出老子，《黄帝四经》亦竭力重申，《黄帝四经·经法·道法》说："故执道者之观于天下殹（也），无执殹（也），无处也，无为殹（也），无私殹（也）。"③ 陆贾讲"无为"正与老子、《黄帝四经》的思想契合。

《新语·无为》又说：

> 昔舜治天下也，弹五弦之琴，歌《南风》之诗，寂若无治国之意，漠若无忧天下之心，然而天下大治。④

这个思想与老子的"不尚贤，使民不争"⑤，"为无为，事无事"⑥ 颇类似。

---

① 王利器撰《新语校注》卷上《术事》篇名注，第37页。
② 王利器撰《新语校注》卷上《无为》，第59页。
③ 《经法·道法》，引自马王堆汉墓帛书整理小组编《马王堆汉墓帛书 经法》，第2页。
④ 王利器撰《新语校注》卷上《无为》，第59页。
⑤ 王弼：《老子道德经注》第三章，第2页。
⑥ 王弼：《老子道德经注》第六十三章，第38页。

《新语·无为》接着还说：

> 周公制作礼乐，郊天地，望山川，师旅不设，刑格法悬，而四海之内，奉供来臻，越裳之君，重译来朝。故无为者乃有为也。①

显然，这里提出"无为者乃有为"与老子"无为无不为"颇有渊源关系。

陆贾还展示了更具体的理想社会场景：

> 是以君子之为治也，块然若无事，寂然若无声，官府若无吏，亭落若无民，闾里不讼于巷，老幼不愁于庭，近者无所议，远者无所听，邮无夜行之卒，乡无夜招之征，犬不夜吠，鸡无夜鸣，耆老甘味于堂，丁男耕耘于野……②

这个说法如同老子所言："我无为，人自化；我好静，人自正；我无事，人自富；我无欲，人自朴。"③ 亦如《黄帝四经·十六经·顺道》所谓："是我俞（愈）静。〇事恒自包（施），是我无为。静翳不动，来自至，去自住。"④ 陆贾所欣赏的这个理想社会方案亦与老子以及《黄帝四经》中的思想相符。

陆贾思想除了以上部分与黄老思想颇为相似外，我们还能看到散见于陆贾《新语》中的一些思想也有黄老的痕迹，如在《思务篇》中他直接引老子"上德不德"⑤ 一语。老子曾言"信言不美，美言不信"⑥，陆贾则说"谗言似贤，美言似信"⑦，这里的文辞、语义皆类老子。老子又说："柔弱胜刚强。"⑧ 陆贾则进一步发挥其意，称："怀刚者久而缺，持柔者久而长，躁疾者为厥连，退重者为常存，尚勇者为悔近，温厚者行宽舒，怀急促者必有所亏，柔懦者制刚强。"⑨

前文曾言，朴素意识体现出平民风格，而陆贾竟接过老子遗风，直接

---

① 王利器撰《新语校注》卷上《无为》，第59页。
② 王利器撰《新语校注》卷下《至德》，第118页。
③ 王弼：《老子道德经注》五十七章，第35页。
④ 《黄帝四经·十六经·顺道》，引自马王堆汉墓帛书整理小组编《马王堆汉墓帛书 经法》，第88页。
⑤ 王利器撰《新语校注》卷下《思务》，第168页。"上德不德"原见王弼：《老子道德经注》三十八章，第23页。
⑥ 王弼：《老子道德经注》八十一章，第47页。
⑦ 王利器撰《新语校注》卷上《辅政》，第55页。
⑧ 王弼：《老子道德经注》二十六章，第21页。
⑨ 王利器撰《新语校注》卷上《辅政》，第53页。

第二章 陆贾儒学：儒学平民性格成分的极致化

表达这种朴素意识，老子说："见素抱朴。"① 陆贾则说："不违天时，不夺物性，不藏其情，不匿其诈。"② 又说："朴质者近忠，便巧者近亡。"③

邢昺对陆贾之语评论说："……所以无为者，以其任官得人。夫舜何必有为哉？但恭敬己身，正南面向明而已。""此篇即阐发无为而不为之旨，汉初清静无为之治，盖陆氏为之导夫先路矣。"④ 邢昺对《无为》篇中显示的黄老思想因素体会颇深，不过，不止是《无为》篇，黄老思想其实也弥漫在陆贾《新语》的其他篇章之中。另外，邢昺虽然注意到陆贾思想的黄老色彩，但他没有看到平民化时代背景下的时代思潮对陆贾思想形成的直接影响。其实，正如我们在上篇中所说，平民的朴素性使得平民无法注重礼乐，不在意文化价值，故黄老之说能投合平民、游民思想情绪，这是催生汉初黄老之说流行的重要原因。作为儒家的陆贾，其思想中亦有同黄老一致的这些观念，相比之下，荀子则绝无此种观念，由此，我们不能不说，陆贾虽然是一个儒者，但在汉初伊始平民化的社会大势左右下，他完全被平民化的时代气息浸染了。

至此，我们对陆贾思想加以总结。

学者李存山先生曾认为："陆贾的哲学思想初步形成了一个体系，此体系可以冠之以'内圣外王'，'天人合策'。"" '内圣外王'是强调治理天下以道德修养为本，'天人合策'则主要是为儒家的道德哲学和政治理论提供哲学依据。"⑤ 结合前文对陆贾思想的分析，我们认为：第一，相对于修身之说，"治""平"的问题显然是陆贾关注的重点，不是关注"内圣"，而是回应当时平民化社会的具体现实以解决"外王"问题，这构成陆贾之说的基本特征。第二，陆贾言"天人合策"，由天道推人道，给"礼"附上了形上根据，但这是借《易传》的观点而引申出的一般说法，⑥ 并不是他着力强调的，因之，以"内圣外王""天人合策"概括陆贾的思想体系未为至论。联系到荀子之学，我们认为，陆贾学说是荀子儒学在汉初因应时代的推进，它体现了在汉初伊始这样一个平民性凸显的特殊历史

---

① 王弼：《老子道德经注》第十九章，第10页。
② 王利器撰《新语校注》卷上《道基》，第6页。
③ 王利器撰《新语校注》卷上《辅政》，第54页。
④ 王利器撰《新语校注》卷上《无为》篇名注，第59页。
⑤ 李存山：《秦后第一儒——陆贾》，《孔子研究》1992年第3期。
⑥ 徐复观也说："他虽然把人道王道与天道扣上关系，这只是顺着当时一般学术风气而言。"见氏著《两汉思想史》（卷二），第97页。

时期，儒家人物思想中的平民文化性格成分的增强。首先，陆贾承接荀子思想而来的注重法、势和尊君这样一些浸润平民化思想因素的理论内容，压缩了以往儒学中的贵族化思想的空间，显示出对儒家原有的贵族文化性格的弱化；其次，陆贾认可了荀子的性恶观点，彰显出其学说重"求生意志"的平民性格，而且在对"礼"的理解上，陆贾接续荀子的注重"礼"的工具性意义的思想特色，又去除了荀子试图通过对贵族性的器物、用具、仪态的讲究，从而练就一种彬彬有礼的人格风范和精神气质的这样一种主张，显示出他在给儒家添加平民文化性格的做法上已经走得很远；最后，也最为显著的是，作为儒家的陆贾居然亦有同黄老一致的若干观念，完全显示出一种平民阶级的朴素性格。由此，我们可以认为，陆贾给儒学添加的平民文化性格成分已经达到了极致的程度。

第三章 贾谊儒学：承接荀、陆之学与贵族性格思想因素的重拾

贾谊进行思想活动的年代主要处于汉初第二代统治者执政期间。《汉书》记贾谊经历颇详：

> 贾谊，雒阳人也，年十八，以能诵诗书属文称于郡中。河南守吴公闻其秀材，召置门下，甚幸爱。文帝初立，闻河南守吴公治平为天下第一，故与李斯同邑，而尝学事焉，征以为廷尉。廷尉乃言谊年少，颇通诸家之书。文帝召以为博士。
>
> 是时，谊年二十余，最为少。每诏令议下，诸老先生未能言，谊尽为之对，人人各如其意所出。诸生于是以为能。文帝说之，超迁，岁中至太中大夫。
>
> 谊以为汉兴二十余年，天下和洽，宜当改正朔，易服色制度，定官名，兴礼乐。乃草具其仪法，色上黄，数用五，为官名悉更，奏之。文帝廉让未皇也。然诸法令所更定，及列侯就国，其说皆谊发之。于是天子议以谊任公卿之位。绛、灌、东阳侯、冯敬之属尽害之，乃毁谊曰："雒阳之人年少初学，专欲擅权，纷乱诸事。"于是天子后亦疏之，不用其议，以谊为长沙王太傅。
>
> ……后岁余，文帝思谊，征之。至，入见，上方受釐，坐宣室。上因感鬼神事，而问鬼神之本。谊具道所以然之故。至夜半，文帝前席。即罢，曰："吾久不见贾生，自以为过之，今不及也。"乃拜谊为梁怀王太傅。怀王，上少子，爱，而好书，故令谊傅之，数问以得失。
>
> ……梁王胜坠马死，谊自伤为傅无状，常哭泣，后岁余，亦死。贾生之死，年三十三矣。①

文帝元年，经吴公推荐，贾谊被文帝招为博士。入朝后，贾谊对文帝一朝的大政方针建言颇多，深受文帝赏识和器重，然亦因此为平民性格的功勋旧臣所排斥，时逢当时王朝中的平民气息尚存，文帝不能不将其外放长沙，

---

① 《汉书》卷四十八《贾谊传》，第 2221～2263 页。

为长沙王太傅，此后，虽贾谊历经宦海沉浮，但对现实问题的兴趣依然不减。

从当时的代际变化看，贾谊是处在汉王朝第二代登上社会舞台的时期，在社会上层，原先的平民化气息尚存，但新一代贵族也开始崭露头角，文帝一朝，实力强大如"绛、灌、东阳侯、冯敬之属"的刘邦创业集团成员仍拥有极大的影响力。这种新旧交替的时代背景，一方面，使得贾谊儒学脱不掉以往具平民文化性格的思想因素，另一方面，贾谊儒学也开始摆脱平民化思想风格，他的学说中重新引入了许多贵族性思想因素。

第一节 贾谊对荀、陆平民文化性格思想因素的存续

在汉初伊始，社会结构上的平民性特征影响着陆贾的基本思想面貌，接续荀子的路数，陆贾在自己的学说里添加了平民文化性格的思想成分，陆贾之后，社会结构上依然显著的平民性特征使得这些思想因素仍具有应时性，密切注视现实社会的贾谊即成为承接荀、陆之说的思想学人。①

冯友兰先生曾指出贾谊是"接着荀况讲"②的，他把贾谊"接着荀况讲"的内容归结为两方面："礼的理论……是地主阶级的功利主义，在这一方面，他同荀况是一致的。贾谊认为'礼'不是人生来就知道的，是学来的。"③冯先生称贾谊的礼的理论是"功利主义"的，这一总结是中肯的。荀子视礼为操作工具，认为礼的意义在于它能制"欲"，使"贵贱有等，长幼有差，贫富轻重皆有称者"④，继之而后的陆贾也以为"民知轻重"，他们呈现"好利恶难"的情性，因此如同荀子一样，认为他们需要礼义的整饬以弥补法刑之不足。相形之下，贾谊虽然没有像荀子、陆贾那

---

① 在思想渊源上，贾谊同荀子的关联也是有迹可寻的。就《史记》的记载看，李斯曾得荀子亲授，而吴公是李斯的同乡和学生，贾谊十八岁被吴公"招置门下"，在此了解荀子学说是极有可能的；又据陆德明《经典释文·序录》所记《春秋左氏传》的传授谱系，其中有："（荀）况传武威张苍，苍传洛阳贾谊。"（陆德明《经典释文·序录》，第13页）按此，贾谊是荀子的再传弟子。我们再从文本上将《荀子》和《新书》两部著作相对照，两书的篇名，有一些是相同的，两部著作都有《劝学》和《君道》，《荀子》有《礼论》，《新书》则有《礼》，《劝学》和《礼论》又正是代表荀子思想的重要文篇。此外，侯外庐先生还说："贾谊的《治安策》在形式上就有荀子《富国》、《议兵》等篇的结构。"见侯外庐等《中国思想通史》（第2卷），第66页。
② 冯友兰：《中国哲学史新编》（第3册），第26页。
③ 冯友兰：《中国哲学史新编》（第3册），第26页。
④ 王先谦：《荀子集解》卷十三《礼论篇》，第231页。

第三章 贾谊儒学：承接荀、陆之学与贵族性格思想因素的重拾

样以历史主义的立场推究礼的起源，但他亦称，"夫胡越之人，生而同声，嗜欲不异"①，以为人生而有"嗜欲"，故贾谊坚持"礼者，所以守尊卑之经、强弱之称者也"②，要求迅速建立等级分明的礼制。贾谊把礼的根据建立在人有"嗜欲"的理论基点上，这说明贾谊的人性学说依然延续着荀、陆的平民文化性格。同时，贾谊突出礼的工具性本质，要求借具规范性意义的"礼"整合一个平民化的社会，在这一点上，贾谊同荀子、陆贾也无二致。③

孔孟由仁义说礼，荀、陆则由礼出发论仁义之德，贾谊同荀、陆一样认为仁义之德服从于礼的规范。贾谊《新书·礼》说："道德仁义，非礼不成。"④ 清人刘台拱注《礼记·曲礼》同语曰："礼者，道德之品节，仁义之等级。循礼，则斯四者无过不及之偏。成，犹裁成。"⑤ 此解甚确。贾谊认为，礼是规定着仁义的，不仅如此，它包含着仁义之德，所以他的《新书·礼》说："故礼者，所以恤下也。""故礼，国有饥人，人主不飧；国有冻人，人主不裘；报囚之日，人主不举乐……夫忧民之忧者，民必忧其忧。"⑥ 总之，贾谊的这些说法同荀、陆以礼为"仁义"的"经纬蹊径"的见解是一致的。

贾谊学说中有不少法家思想因素，以致金春峰先生对贾谊思想有这样的评价："贾谊所表现的是荀子融合儒法为一的新儒家思想。"⑦ 贾谊学说的这一特点是当时社会结构上依然显著的平民性特征使然。因应整饬平民化特征社会的要求，荀、陆对法家"法""刑"以及与之关联的尊君、重势的思想都有所吸收，荀、陆的这些主张在贾谊的时代依然有应时性，故贾谊将他们曾论及的这些思想点接受下来，并有所发挥。对贾谊的相关论点，我们作如下分述。

---

① 《新书·保傅》，王洲明、徐超校注《贾谊集校注》，第195页。
② 《新书·礼》，王洲明、徐超校注《贾谊集校注》，第215页。
③ 贾谊早年作有《道术》《六术》和《道德说》三篇文章，其中《六术》篇说到礼和仁、义、智、信、乐，称它们为"六行"，并以形上的"德"作为这些具体的伦理法则的存在根据。按徐复观先生的看法，这三篇文章是"对儒道两家思想加以结合，甚至是将儒道法三家思想加以结合，以形成由形上到形下的哲学系统"。（徐复观：《两汉思想史》，卷二，第1153页）从内容上看，三篇文章尚没有触及现实政治，是贾谊早年的作品，它们显示了贾谊早期思想的纯学术意味，在后来表现贾谊礼治思想的《礼》和其他一系列政论文篇里已经看不出这些思想了。
④ 王洲明、徐超校注《贾谊集校注》，第213页。
⑤ 朱彬撰《礼记训纂》卷一《曲礼上》文后注，中华书局，第5页。
⑥ 王洲明、徐超校注《贾谊集校注》，第218、219页。
⑦ 金春峰：《汉代思想史》，第97页。

第一，肯定法刑。

贾谊吸收了法家肯定法治和刑罚的思想。他说：

> 先王知壅蔽之伤国也，故置公卿、大夫、士，以饰法设刑而天下治。其强也，禁暴诛乱而天下服；其弱也，五霸征而诸侯从；其削也，内守外附而社稷存。①

贾谊为"饰法设刑"合理性找来做根据的是"先王"，贾谊认为依靠"饰法设刑"的统治人物，其上者可收"禁暴诛乱而天下服"之效，其次者可以成"五霸征而诸侯从"之功，其下者亦可以保证"内守外附而社稷存"之结果。

贾谊不否定法、刑，同时又主张儒家的"礼"，这样一来，贾谊便不能不衡量"礼"和"法"两者孰轻孰重。对此，贾谊言：

> 凡人之智，能见已然，不能见将然。夫礼者禁于将然之前，而法者禁于已然之后。②

贾谊对"礼"和"法"进行了分工，认为前者用于防患于未然，而后者禁恶于已然。儒家好用古代圣人的言行为己张目，故他接着说："若夫庆赏以劝善，刑罚以惩恶，先王执此之政，坚如金石，行此之令，信如四时，据此之公，无私如天地岂顾不用哉？"③ 以"先王"之名为其观点佐证。贾谊提醒政治人物对"礼"和"法"倚仗的程度应有不同，他比喻称：

> 仁义厚恩，人主之芒刃也；权势法制，人主之斧斤也。④

贾谊主张以法刑来保障礼治的实施，使法治与礼治相接相济。金春峰从儒法思想融合的角度谈论贾谊对法家思想因素的吸收时亦言："当他强调礼的时候，礼是和法制、威严结合的。当他强调法的时候，又总是把法和仁爱情谊结合起来。"⑤ 王夫之则直接断言："谊之为学……任法任智。""斯其为言，去李斯之言无几，何也？以法术制天下，而怙以恬

---

① 《新书·过秦下》，王洲明、徐超校注《贾谊集校注》，第20页。
② 《汉书》卷四十八《贾谊传》，第2252页。
③ 《汉书》卷四十八《贾谊传》，第2252页。
④ 《新书·制不定》，王洲明、徐超校注《贾谊集校注》，第66页。
⑤ 金春峰：《汉代思想史》，第97页。

第三章 贾谊儒学：承接荀、陆之学与贵族性格思想因素的重拾

嬉，则其法虽异于秦之法，而无本以立威于末，劳天下而以自豫，其能以是一朝居乎……文帝而胡亥，谊虽欲自异于李斯也不能。"①

第二，重势。

贾谊也强调"势"在政治统治中的重要性。在《新书·审微》中，贾谊结合汉初的政情指出：

> 彼人也，登高则望，临深则窥。人之性非窥且望也，势使然也。②

常人之所以登高则望，临深则窥，并不由人的天性决定，而且是由势的变化所造成。这就是，势足以决定人的行为和选择。故贾谊又说：

> 诸侯势足以专制，力足以行逆，虽令冠处女，勿谓无敢；势不足以专制，力不足以行逆，虽生夏育，有仇雠之怨，犹之无伤也。③

当诸侯握有足以专权之"势"，力量足以行逆的时候，即使是弱女子也敢专制行逆。反之，当诸侯不具备专权之"势"，力量无足以行逆的时候，即便是夏育那样的勇士，身怀仇怨，都不足以造成伤害。所以贾谊特别强调君主对"势"的掌握。贾谊规劝文帝削藩就以此为据：

> 窃迹前事，大抵强者先反：淮阴王楚，最强，则最先反；韩王信倚胡，则又反；贯高因赵资，则又反；陈豨兵精强，则又反；彭越用梁，则又反；黥布用淮南，则又反；卢绾国北最弱，则最后反。长沙乃才二万五千户耳，力不足以行逆，则少功而最完，势疏而最忠，全骨肉。时长沙无故者，非独性异人也，其形势然矣。
>
> 囊令樊、郦、绛、灌据数十城而王，今虽以残亡可也；令韩信、黥布、彭越之伦为彻侯而居，虽至今存可也。然则天下大计可知已：欲诸王皆忠附，则莫若令如长沙；欲勿令菹醢，则莫若令如樊、郦、绛、灌；欲天下之治安，天子之无忧，莫如众建诸侯而少其力。力少则易使以义，国小则无邪心。④

贾谊这段文字指出的是，实力的强弱，亦即"形势"，直接决定着诸侯

---

① 王夫之：《读通鉴论》，中华书局，1975，第78页。
② 王洲明、徐超校注《贾谊集校注》，第68页。
③ 《新书·权重》，王洲明、徐超校注《贾谊集校注》，第56页。
④ 《新书·藩强》，王洲明、徐超校注《贾谊集校注》，第35~37页。

国反叛或效忠与否，乃至于反叛的迟早，在他看来，淮阴侯韩信做了楚王，势最强，故最先反叛；韩王信倚靠匈奴；贯高有赵国资助；陈豨兵精；彭越凭梁王实力；黥布则以淮南王的条件，都先后反叛。卢绾最弱，所以最后反叛。长沙王的封地只有二万五千户，功劳少但最为完好，同皇族关系疏远，却最忠顺，此乃"势"造成。上面这段话可以看成是贾谊论"势"最生动、最现实的例子。

贾谊如此看待"势"，所以他要求统治者建立起"势"，以保证统治的持续。在《新书·服疑》中贾谊谈道：

> 等级既设，各处其检，人循其度……是以天下见其服而知贵贱，望其章而知其势，使人定其心，各著其目。①

贾谊是要建立明确的等级制度，通过服饰旗章的差别使人们"见其服而知贵贱，望其章而知其势"，使"势"外在化、形象化，以利于实现社会统治。

贾谊把"势"同"礼"结合起来，他声称："尊卑大小，强弱有位，礼之数也。"② 对此，有论者言："这个'礼之数'是他（指贾谊——笔者注）首创的，传统的礼没有大小、强弱。强弱是势，大小是数；而数只是势的度量。大小、强弱都是势的内容……"③ 他的礼必须讲势。所以，他在《新书·制不定》说："……势已定，权已足矣，乃以仁义恩厚因而泽之。"

第三，尊君。④

贾谊接受法家的尊君卑臣观念，他主张强化社会等级，他认可的礼制有如此要求：

> 人主之尊，辟无异堂。陛九级者，堂高大几六尺矣。若堂无陛级者，堂高殆不过尺矣。天子如堂，群臣如陛，众庶如地，此其辟也。故堂之上，廉远地则堂高，近地则堂卑。高者难攀，卑者易陵，理势然也。故古者圣王制为列等，内有公卿、大夫、士，外有公、侯、伯、子、男，然后有官师、小吏，施及庶人，等级分明，而天

---

① 王洲明、徐超校注《贾谊集校注》，第48页。
② 《新书·礼》，王洲明、徐超校注《贾谊集校注》，第215页。
③ 于传波：《试论贾谊的思想体系》，《中国哲学史研究》1987年第3期。
④ 王洲明、徐超校注《贾谊集校注》，第66页。

第三章 贾谊儒学：承接荀、陆之学与贵族性格思想因素的重拾

子加焉，故其尊不可及也。①

这里，严格的等级制带来君与臣在地位上的绝对差别，君主享有至上的地位，而臣则势处卑下。《新书·服疑》里贾谊更言："尊卑已著，上下已分，则人伦法矣。于是主之与臣，若日之与星，臣不几可以疑主，贱不几可以冒贵。下不凌等，则上位尊；臣不逾级，则主位安；谨守伦纪，则乱无由生。"② 君之尊通过臣之卑而彰显，非卑臣无以见君之尊，要人为地制造一种"势"，使天子其尊不可及。在这里，"尊君卑臣"的观念被贾谊表达得非常清楚。③

贾谊同荀子和陆贾一样，承接了由荀子思想而来的法、势和尊君这样一些浸润平民化思想因素的理论内容，因此可以说，贾谊压缩了以往儒学中的贵族化思想的空间，同样显示出对儒家原有的贵族文化性格的弱化。而且我们看到，在强调法、势和尊君三个方面上，贾谊比起荀子和陆贾是走得更远的，以致离他生活年代不远的司马迁要说，"贾生、晁错明申商"④，司马迁没有说到荀子和陆贾"明申商"，单以此评价贾谊，这也足以说明在贾谊的学说里平民意识的思想因素是依然存续的。

不过，如果我们再比较陆贾、贾谊的思想，那么在贾谊那里，已经没有了陆贾那样清静无为的一些极富平民色彩的黄老道家思想要素。这似乎显示出汉初思想演进中出现了新的情况和新的势头——儒学从战国以来就不断增加的平民化色彩在贾谊这里终于开始褪色。

---

① 《新书·阶级》，王洲明、徐超校注《贾谊集校注》，第75页。
② 王洲明、徐超校注《贾谊集校注》，第49~50页。
③ 徐复观先生的一个论点值得讨论，徐先生以为："贾生为了巩固天下的统一，而把皇帝推尊得至高无上，但在他的官制中，却从道德、政治原则、才能法制等方面，把政权安放在集体的有机体中去运行，决不许人君以个人的意志随意加以干犯……"见氏著《两汉思想史》（卷二），第133页。由此，他得出这样的结论：贾谊"由巩固皇权专制，而消解皇权专制"，见氏著《两汉思想史》（卷二），第109页。徐复观立言的主要根据是《新书·官人》篇中贾谊对理想官制的表达，贾谊提到："王者官人有六等，一曰师，二曰友……"被称为"师"和"友"的这两种"官人"地位颇高。对这样的"官人"，贾谊主张，君应分别"取师之礼，黜位而朝之"，"取友之礼，以身先之"，他们与皇帝之间构成一种相对性关系，君的地位在这里不是绝对的。笔者认为，在主尊君卑臣的同时，贾谊也流露出孔孟儒学以相对性伦理关系看待君臣关系的思想，但前者着眼于现实，后者则是心存理想。所以，与其说贾谊"由巩固皇权专制，而消解皇权专制"，不如说，为了使政治操作更具有可行性，贾谊接受了法家的思想立场。
④ 《史记》卷一百三十《太史公自序》，第3319页。

第二节　贾谊重拾儒学的贵族思想因素

虽然陆贾和贾谊都处于汉初前期，但细论起来，陆贾立说是在汉初政权乍建，在平民王朝的第一代统治者执政期间，而贾谊却是于王朝建立二十多年后，新一代上层人物开始兴起的背景下提出思想学说的。贾谊构作思想之时，新一代上层社会成员已经开始了迈向贵族化的进程，社会结构的这种变动促成儒学思想面貌的微妙改变。对比陆贾和贾谊，在整体特征上，两人的思想有一致之处，正如前文所谓，两人都承接了法、势和尊君这样一些体现出平民化时代背景的思想内容，但在对待黄老清静无为观念这一点上，贾谊也不像陆贾那样加以吸收。此外，两者相差更大的是，贾谊与时俱进地发展了汉初儒家之说，他已开始重新拾回一些贵族化的思想因素。

一

陆贾曾说，"怀璧玉，腰环佩，服名宝，藏珍怪，玉斗酌酒，金罍刻镂，所以夸小人之目者也；高台百仞，金城文画，所以疲百姓之力也……国不兴无用之功，家不藏无用之器"，陆贾这种崇尚实用、讲求简朴的思想倾向其实是平民阶级行为风格的反映。在贾谊那里，这一类反映平民阶级思想风范的内容已经见不到了，相反，贾谊竭力提倡社会不同等级应有各种次第不同的衣饰、器具等配置，他说：

> 制服之道，取至适至和以予民，至美至神进之帝。奇服文章，以等上下而差贵贱。是以高下异，则名号异，则权力异，则事势异，则旗张异，则符瑞异，则礼宠异，则秩禄异，则冠履异，则衣带异，则环佩异，则车马异，则妻妾异，则泽厚异，则宫室异，则床席异，则器皿异，则饮食异，则祭祀异，则死丧异。故高则此品周高，下则此品周下。[①]

按贾谊的这个说法，华丽、名贵的衣饰、器具和排场等不必被一概拒绝，反而应当被加以施用。贾谊罗列的这些差异是礼在器物层面上的体现，他更以赞美的语调描绘古代礼仪齐整、风范俱足的君王：

> 古者圣王居有法则，动有文章，位执戒辅，鸣玉以行。鸣玉者，

[①] 《新书·服疑》，王洲明、徐超校注《贾谊集校注》，第48页。

第三章 贾谊儒学：承接荀、陆之学与贵族性格思想因素的重拾

佩玉也，上有双珩，下有双璜，冲牙玭珠，以纳其间，琚瑀以杂之。行以《采荠》，趋以《肆夏》，步中规，折中矩。登车则马行而鸾鸣，鸾鸣而和应，声曰和，和则敬。故《诗》曰："和鸾雍雍，万福攸同。"言动以纪度，则万福之所聚也。①

贾谊指出，古代圣明君王居处有法度，行动有礼乐仪式，位次有定，防备有辅。他们行走时佩带玉饰，其佩带的玉饰，上边有双珩，下边有双璜，中间佩带有衡牙的玭珠，又杂有琚瑀。乐是不可少的，行走时奏《采荠》之乐，快行时奏《肆夏》之章，他们步伐合乎规则，转身也合乎规矩，乘车则马铃铛齐鸣，他们的举动皆按照法度。

除了注意器物层面外，贾谊对礼乐仪规也有更进一步体味。我们看看贾谊的《容经》里的下列文句：

志有四兴：朝迁之志，渊然清以严；祭祀之志，愉然思以和；军旅之志，怫然愠然精以厉；丧纪之志，漻然憗然忧以湫。四志形中，四色发外。维如。

志色之经

容有四起：朝廷之容，师师然翼翼然整以敬；祭礼之容，遂遂然粥粥然敬以婉；军旅之容，湢然肃然固以猛；丧纪之容，怊然慑然若不还。

容经

视有四则：朝廷之视，端流平衡；祭祀之视，视如有将；军旅之视，固植虎张；丧纪之视，下流垂纲。

视经

言有四术：言敬以和，朝廷之言也；文言有序，祭祀之言也；屏气折声，军旅之言也；言若不足，丧纪之言也。

言经

固颐正视，平肩正背，臂如抱鼓，足间二寸，端面摄缨，端股整足。体不摇肘曰经立，因以微磬曰共立，因以磬折曰肃立，因以垂佩曰卑立。

立容

坐以经立之容，胕不差而足不跌。视平衡，曰经坐；微俯视尊者之膝，曰共坐；俯首视不出寻常之内，曰肃坐；废首低肘，曰卑坐。

---

① 《新书·容经》，王洲明、徐超校注《贾谊集校注》，第237页。

> 社会的平民化变迁与儒学变化

　　坐容
　　行以微磬之容,臂不摇掉,肩不上下,身似不则,从容而任。
　　行容
　　趋以微磬之容,飘然翼然,肩状若流,足如射箭。
　　趋容
　　旋以微磬之容,其始动也,穆如惊倏;其固复也,旄如濯丝。
　　跸旋之容
　　跪以微磬之容,揄右而下,进左而起,手有抑扬,各尊其纪。
　　跪容
　　拜以磬折之容,吉事上左,凶事上右,随前以举,项衡以下,宁速无迟,背项之状如屋之丘。
　　拜容
　　拜而未起。
　　伏容
　　坐乘以经坐之容,手抚式,视五旅,欲无顾,顾不过轂。小礼动,中礼式,大礼下。
　　坐车之容
　　立乘以经立之容,右持绥而左臂诎,存剑之纬,欲无顾,顾不过轂。小礼据,中礼式,大礼下。
　　立车之容
　　礼,介者不拜,兵车不式,不顾不言。反抑式以应武容也。
　　兵车之容
　　若夫立而跋,坐而蹁,体怠懈,志骄傲,躁视数顾,容色不比,动静不以度,妄咳唾,疾言,嗟气不顺,皆禁也。①

贾谊严格规范人们行礼时的心态仪容,贾谊首先强调"志有四兴",这其实就是从内在心志层面来整饬礼,以期使礼真正根植于人之内心。所以他提出志向有四种表现形式:在朝堂为官的心志,深沉清淡而威严;在庙堂祭祀的心志,愉悦深思而和气;在军旅立功的心志,愤慨精明而激昂;在临身丧事的心志,悲切哀痛而忧伤。贾谊以为内在的志可以通过色表现为外在之容,故四种心志成于内,才会有合宜的形色表现于外,"是以观其容,而知其

---

① 《新书·容经》,王渊明、徐超校注《贾谊集校注》,第225~235页。

第三章 贾谊儒学：承接荀、陆之学与贵族性格思想因素的重拾

心"①，避免礼流于形式化和表面化。为此在《容经》里对"志色之经""容经""视经""言经""立容""坐容""跘旋之容""跪容""拜容""伏容""坐车之容""立车之容""兵车之容"等论列精细。

《容经》指出对在朝堂为官、在庙堂祭祀、在军旅立功、在临身丧事者也对应有四种不同的仪容：朝堂为官时的容仪，是威严恭顺整饬而敬慎；庙堂祭祀时的容仪，是庄重严肃敬重而和婉；置身军旅时的容仪，是威风凛然坚固而勇猛；临身丧事时的容仪，悲恸恐惧，如一去不复返。

《视经》是说"视"有四种原则：朝堂为官时目光要端正平静；庙堂祭祀时目光好似是有所请求；置身军旅时目光要坚定锐利；临身丧事时要眼睑下垂，目光下视。

《言经》是说说话有四种方法：言辞敬重平和，这是在朝廷上说话；文辞注重顺序，这是在祭祀时说话；屏声压低声音，这是在军队中说话；说话悲不胜言，这是在丧事中说话。

《立容》是对站立的姿势要求：下颌不动，目光平视，双肩放平，身背挺直，双臂像抱鼓一样下垂，双足相距二寸，面容端庄，大腿挺直，双足着地。根据不同的场合，站立的姿势分为四种：体不摇肘不动，称作直立；身体微微前曲，称作恭立；如磬般弯曲站立，称作肃立；像垂佩那样站立，称作卑立。

《坐容》是对坐的姿势要求：按直立那样的仪容，臂肘前后一致，脚不偏向一边。根据不同的场合，坐的姿势分为四种：目光平视不动，称作直坐；身体微微前倾，目视尊者膝盖，称作恭坐；仰着头，目光不朝远处看，称作肃坐；头下垂，肘低放，称作卑坐。

《行容》是对行走的姿势要求：要像磬一样微微前曲，双臂不摇摆，两肩平行不分上下，身体不朝一边倾斜，从从容容，自自在在。

《趋容》是对小步快行的姿势要求：身体像磬一样微微前曲，飘然潇洒，双肩似流水一样自然而然，双足像离弦之箭一样疾速。

《跘旋之容》是对身体盘旋的姿势要求：旋转时身体像磬一样微微前曲，刚开始转动时十分迅速，回复到原来的姿势时身体像洗过的丝般直立不动。

《跪容》是对跪的姿势要求：跪时身体像磬一样微微前曲，右腿前趋跪下，左腿跟着跪下，双手按下抬起，各自遵循其规则。

---

① 《新书·礼容语下》引《国语·周语下》中单襄公语，见王洲明、徐超校注《贾谊集校注》，第383页。

《拜容》是对拜的姿势要求：拜要像磬一样身体向前弯曲，吉事向左首拜，凶事向右首拜，随着身体前曲举手，颈项一直向下，宁肯快速，不能迟缓，背的姿势就像屋脊一样弯曲。

《伏容》是对伏的姿势要求。因通行本有脱文，所以无法见到贾谊的论述。

《坐车之容》是对坐车的姿势要求：坐在车上，按照直坐那种姿势，手扶着车前的扶手，目视骏马，不要四下看，看时目光不超过车轴，行小礼动一动身体，行中礼扶着扶手，行大礼要下车。

《立车之容》是对站立车上的姿势要求：站在车上，要按照直立的姿势，右手持挽手用的绳索，左臂弯曲，放在剑穗旁边，不要四下张望，看时目光不超过车轴，小的礼节据而不动，行中礼手扶车扶手，行大礼下车。

《兵车之容》是对乘坐兵车的姿势要求：按照礼的要求，身穿盔甲的武士不拜；兵车上不扶扶手低头示敬，不四下张望，不说话，反过身来背靠扶手，以显示武士的威风。

除了以上正面要求外，《礼容》还进一步从反面禁止行礼仪者在各方面可能出现的偏差：

> 若夫立而跂，坐而蹁，体怠懈，志骄傲，趑视数顾，容色不比，动静不以度，妄咳唾，疾言，嗟气不顺，皆禁也。

这就是说：站立跂起脚尖，坐着体态不正，身体疲惫松懈，表情骄纵傲慢，眼睛游离四顾，面容欠缺和顺，动静不依法度，肆意咳嗽吐痰，说话谈吐疾切，唉声嗟气不顺，都是要禁止的。

孔子谓"文质彬彬"，就强调了礼仪应在内心和外表两方面和谐一致，在《礼记》的《曲礼》《玉藻》等篇，以及在上海博物馆藏竹简《君子为礼》中也都记载了不少对先秦贵族礼容方面的要求，① 而《论语·乡党》中更生动记录了儒家思想创始人孔子本人视听言动、俯仰登降、揖让周旋、

---

① 徐少华著《论竹书〈君子为礼〉的思想内涵与特征》说："通竹书《君子为礼》的第二章主要记载了大夫'容礼'的若干细节，包括色容、目容、行容、足容等，以及在不同场合的不同容礼，如朝廷之容、祭祀之容的基本形态，与传世文献的有关记载可以相互补充、发微，对我们进一步认识先秦儒家'容礼'的内涵，提供了十分珍贵的新材料。"他还发现，贾谊《新书·容经》"讲'立容'要'平肩正背，臂如抱鼓'，'行容'要'臂不摇掉，肩不上下'，可与简文互相补充。"这说明贾谊这些思想有所本，《君子为礼》显现出先秦儒家思想的贵族化思想因素在贾谊这里被重拾。载《中国哲学史》2007年第2期。

第三章 贾谊儒学：承接荀、陆之学与贵族性格思想因素的重拾

寝食坐卧、一颦一笑莫不合乎礼仪的种种面貌，全方位展现了孔子本人温文尔雅的贵族风度。贾谊也如此在意礼，对行礼仪者从内心到外在形貌、动作、神态各个方面提出精益求精、无微不至的要求，强调人的一言一行，一举一动都应在心志、仪容、目视、言语方面取得相应的规范。贾谊学说的这样一番内容别有意味，普通平民是不可能有条件讲究贾谊所津津乐道的这些衣饰、器具、排场以及礼仪操持规范和礼容的，贾谊的论述重现了西周春秋之时的贵族风度，这种思想不仅陆贾完全没有，即使在荀子那里也未曾有见。

二

贵族阶级从孩提时代起就需要接受良好的教育，通过教育培育行为风范、成就理想人格，因此，推倡人文教育，引导品性陶冶，这是贵族文化的当然内容。贾谊除了刻意规范心志、仪容、目视、言语等由内心到外在的种种方面之外，也竭力要求上层社会有贵族化教育。《新书·容经》说：

> 古者年九岁入就小学，蹍小节焉，业小道焉；束发就大学，蹍大节焉，业大道焉。是以邪放非辟无因入之焉。谚曰："君子重袭，小人无由入；正人十倍，邪辟无由来。"古之人其谨于所近乎？《诗》曰："芃芃棫朴，薪之槱之。济济辟王，左右趋之。"此言左右日以善趋也。①

贾谊还不满足于"小学"开始的贵族化教育，他要追根究底地设计出贵族化教育的可行途径。为此，贾谊首先把贵族化教育溯及父母婚嫁之时，《新书·胎教》说：

> 《易》曰："正其本，而万物理，失之毫厘，差以千里"，故君子慎始。《春秋》之元，《诗》之关雎，《礼》之婚、冠，《易》之乾、坤，皆慎始敬终云尔。
>
> 素成，谨为子孙婚妻嫁女，必择孝悌世世有行义者。如是，则其子孙慈孝，不敢淫暴，党无不善，三族辅之。故凤凰生而有仁义之意，虎狼生而有贪戾之心，两者不等，各有其母。呜呼！戒之哉！②

---

① 王洲明、徐超校注《贾谊集校注》，第236页。
② 王洲明、徐超校注《贾谊集校注》，第387~388页。

贾谊重视父母的出身、修养等社会因素对后代的先天影响，他认为父母的选择，即婚妻嫁女对象的选择，直接影响到后代的发育成长及品性形成。因此，他认为，"子孙婚妻嫁女，必择孝悌世世有行义者"，依次而行，则其子孙慈孝，"不敢淫暴"，亲族的人都会辅佐他，亦即"凤凰生而有仁义之意，虎狼生而有贪戾之心"。

继而，贾谊又注意对腹中胎儿的调教，《新书·胎教》说：

> 青史氏之《记》曰："古者胎教之道，王后有身，七月而就蒌室。太师持铜而御户左，太宰持斗而御户右，太卜持蓍龟而御堂下，诸官皆以其职御于门内。比三月者，王后所求声音非礼乐，则太师抚乐而称不习；所求滋味者非正味，则太宰荷斗而不敢煎调，而曰不敢以侍王太子……"①

贾谊的胎教思想以君王之后为典型，以三代礼制为蓝本。贾谊指出，王后怀孕后，作为乐官之长的太师、负责饮食的太宰、负责卜筮的太卜等官员要各担其责。母亲怀孕七月以后，她的言行举动、情绪心境皆与胎儿的发育关系密切，所以，母亲在此阶段一定要保持良好的心态，耳听礼乐，味尝正味，不要喜怒无常，情绪波动，否则，对胎儿的发育将产生不良后果。"周妃后妊成王于身，立而不跛，坐而不差，笑而不喧，独处不倨，虽怒不骂，胎教之谓也。"②

经如此胎教之后，出胎的婴儿则进入下一贵族化教育阶段。对于出生的幼小太子，贾谊说：

> 古之王者，太子初生固举以礼，使士负之，有司斋肃端冕，见之南郊，见于天也。过阙则下，过庙则趋，孝子之道也。故自为赤子而教固已行矣。昔者周成王幼在襁褓之中，召公为太保，周公为太傅，太公为太师。保，保其身体；傅，傅之德义；师，道之教训，三公之职也。于是为之置三少，皆上大夫也，曰少保、少傅、少师，是与太子燕者也，故孩提有识。三公、三少固明孝仁礼义，以道习之，逐去邪人，不使见恶行。于是选天下之端士、孝悌博闻有道术者以卫翼之，使与太子居处出入。故太子初生而见正事，闻正言，行正道，左右前后皆正人也。习与正人居之，不能无正也，犹生长于齐之不能不齐言

---

① 王洲明、徐超校注《贾谊集校注》，第389页。
② 《新书·胎教》，王洲明、徐超校注《贾谊集校注》，第392页。

第三章 贾谊儒学：承接荀、陆之学与贵族性格思想因素的重拾

也；习与不正人之居之，不能无不正也，犹生长于楚之不能不楚言也。故择其所嗜，必先受业，乃得尝之；择其所乐，必先有习，乃得为之。孔子曰："少成若天性，习贯如自然。"①

在这里，贾谊强调幼儿出生伊始就要为其营造一个良好的外部环境，即幼儿接触的都是符合礼制要求的人和事，使其在耳闻目睹中受到感染。"太子初生固举以礼，使士负之，有司斋肃端冕，见之南郊，见于天也。过阙则下，过庙则趋，孝子之道也。故自为赤子而教固已行矣。"幼儿稍长，还当为太子遴选太保、太傅、太师及少保、少傅、少师，"保，保其身体；傅，傅之德义；师，道之教训"。对太子的教育职责由太保、太傅、太师及少保、少傅、少师等担任和完成，三者相辅相成，"故太子初生而见正事，闻正言，行正道，左右前后皆正人也"。对先期的贵族化教育，贾谊又强调应当适应儿童发育特点，采取兴趣教育，循循善诱，以期有良好收效，此即所谓"择其所嗜，必先受业，乃得尝之；择其所乐，必先有习，乃得为之"，贾谊认为，如果对幼儿不加以正确引导，可能对幼儿的健康成长产生不良后果。正如贾谊所谓："赵高傅胡亥而教之狱，所习非斩劓人，则夷人之三族也，故今日即位，明日射人，忠谏者谓之诽谤，深为之计之谓之妖言，其视杀人若艾草菅然。岂胡亥之性恶哉？"②

> 及太子少长，知好色，则入于学。学者，所学之官也。《学礼》曰："帝入东学，上亲而贵仁，则亲疏有序而恩相及矣。帝入南学，上齿而贵信，则长幼有差而民不诬矣；帝入西学，上贤而贵德，则圣智在位而功不遗矣；帝入北学，上贵而尊爵，则贵贱有等而下不逾矣。帝入太学，承师问道，退习而考于太傅，太傅罚其不则而匡其不及，则德智长而治道得矣；此五学者既成于上，则百姓黎民化辑于下矣。"学成治就，是殷、周所以长有道也。③

到了知男女有别的年龄，则开始学校教育，在东学、南学、西学、北学依次分别接受礼的教育，然后进入太学，"帝入太学，承师问道，退习而考于太傅，太傅罚其不则而匡其不及，则德智长而治道得矣"，使太子"五

---

① 《新书·保傅》，王洲明、徐超校注《贾谊集校注》，第187页。
② 《新书·保傅》，王洲明、徐超校注《贾谊集校注》，第193~194页。
③ 《新书·保傅》，王洲明、徐超校注《贾谊集校注》，第189页。

学既成于上，则百姓黎民化辑于下矣"。

> 及太子既冠成人，免于保傅之严，则有司直之史，有亏膳之宰。太子有过，史必书之；史之义，不得书过则死。而宰收其膳；宰之义，不得收膳即死。于是有进善之旌，有诽谤之木，有敢谏之鼓，瞽史诵诗，工诵箴谏，大夫进谋，士傅民语。习与智长，故切而不愧，化与心成，故中道若性。是殷、周之所以长有道也。①

从太学受业结束，太子进入成人阶段，在这个阶段，太子接受的教育更加重要。进入成人阶段的太子，对于事物的判断已经有了自己的思想和见解，已可免于保傅之严，这个时候，对太子教育的方式可以采取监督和讽谏的形式，具体地说，就是要利用史书其过、宰收其膳的方法，使其知错改错，不要一意孤行。或者利用进善之旌、诽谤之木、敢谏之鼓，及诵诗、箴谏、进谋、传民语等方式，使太子才能够"习与智长"——知识与智慧一起增长，"化与心成"——教化与志向相成，最终使得道义如天性一样与其相融。

贾谊细致繁复的贵族化教育的核心内容就是礼的训练和德的养育，通过礼的训练和德的养育，为接受这种教育的贵族日后完成其社会角色打下基础。所以《新书·傅职》说：

> 或称《春秋》，而为之耸善而抑恶，以革劝其心。教之《礼》，使知上下之则。或为之称《诗》，而广道显德，以驯明其志。教之《乐》，以疏其秽，而填其浮气。教之语，使明于上世，而知先王之务明德于民也。教之故志，使知废兴者，而戒惧焉。教之任术，使能纪万官之职任，而知治化之仪。教之训典，使知族类疏戚，而隐比训焉。此所谓学太子以圣人之德者也。
>
> 或明惠施以道之忠，明长复以道之信，明度量以道之义，明等级以道之礼，明恭俭以道之孝，明敬戒以道之事，明慈爱以道之仁，明俪雅以道之文，明除害以道之武，明精直以道之罚，明正德以道之赏，明斋肃以道之敬，此所谓教太子也。
>
> 左右前后，莫非贤人以辅相之，摠摄威仪以先后之，摄体貌以左右之，制义行以宣翼之，章恭敬以监行之，勤劳以劝之，孝顺以内之，敦笃以固之，忠信以发之，德言以扬之。此所谓顺者也。此傅人之道

---

① 《新书·保傅》，王洲明、徐超校注《贾谊集校注》，第190页。

第三章 贾谊儒学：承接荀、陆之学与贵族性格思想因素的重拾

也，非贤者不能行。①

因为贾谊本人为梁孝王太傅，所以贾谊比较偏重论述对太子的教育，其实贾谊此种贵族化教育思想并非仅局限于皇室子弟，贾谊重提"礼不及庶人，刑不至大夫"②，表明他期待正在兴起的贵族上层社会进行自我心性培育，成就君子风度。贾谊希冀现实中出现通过心性修养而获得道德自觉的新贵族，他心目中期待的"刑不上"的"大夫"就是这种理想的具体化。

三

早期社会的德行多属于贵族的德行，在西周春秋，贵族处在宗法网络之中，每个人的角色和地位是由宗法关系决定的，而处在每一位置的人都同时对上和下负有相应的义务，如所谓父慈子孝，兄友弟恭，等等，所以，在贵族宗法体系下必然要求以德行维系宗族的团结和稳定。此外，西周春秋宗法身份又决定政治身份，依宗法身份担任公共职务时也有了附加于宗法德行以外的政治德行，如此一来，德行成为西周贵族文化的重要内容，陈来先生指出："古代西周至春秋的德行论与政治密切相关，士大夫阶层'对政治家的品格问题的热衷绝非偶然'，因为这个生活的文化和结构要求'以德性的实践来解决政治问题'。"③人类道德认知中所产生的德目就是将德行作为思想范畴加以提纯和概括，因为德行为贵族所重视，这样，对德目的探讨也成了贵族文化的当然部分，为西周贵族文化所具备。因此陈来先生有言："前孔子的春秋时代的道德思想属于'德性的时代'，德目表很多，德性体系是大家关注的对象。"④

陈来先生的《古代思想文化的世界——春秋时期的宗教、伦理与社会思想》⑤探讨西周春秋时期贵族社会曾出现的德目和德行，他将这些德目和德行简化排列如下：

---

① 王洲明、徐超校注《贾谊集校注》，第174~177页。
② 《汉书·贾谊传》，第2257页。另，《新书·阶级》作"礼不及庶人，刑不至君子"。
③ 陈来：《春秋时代的德行伦理与早期儒家伦理学的特点——兼论孔子与亚里士多德伦理学思想的异同》，《河北学刊》2002年第6期。
④ 陈来：《春秋时代的德行伦理与早期儒家伦理学的特点——兼论孔子与亚里士多德伦理学思想的异同》，《河北学刊》2002年第6期。
⑤ 陈来：《古代思想文化的世界——春秋时期的宗教、伦理与社会思想》，生活·读书·新知三联书店，2002，第246~289页。本书以下所引文字，包括文献名称均依陈来先生原文。

>>> 社会的平民化变迁与儒学变化

  九德：孝、悌、慈惠、忠恕、中正、恭逊、宽弘、温直、兼武（《逸周书·宝典解》）
  十德：静、理、智、清、武、信、让、名、果、贞（同上）
  九行：仁、行、让、言、固、始、义、意、勇（《逸周书·文政解》）
  九思：勇、意、治、固、信、让、行、仁（同上）
  九德：忠、慈、禄、赏……（同上）
  九守：仁、智、固、信……（同上）
  九德：忠、信、敬、刚、柔、和、固、贞、顺（《常训解》）
  五教：义、慈、友、恭、孝（《左传》文公十八年）
  六德：咨、询、度、诹、谋、周（《国语》鲁语下）
  三德：义、祥、仁、顺、正（周语下）
  四德：忠、仁、信、义（周语上）
  三德：仁、智、勇（晋语二）
  四德：智、仁、勇、学（晋语七）
  六德：信、仁、智、勇、衷、周（楚语下）
  四德：仁、信、忠、敏（成公九年）
  十一德：敬、忠、信、仁、义、智、勇、教、孝、惠、让（周语下）
  十二德：忠、信、义、礼、孝、仁、事、文、武、赏、罚、临（楚语上）

孔子创立儒家，他承接贵族社会重视德目的传统。在对德目的重视这一点上，同西周春秋时代的贵族社会相比，孔子甚至有过之而无不及。如孔子说：

  能行五者于天下为仁矣。……恭、宽、信、敏、惠。恭则不侮，宽则得众，信则人任焉，敏则有功，惠则足以使人。[①]
  居处恭，执事敬，与人忠。[②]
  君子有九思：视思明，听思聪，色思温，貌思恭，言思忠，事思敬，疑思问，忿思难，见得思义。[③]

---

① 刘宝楠：《论语正义》卷二十《阳货》，第371页。
② 刘宝楠：《论语正义》卷十六《子路》，第292页。
③ 刘宝楠：《论语正义》卷十九《季氏》，第361页。

第三章　贾谊儒学：承接荀、陆之学与贵族性格思想因素的重拾 <<<

> 知者不惑，仁者不忧，勇者不惧。①

在传统社会，并非所有贵族个体都天然地总结这些德目，也并不一定具有这种德目所指称的意识观念，但因为平民阶级受到物质生活条件的限制和文化基础的制约，有关这些德目的总结和讨论更多地还是出现在上层贵族社会，而且也因先秦贵族都处于特殊的宗法关系结构，这造成周代上层贵族更加推倡这些德目，并以这些德目来规范贵族阶层的行为和意识。这样的意识在当时未能普遍进入平民社会，因此这种意识背后代表的是一种贵族性的精神气质。进而言之，思想理论上对这些德目的重视则反映出这种思想理论所具有的贵族文化性格。在孔子那里，孔子对德目重视也同样是他思想的贵族文化性格的显示，不同在于，孔子要打破贵族阶层对这种贵族文化的垄断，把贵族文化传扬开来，因此更注重探讨这种德目，推广德性意识，以期带来更多人对德目的重视，过有德的生活，实现其精神的贵族化。

汉初伊始的陆贾在德目问题上没有讨论，相形之下，贾谊对德目的研究则不遗余力。贾谊曾著《道术》《六术》《道德说》三篇文章，徐复观先生在《两汉思想史》对此评论说："新书中三篇很特殊的文字，对儒道两家思想加以结合，甚至是儒道法三家思想加以结合，以形成由形上到形下的哲学系统，表现出贾谊在思想上的创意，这似乎是前无所继的。"② 这三篇非常有创意的文章正好都是贾谊论述德行以及德目的。《道德说》称：

> 道者，德之本也；仁者，德之出也；义者，德之理也；忠者，德之厚也；信者，德之固也；密者，德之高也。③

在这里，贾谊以道、仁、义、忠、信、密六个范畴描述道德，其中，"道者，德之本也"，试图为儒家的道德论寻找一个宇宙观的基础。贾谊并进一步解释说：

> 德之有也，以道为本，故曰"道者，德之本也"。德生物又养物，则物安利矣；安利物者，仁行也。仁行出于德，故曰"仁者，德之出也"。德生理，理立则有宜，适之谓义。义者，理也，故曰"义者德之理也"。德生物，又养长之而弗离也，得以安利。德之遇物也忠厚，

---

① 刘宝楠：《论语正义》卷十《子罕》，第193页。
② 徐复观：《两汉思想史》（卷二），第153页。
③ 王洲明、徐超校注《贾谊集校注》，第320页。

故曰"忠者,德之厚也"。德之忠厚也,信固而不易,此德之常也,故曰"信者,德之固也"。德生于道而有理,守理则合于道,与道理密而弗离也,故能畜物养物。物莫不仰恃德,此德之高,故曰"密者,德之高也。"①

贾谊对道与仁、义、忠、信、密五者的派生关系加以解释:德的存在以道为根本,德产生事物又滋养事物,则事物就安乐而得利,使事物得到安乐和利益的是仁的行为。仁的行为产生于德,所以说仁是由德而生的,德产生理,理立而又适宜称为义,义就是理,所以义就是德的理。德产生事物,又滋养事物,使事物得以成长而不分离,得以安乐获利,德对于事物够忠厚的了,所以说忠就是厚重的德。德忠厚的特质固定而改变,德恒常如此,所以说信是德的稳固,德由道生而有理,守定理数就合乎道,因与道和理的关系密切而不可分离,德能蓄养物,万物都仰仗德,所以说密是德达到的极高境地。

贾谊又说:

> 德有六理。何谓六理?曰:道、德、性、神、明、命,此六者德之理也。诸生者,皆生于德之所生;而能象人德者,独玉也。象德体六理,尽见于玉也,各有状,是故以玉效德之六理。……②

贾谊试图对德有更多的说明,所以他总结德有六理:道、德、性、神、明、命。各种事物由道德而生,而能够与人的道德相像的只有玉,因此玉可象征道德的六理。

贾谊对道德进行了广泛的探讨,贾谊在《六术》篇里还称:

> 德有六理,何谓六理?道、德、性、神、明、命,此六者德之理也。六理无不生也,已生而六理存乎所生之内。是以阴阳、天地、人尽以六理为内度,内度成业,故谓之六法。③

如果我们把贾谊这样的话语同《道德说》的内容结合起来看,则可更全面地了解贾谊的观点。贾谊认为,阴阳、天地、人与万物皆生于道,而道恒虚无形,德是道现实化的关键一环,性、神、明、命都是人及万物形成过

---

① 王洲明、徐超校注《贾谊集校注》,第327页。
② 王洲明、徐超校注《贾谊集校注》,第318页。
③ 王洲明、徐超校注《贾谊集校注》,第311页。

第三章 贾谊儒学：承接荀、陆之学与贵族性格思想因素的重拾

程中的环节条件，也是人与万物各具特性的原因所在。"六法内藏，变流而外遂，外遂六术，故谓之六行。是以阴阳各有六月之节，而天地有六合之事，人有仁、义、礼、智、信之行，行和则乐兴，乐兴则六，此之谓六行。"① 从德之六理演变为六法，即事物及其特性形成的六个条件，外遂为六术，推而广之，人要有仁、义、礼、智、信、乐六行，人的六行来源于六法，而六法又来源于德之六理，这样，贾谊为人伦理道德的形成找到了依据，即伦理道德是人与生俱来的。

贾谊也把儒家的六经同德结合起来，他说：

> 《书》者，著德之理于竹帛而陈之令人观焉，以著所从事，故曰"《书》者，此之著者也"。《诗》者，志德之理而明其指，令人缘之以自成也，故曰"《诗》者，此之志者也"。《易》者，察人之循理与弗循而占其吉凶，故曰"《易》者，此之占者也"。《春秋》者，守往事之合德之理与不合而纪其成败，以为来事师法，故曰"《春秋》者，此之纪者也"。《礼》者，体德之理而为之节文，成人事，故曰"《礼》者，此之体者也"。《乐》者，《书》、《诗》、《易》、《春秋》、《礼》五者之道备，则合于德矣，合则欢然大乐矣。故曰"《乐》者，此之乐者也"。②

儒家的传统经典六经是围绕德之理展开论述的，六经是先王为人们设教的重要内容，目的就是要人们认识六理。贾谊把六经结合于德。贾谊对德所及的领域做了广泛的拓展，显示出他对德的重视。

在贾谊看来，既然六理是德产生的，德又是人与万物形成的基础，因此，君王应该效法六理，而效法六理也就是人主的品格特点，正如《道术》篇所说：

> 人主仁而境内和矣，故其士民莫弗亲也；人主义而境内理矣，故其士民莫弗顺也；人主有礼而境内肃矣，故其士民莫弗敬也；人主有信而境内贞矣，故其士民莫弗信也；人主公而境内服矣，故其士民莫弗戴也；人主法而境内轨矣，故其士民莫弗辅也。③

君主效法六理之外，在德行问题上贾谊认为应当有许多的德目，这些德目是善之本，亦即善的不同表现，因此贾谊非常详细地分析了各种德目：

---

① 《新书·六术》，王洲明、徐超校注《贾谊集校注》，第311页。
② 《新书·道德说》，王洲明、徐超校注《贾谊集校注》，第328页。
③ 王洲明、徐超校注《贾谊集校注》，第301页。

曰："请问品善之体何如？"

对曰："亲爱利子谓之慈，反慈为嚚；子爱利亲谓之孝，反孝为孽；爱利出中谓之忠，反忠为倍；心省恤人谓之惠，反惠为困；兄敬爱弟谓之友，反友为虐；弟敬爱兄谓之悌，反悌为敖；接遇慎容谓之恭，反恭为媟；接遇肃正谓之敬，反敬为嫚；言行抱一谓之贞，反贞为伪；期果言当谓之信，反信为慢；衷理不辟谓之端，反端为跛；据当不倾谓之平，反平为险；行善决衷谓之清，反清为浊；辞利刻谦谓之廉，反廉为贪；兼覆无私谓之公，反公为私；方直不曲谓之正，反正为邪；以人自观谓之度，反度为妄；以己量人谓之恕，反恕为荒；恻隐怜人谓之慈，反慈为忍；厚志隐行谓之洁，反洁为汏；施行得理谓之德，反德为怨；放理洁静谓之行，反行为污；功遂自却谓之退，反退为伐；厚人自薄谓之让，反让为冒；心兼爱人谓之仁，反仁为庆；行充其宜谓之义，反义为懵；刚柔得道谓之和，反和为乖；合得密周谓之调，反调为戾；优贤不逮谓之宽，反宽为厄；包众容易谓之裕，反裕为褊；欣憘可安谓之煴，反煴为鸷；安柔不苛谓之良，反良为啮；缘法循理谓之轨，反轨为易；袭常缘道谓之道，反道为辟；广较自敛谓之俭，反俭为侈；费弗过适谓之节，反节为靡；□□勉善谓之慎，反慎为怠；思恶勿道谓之戒，反戒为傲；深知祸福谓之知，反知为愚；亟见窈察谓之慧，反慧为童；动有文体谓之礼，反礼为滥；容服有义谓之仪，反仪为诡；行归而适谓之顺，反顺为逆；动静摄次谓之比，反比为错；容志审道谓之侗，反侗为野；辞令就得谓之雅，反雅为陋；论物明辩谓之辩，反辩为讷；纤微皆审谓之察，反察为旄；言动可畏谓之威，反威为涸；临制不犯谓之严，反严为輭；仁义修立谓之任，反任为欺；伏义诚必谓之节，反节为罢；持节不恐谓之勇，反勇为怯；信理遂惔谓之敢，反敢为掩；志操精果谓之诚，反诚为殆；克行遂节谓之必，反必为怛。凡此品也，善之体也，所为道也。"①

贾谊在这里提出众多的德目：慈、孝、忠、惠、友、悌、恭、敬、贞、信、端、平、清、廉、公、正、度、恕、慈、洁、德、行、退、让、仁、义、和、调、宽、裕、煴、良、轨、道、俭、节、慎、戒、知、慧、礼、仪、顺、比、侗、雅、辩、察、威、严、任、节、勇、敢、诚、必等。在儒学历史上同时提出如此多德目的思想家，贾谊无疑是第一人。

---

① 王洲明、徐超校注《贾谊集校注》，第303~305页。

四

贾谊重教尊礼崇德，除此之外，他设定的贵族培养目标中更为重要的是有关完善心性的内容，他说：

> 有上主者，有中主者，有下主者。上主者，可引而上，不可引而下；下主者，可以引而下，不可引而上；中主者，可引而上，可引而下。故上主者，尧、舜是也。夏禹、契、后稷与之为善则行，鲧、謹兜欲引而为恶则诛。故可与为善，而不可为恶。下主者，桀、纣是也，推侈、恶来进与为恶则行，比干、龙逢欲引而为善则诛。故可与为恶，而不可为善。所谓中主者，齐桓公是也，得管仲、隰朋则九合诸侯，任竖貂、易牙则饿死胡宫，虫流而不得葬。故材性乃上主也，贤人必合，而不肖人必离，国家必治，无可忧者也。若材性下主也，邪人必合，贤正必远，坐而须亡耳，又不可胜忧矣，故其可忧者，唯中主尔，又似练丝，染之蓝则青，染之缁则黑，得善佐则存，不得善佐则亡，此其不可不忧者耳。①

贾谊在这里讨论三种类型的人君，他以三种"材性"区别他们。贾谊谈的"材性"一词来自荀子，《荀子·荣辱》称："材性知能，君子小人一也。""材性"同"知能"连在一起，所谓"材性"应是材之"性"，即进行善恶作为的天生资质，不是指人之本性，故而荀子将"材性"同"知能"——获知的能力——连在一起。② 贾谊以为，"有上主者，有中主者，有下主者"，这就是说，对人君而言，有进行善恶作为的天生的三种不同资质，他据此得出这样的结论："上主者，可引而上，不可引而下；下主者，可以引而下，不可引而上；中主者，可引而上，可引而下。"

笔者认为，虽然贾谊谈的是"材性"问题，涉及的人物是"君王"，但透过这些，可以看到，贾谊是认可有一类先天即具备行善本领的人的，他们"可引而上，不可引而下"，这种人同其他两类人相对。贾谊在这里没有如孟子那样的"性善"的说法，然而，认肯有一种能够先天即具备行善本领的人，这意味着这类人先验地具有道德善。贾谊又言："仁义者，

---

① 《新书·连语》，王洲明、徐超校注《贾谊集校注》，第201~202页。
② 王兴国先生把贾谊在这里所言的"材性"当成性，由此以为贾谊"实际上是主张性有善有恶"。笔者认为，"材性"并不能等同于"性"。参见王兴国著《贾谊评传》，南京大学出版社，1992，第247页。

明君之性。"① 可见，贾谊要求性善者挖掘其性中本有之仁义，贾谊的这种立场反映出他对由汉初第二代兴起的上层贵族社会进行心性修养的期待。

贾谊重新提出"礼不及庶人，刑不至大夫"，他说：

> 礼不及庶人，刑不至君子，所以厉宠臣之节也。古者大臣有坐不廉而废者，不谓曰不廉，曰"簠簋不饰"；坐污秽淫乱男女无别者，不谓污秽，曰"帷薄不修"；坐罢软不胜任者，不谓罢软，曰"下官不职"。故贵大臣定有其罪矣，犹未斥然正以呼之也，尚迁就而为之讳也。故其在大谴大何之域者，闻谴何则白冠牦缨，盘水加剑，造请室而请罪耳，上弗执缚系引而行也。其中罪者，闻命而自驰，上不使人颈盭而加也。其有大罪者，闻令则北面再拜，跪而自裁，上不使人捽抑而刑也，曰："子大夫自有过耳，吾遇子有礼矣。"遇之有礼，故群臣自喜；厉以廉耻，故人务节行。②

贾谊说，古人以"礼不及庶人，刑不至君子"来激励宠爱之臣的节操，所以大臣犯了不廉洁的罪而被废黜，不说是不廉洁，而说他"簠簋不饰"；犯了男女之间淫乱的罪，不说淫乱，而说"帷薄不修"；犯了软弱涣散不称职的罪，不说软弱涣散，而说"下官不职"。所以尊贵的大臣即使认定有罪，也不斥责，由他听到谴责后头戴缀有长毛缨穗的白色帽子，于清水盘中放置利剑，到洁净的房中，请求君主治罪，君主不让人捆绑牵行有罪之臣；犯中等罪行者听令后自解绳索，君主免其斩首处罚；犯有大罪者听令后面北拜谢，跪而自裁，君主免其屈辱受刑。

贾谊津津乐道"礼不及庶人，刑不至君子"的诸多表现，我们亦不难理解其中的意味。贾谊期待正在兴起的贵族社会进行自我心性培育，成就君子风度。"廉耻礼节，以治君子，故有赐死而无戮辱。是以系缚、榜笞、髡、刖、黥、劓之罪，不及士大夫。"③ 故他对孔孟所倡导的心性修养思想也有所利用，贾谊期待中的"刑不上"的"大夫"就是以通过心性修养而获得道德自觉的新贵族之具体化。

至此，我们对贾谊思想加以总结。

对比陆贾、贾谊儒学，与汉初社会结构上的变化相适应，一方面，贾谊也承接由荀子、陆贾思想而来的法、势和尊君这样一些浸润平民文化性

---

① 《新书·大政上》，王洲明、徐超校注《贾谊集校注》，第341页。
② 《新书·阶级》，王洲明、徐超校注《贾谊集校注》，第82页。
③ 《新书·阶级》，王洲明、徐超校注《贾谊集校注》，第76页。

第三章 贾谊儒学：承接荀、陆之学与贵族性格思想因素的重拾

格的思想因素；但在另一方面，贾谊是在王朝建立二十多年后，经过贵族化教育的新一代上层人物开始兴起的背景下提出思想学说的，同时，在这个历史时段，借助经学教育而受到贵族化思想培育的士人也有了相应的规模，士人意识进入复苏的通道。所以，因应汉初社会结构上的变化，贾谊的学说摈弃了与平民意识相适宜的黄老清静无为观念，而出现了如强调礼乐仪规、重视仪容仪态、推倡贵族教育、穷究德行德目这样一些明显具贵族性色彩的思想因素。可以说，在给自己的学说添加平民化思想因素的同时，贾谊也增强了自己学说中的贵族文化性格。

第四章　韩婴儒学：儒学贵族化乐章之历史回响

韩婴是活跃于汉初时期的儒家人物，《汉书·儒林传》说：

> 韩婴，燕人也。孝文时为博士，景帝时至常山太傅。婴推诗人之意，而作内、外《传》数万言，其语颇与齐、鲁间殊，然归一也。淮南贲生受之。燕赵间言《诗》者由韩生。韩生亦以《易》授人，推《易》意而为之传。燕赵间好《诗》，故其《易》微，唯韩氏自传之。武帝时，婴尝与董仲舒论于上前，其人精悍，处事分明，仲舒不能难也……①

由上段文字可见，韩婴历经汉初文帝、景帝和武帝三朝，其为人精悍勇锐，口才不俗，曾被拜为博士，又职任太傅。于言，他作《诗传》《易传》，不乏思想论说；于行，他授徒传学并于朝中申言主见，辩难异说，是当时的硕学鸿儒。韩婴处于王朝上层开始走向贵族化并最终稳定下来的时期，这样的时代背景影响了他的思想。

第一节　心性修养——韩婴著作中位置显著的话题

韩婴著《韩诗外传》，《韩诗外传》因《诗》而成《传》，其中内容有援古人言行释《诗》的，也有引古人言行径言己意的。② 就议题看，他所论颇杂，但总的来说，社会政治和个体的心性修养是韩婴关心的两大论题，而儒家的立场贯通其间。③

---

① 《汉书》卷八十八《儒林传》，第3613页。
② 版本据屈守元《韩诗外传笺疏》，巴蜀书社，1996。分章次序据许维遹《韩诗外传集释》，中华书局，1980。
③ 例如，《韩诗外传》也有法家思想，但这些思想在全书中所占分量实在太少，而且即使出现，它们也往往是被用在论述社会治理问题的场合。在这些场合里，韩婴借儒家和法家不同社会治理方法之比较，以凸显儒家方法之优。如《韩诗外传》卷二第十一章说："传曰：孔子云：'美哉！颜无父之御也。马知后有舆而轻之，知上有人而爱之。马亲其正而爱其事，如使马能言，彼将必曰：乐哉！今日之驹也。至于颜沦少衰矣。（转下页注）

第四章 韩婴儒学：儒学贵族化乐章之历史回响

一

我们先看韩婴对社会政治所作的探讨。

陆贾、贾谊都曾经对秦政有所反思，韩婴亦不例外，如他总结秦亡教训，指秦"非礼义，弃诗书，略古昔，大灭圣道"，"离圣王光烈之日久远，未尝见仁义之道，被礼乐之风。是以嚚顽无礼"。①

在总结秦亡教训时，韩婴认可儒家的仁义礼乐之政。韩婴在许多场合也阐发仁义礼乐对于国家政治的重要意义，期盼儒家理想政治（即他所谓"圣道"）的建立。

韩婴不仅期盼儒家思想政治，而且对儒家理想政治重建十分有信心。《韩诗外传》卷五第九章说：

> 夫五色虽明，有时而渝。丰交之木，有时而落。物有成衰，不得自若。故三王之道，周而复始，穷则反本。②

在他看来，理想政治是周而复始地重现于世的。以历史循环论思想为依据断定儒家理想政治实现的必然性，这反映了他对汉王朝建立理想政治的急切期待。

※ 马知后有舆而轻之，知上有人而敬之。马亲其正而敬其事，如使马能言，彼将必曰：驺来，其人之使我也。至于颜夷而衰矣。马知后有舆而重之，知上有人而畏之。马亲其正而畏其事，如使马能言，彼将必曰：驺来驺来，女不驺，彼将杀女。故御马有法矣，御民有道矣。法得则马和而欢，道得则民安而集。'《诗》曰：'执辔如组，两骖如舞。'此之谓也。"（见屈守元《韩诗外传笺疏》，第144页）这里虽然也讲类似法家的使民"畏其事""御民有道"，但是它认为理想的政治以"亲其正而爱其事"为第一等，"亲其正而敬其事"为第二等，"亲其正而畏其事"为第三等。又如《韩诗外传》卷一第二十五章说："仁道有四，磏为下。有圣仁者，有智仁者，有德仁者，有磏仁者。上知天，能用其时；下知地，能用其财；中知人，能安乐之：是圣仁者也。上亦知天，能用其时；下知地，能用其财；中知人，能使人肆之：是智仁者也。宽而容众，百姓信之；道所以至，弗屈以时：是德仁者也。廉洁直方；疾乱不治，恶邪不匡；虽居乡里，若坐涂炭，命入朝廷，如赴汤火；非其民不使，非其食弗尝；疾乱而轻死，弗顾弟兄；以法度之，比于不详：是磏仁者也。……磏仁虽下，然圣人不废者。"（见屈守元《韩诗外传笺疏》，第84~85页）这里指出了仁的四个等级，"弗顾弟兄；以法度之"的"磏仁"是最末等的仁，完全是用来反衬"圣仁""智仁""德仁"的。在《韩诗外传》卷三第二十四章里，韩婴还借子贡之口说："赐闻之：托法而治谓之暴。"（见屈守元《韩诗外传笺疏》，第298页）这体现了韩婴对法家思想的不认同。此外，《韩诗外传》里也出现过黄老思想，但大致也属于这种情形。

① 《韩诗外传》卷五，第十六章。屈守元：《韩诗外传笺疏》，第473~474页。
② 屈守元：《韩诗外传笺疏》，第460页。

那么，现实之中应如何去建立儒家的理想政治呢？呼吁统治者施仁义之政是儒家的一贯立场，韩婴不外于此，他曾说：

> 君子居是邦也，不崇仁义，尊其贤臣，以理万物，未必亡也；一旦有非常之变，诸侯交争，人趋车驰，迫然祸至，乃始愁忧，干喉焦唇，仰天而叹，庶几乎望其安也，不亦晚乎？①

又说：

> 仁恩施行，是以其民和亲而相好。②

他主张仁义政治，甚至对传说中古代圣人的仁政措施亦非常倾心，如他提到传说中周公的"立牧"措施：

> 王者必立牧，方二人，使窥远牧众也。远方之民有饥寒而不得为衣食，有狱讼而不平其冤，失贤而不举者，入告乎天子。③

黄帝是黄老家的标杆人物，韩婴则把黄帝改造为施展儒家仁义政治的楷模，《韩诗外传》卷八载：

> 黄帝即位，施惠承天，一道修德，惟仁是行，宇内和平，未见凤凰，惟思其象。凤寐晨兴，乃召天老而问之，曰："凤象何如？"天老对曰："夫凤象鸿前麟后，蛇颈而鱼尾，龙文而龟身，燕领而鸡啄。戴德负仁，抱中挟义。小音金，大音鼓。延颈奋翼，五彩备明。举动八风，气应时雨。食有质，饮有仪。往即文始，来即嘉成。惟凤为能通天祉，应地灵，律五音，览九德。天下有道，得凤象之一，则凤过之。得凤象之二，则凤翔之。得凤象之三，则凤集之。得凤象之四，则凤春秋下之。得凤象之五，则凤没身居之。"黄帝曰："于戏允哉！朕何敢与焉？"于是黄帝乃服黄衣，戴黄冕，致斋于宫，凤乃蔽日而至。黄帝降于东阶，西面再拜稽首曰："皇天降祉，不敢不承命。"凤乃止帝东园，集帝梧桐，食帝竹实，没身不去。诗曰："凤凰于飞，翙翙其羽，亦集爰止。"④

---

① 《韩诗外传》卷二，第八章。屈守元：《韩诗外传笺疏》，第136页。
② 《韩诗外传》卷四，第十三章。屈守元：《韩诗外传笺疏》，第386页。
③ 《韩诗外传》卷六，第十七章。屈守元：《韩诗外传笺疏》，第554页。
④ 《韩诗外传》卷八，第八章。屈守元：《韩诗外传笺疏》，第681~682页。

第四章 韩婴儒学：儒学贵族化乐章之历史回响

"一修道德"原是道家之说，韩婴却以它来表达儒家的思想方针，将"一修道德"的落脚点当成是"惟仁是行"，把黄帝打扮成践行儒家政治的楷模。韩婴接着还把天人感应的思想资料加入其中，称许黄帝因行儒家仁义政治，因此能"服黄衣，戴黄冕"，乃至凤凰来仪，蔽日而至，"止帝东园，集帝梧桐，食帝竹实，没身不去"。通过化道为儒，韩婴一方面弘扬了儒家政治，另一方面也贬抑了汉初前期时兴的黄老道家。

《老子》是道家尊奉的经典，韩婴还借《老子》中的语句表现自己对法家政治的批评，由此弘扬儒家仁义政治。①《韩诗外传》卷七第十章说：

> 昔者司城子罕相宋，谓宋君曰："夫国家之安危，百姓之治乱，在君之行。夫爵禄赏赐，举人之所好也，君自行之。杀戮刑罚，民之所恶也，臣请当之。"君曰："善。寡人当其美，子受其恶，寡人自知不为诸侯笑矣。"国人知杀戮之刑专在子罕也，大臣亲之，百姓畏之，居不期年，子罕遂去宋君而专其政。故老子曰："鱼不可脱于渊，国之利器不可以示人。"诗曰："胡为我作，不即我谋。"②

此处韩婴引《老子》第三十六章"鱼不可脱于渊，国之利器不可示人"③，说明司城子罕的法家治术。乍看之下，这段话似乎表明韩婴学说中夹杂着法家思想因素，但如果我们联系到文末的"胡为我作，不即我谋"一语则可知此见有误。"胡为我作，不即我谋"来自《诗经·小雅》中的《十月之交》，《十月之交》说："抑此皇父，岂曰不时。胡为我作，不即我谋。彻我墙屋，田卒污莱。"朱熹注此句："言皇父不自以为不时，欲动我以徙，而不与我谋。乃遽彻我墙屋，使我田不获治，卑者污而高者莱。"④"胡为我作，不即我谋"是对权臣皇父行为的斥责，体现诗作者的幽怨之情。韩婴以"胡为我作，不即我谋"结尾，可见他对司城子罕"鱼不可脱于渊，国之利器不可以示人"这种权谋之术的反对态度，侧面显示了韩婴对儒家仁义政治的坚持。

另外，《韩诗外传》如下一段话也容易被看作是韩婴对黄老政治思想的接受，《韩诗外传》卷二第十章说：

---

① 李知恕先生说："韩婴吸采黄老是以儒学为其基本立场的，黄老观念多被用来与儒学相印证，这是儒家吸取道家以发展其学说的表现。"这个说法富有启发。见氏著《论〈韩诗外传〉的黄老思想》，《社会科学研究》2002年第2期。
② 屈守元：《韩诗外传笺疏》，第617页。
③ 王弼：《老子道德经注》，第21页。
④ 朱熹：《诗经集传》，第91页。

177

> 夫霜雪雨露、杀生万物者也。天无事焉，犹之贵天也。执法厌文，治官治民者有司也，君无事焉，犹之尊君也。夫辟土殖谷者后稷也，决江流河者禹也，听狱执中者皋陶也，然而圣后者尧也。故有道以御之，身虽无能也，必使能者为己用也。无道以御之，彼虽多能，犹将无益于存亡矣。诗曰："执辔如组，两骖如舞。"贵能御也。①

这段话说"有道以御之，身虽无能也，必使能者为己用也；无道以御之，彼虽多能，犹将无益于存亡矣"，似乎是在表达以道驾驭群臣，实现无为而无不为的黄老思想，但如果我们注意到此文中提到"然而圣后者尧也"，以尧为圣，参之《韩诗外传》卷二中的另外一段话，则可知这里表达的是对儒家政治的赞扬。《韩诗外传》卷二第三十章说：

> 子夏读诗已毕。夫子问曰："尔亦何大于《诗》矣？"子夏对曰："《诗》之于事也，昭昭乎若日月之光明，燎燎乎如星辰之错行，上有尧舜之道，下有三王之义。弟子不敢忘，虽居蓬户之中，弹琴以咏先王之风，有人亦乐之，无人亦乐之，亦可发愤忘食矣。诗曰：'衡门之下，可以栖迟；泌之洋洋，可以乐饥。'"夫子造然变容曰："嘻！吾子始可以言《诗》已矣，然子以见其表，未见其里。"②

在这里，孔子与子夏谈论《诗》，盛赞其中有尧舜之道、三王之义，而尧舜、三王并称，这当然是把他们都看成儒家政治的先驱。韩婴如此著文，显示韩婴是把尧当成儒家政治的推倡者，据此，《韩诗外传》卷二第十章以尧为圣，所表达的应该是《论语·为政》中"为政以德，譬如北辰，居其所而众星共之"③的思想，其中所谓"有道以御之"的"道"是儒家的为政之道！

纵观儒学思想发展，强调以礼治国是儒家理想政治的另一个重要方面，在这一点上，韩婴亦然。韩婴以礼治国的思想自有其源，他要求实行礼治的文句相当部分采自荀子的说法。《韩诗外传》卷一第五章说：

> 礼义不加乎国家，则功名不白。故人之命在天，国之命在礼。君人者隆礼尊贤而王，重法爱民而霸，好利多诈而危，权谋倾覆而亡。④

---

① 屈守元：《韩诗外传笺疏》，第142页。
② 屈守元：《韩诗外传笺疏》，第211页。
③ 刘宝楠：《论语正义》卷二，第20页。
④ 屈守元：《韩诗外传笺疏》，第23页。

第四章 韩婴儒学：儒学贵族化乐章之历史回响

文中"故人之命在天"以下几乎都采自《荀子·强国》。《韩诗外传》卷一第六章说：

> 国政无礼则不行，王事无礼则不成，国无礼则不宁。①

韩婴此语大体来自《荀子·修身》：

> 故人无礼则不生，事无礼则不成，国家无礼则不宁。②

韩婴于"国无礼则不宁"之语后又自发见解："王无礼则死亡无日矣。"韩婴又引《荀子·议兵》言：

> 礼者，治辨之极也，强国之本也，威行之道也，功名之统也。王公由之，所以一天下也；不由之，所以陨社稷也。是故坚甲利兵，不足以为武，高城深池，不足以为固，严令繁刑，不足以为威。由其道则行，不由其道则废。③

韩婴还杂取《荀子》诸篇之言加以综合，称：

> 修礼者王，为政者强，取民者安，聚敛者亡。故聚敛以招谷，积财以肥敌，危身亡国之道也。明君不蹈也，将修礼以齐朝，正法以齐官，平正以齐下，然后节奏齐乎朝，法则度量正乎官，忠信爱刑刑乎下，如是百姓爱之如父母，畏之如神明，是以德泽洋乎海内，福祉归乎王公。④

韩婴一方面要求统治者施仁义之政，成为仁人，另一方面又要求统治者修礼，以礼治国，这两者有什么关系呢？韩婴解《诗》"人而无礼，胡不遄死"说：

> 齐景公纵醉酒，而解衣冠鼓琴以自乐。顾左右曰："仁人亦乐此乎？"左右曰："仁人耳目犹人，何为不乐乎！"景公曰："驾车以迎晏子。"晏子闻之，朝服而至。景公曰："今者寡人此乐，顾与大夫同之。"晏子曰："君言过矣。自齐国五尺已上，力皆能胜婴与君，所以

---

① 《韩诗外传》卷一，第六章。屈守元：《韩诗外传笺疏》，第25页。
② 王先谦：《荀子集解》卷一《修身篇》，第14页。
③ 《韩诗外传》卷四，第十章。屈守元：《韩诗外传笺疏》，第373页。
④ 《韩诗外传》卷三，第七章。屈守元：《韩诗外传笺疏》，第248页。

> 不敢乱者，畏礼也。故自天子无礼，则无以守社稷；诸侯无礼，则无以守其国；为人上无礼，则无以使其下；为人下无礼，则无以事其上；大夫无礼，则无以治其家；兄弟无礼，则不同居。'人而无礼，不若遄死。'"景公色愧，离席而谢曰："寡人不仁，无良左右，阴阳过矣，以至于此。请杀左右，以补其过。"晏子曰："左右无过。君好礼，则有礼者至，无礼者去。君恶礼，则无礼者至，有礼者去。左右何罪乎？"景公曰："善哉！"乃更衣而坐，觞酒三行。晏子辞去。景公拜送。①

在这里看到，韩婴借文中晏婴告诫齐景公之语说明礼治的重要性："故自天子无礼，则无以守社稷；诸侯无礼，则无以守其国；为人上无礼，则无以使其下；为人下无礼，则无以事其上；大夫无礼，则无以治其家；兄弟无礼，则不同居。'人而无礼，不若遄死。'"礼的规范当为人所遵循，故上文说到"仁人耳目犹人"，这就是说，即使"仁人"，礼也须臾不可离，要始终践行，换言之，礼的恪守是无条件的。那么，礼本身又是什么呢？韩婴对礼的理解又有其见解，他说：

> 爱由情出谓之仁，节爱理宜谓之义，致爱恭谨谓之礼，文礼谓之容。②

韩婴认为，礼是恭敬之心的表现，和仁、义是由情爱产生的一样，礼也不单是社会的强制性结构和规定，而应当有内在的真性情。对礼有这番理解，说明在韩婴看来，礼的根本和实质在于内在的情感，在于心性，由此，就整个思想脉络而言，韩婴也就不能不非常关注心性问题了。的确，与陆贾、贾谊不同，韩婴除注重王朝的政治治理外，他将更多的笔墨用在心性修养问题上。在思想脉络上，韩婴是把社会治理问题导向心性修养问题的。

二

韩婴将社会治理问题导向心性修养问题，那么他是如何谈论心性修养问题的呢？

韩婴在著作中塑造了大量的典范性人物。这些典范性人物都同心性修

---

① 《韩诗外传》卷九，第七章。屈守元：《韩诗外传笺疏》，第769页。
② 《韩诗外传》卷四，第二十四章。屈守元：《韩诗外传笺疏》，第411页。

第四章 韩婴儒学：儒学贵族化乐章之历史回响

养问题密切有关。对此，我们从韩婴对这些典范性人物的赞誉看起。

《韩诗外传》卷一第八章说：

> 王子比干杀身以成其忠，柳下惠杀身以成其信，伯夷、叔齐杀身以成其廉。此三子者，皆天下之通士，岂不爱其身哉？为夫义之不立，名之不显，则士耻之，故杀身以遂其行。由是观之，卑贱贫穷，非士之耻也，天下举忠而士不与焉，举信而士不与焉，举廉而士不与焉。三者存乎身，名传于世，与日月并而息……①

《韩诗外传》多次称美比干、柳下惠以及伯夷、叔齐。在上文里，韩婴又分别以忠、信、廉颂扬比干、柳下惠和伯夷、叔齐，称他们"杀身以遂其行"，借道德实现达到对肉体生命的超越。孔子曾将比干同微子、箕子并称为"殷有三仁也，"② 又"数称……柳下惠"③，赞其"直道事人"④，誉伯夷、叔齐"求仁而得仁"⑤，孟子也"反复嗟……柳下惠之德"⑥。韩婴称颂为孔孟认肯的比干、柳下惠、伯夷、叔齐，并对他们做如此评论："卑贱贫穷，非士之耻也，天下举忠而士不与焉，举信而士不与焉，举廉而士不与焉。三者存乎身，名传于世，与日月并而息。"

除比干、柳下惠、伯夷、叔齐的事迹外，韩婴《韩诗外传》也记载和推崇其他古人的嘉行美德，如借释《诗·唐风·椒聊》的"彼其之子，硕大且笃"，他除再次表彰比干、伯夷、叔齐，称"比干且死，而谏愈忠；伯夷、叔齐饿于首阳，而志愈彰"之外，又称道申包胥、曾子：

> 申包胥立于秦廷，七日七夜，哭不绝声，是以存楚。不能勤苦，焉得行此？
>
> 曾子褐衣缊绪，未尝完也。砺米之食，未尝饱也。义不合则辞上卿。不恬贫穷，焉得行此？⑦

借释"我心匪石，不可转也。我心匪席，不可卷也"，韩婴褒扬孔子弟子原宪安贫乐道：

---

① 屈守元：《韩诗外传笺疏》，第30页。
② 刘宝楠：《论语正义》卷十八《微子》，第386页。
③ 《史记》卷六十七《仲尼弟子列传》，第2186页。
④ 刘宝楠：《论语正义》卷十八《微子》，第388页。
⑤ 刘宝楠：《论语正义》卷七《述而》，第141页。
⑥ 赵岐：《孟子·万章下注》，载焦循《孟子正义》卷十，第295页。
⑦ 《韩诗外传》卷二，第二十五章。屈守元：《韩诗外传笺疏》，第200页。

> 原宪居鲁,环堵之室,茨以蒿莱,蓬户瓮牖,桷桑而为枢,上漏下湿,匡坐而弦歌。子贡乘肥马,衣轻裘,中绀而表素,轩不容巷,而往见之。原宪楮冠黎杖而应门,正冠则缨绝,振襟则肘见,纳履则踵决。子贡曰:"嘻!先生何病也?"原宪仰而应之,曰:"宪闻之,无财之谓贫,学而不能行之谓病。宪贫也,非病也。若夫希世而行,比周而友,学以为人,教以为己,仁义之匿,车马之饰,衣裘之丽,宪不忍为之也。"子贡逡巡,面有惭色,不辞而去。原宪乃徐步曳杖,歌《商颂》而反,声沦于天地,如出金石。天子不得而臣也,诸侯不得而友也。故养身者忘家,养志者忘身。身且不爱,孰能忝之?《诗》曰:"我心匪石,不可转也,我心匪席,不可卷也。"①

另外,韩婴也首肯申徒狄、鲍焦行高志洁,以身殉节;② 田子方、戴晋生矢志不渝,以德抗位。③

《韩诗外传》卷一第二十六章说:

> 申徒狄非其世,将自投于河。崔嘉闻而止之,曰:"吾闻圣人仁士之于天地之间也,民之父母也。今为儒雅之故,不求溺人,可乎?"申徒狄曰:"不然。桀杀关龙逢,纣杀王子比干,而亡天下;吴杀子胥,陈杀泄冶,而灭其国。故亡国残家,非无圣智也,不用故也。"遂抱石而沉于河。君子闻之,曰:"廉矣!如仁钦,则吾未之见也。"《诗》曰:"天实为之,谓之何哉!"

《韩诗外传》卷一第二十七章说:

> 鲍焦衣弊肤见,挈畚持蔬,遇子贡于道。子贡曰:"吾子何以至于此也?"鲍焦曰:"天下之遗德教者众矣,吾何以不至于此也?吾闻之,世不已知而行之不已者,萃行也;上不已用而干之不止者,是毁廉也。行萃廉毁,然且弗舍,或于利者也。"子贡曰:"吾闻之,非其世不生其利,污其君者不履其土。非其世而持其蔬。《诗》曰:'溥天之下,莫非王土。'此谁有之哉!"鲍焦曰:"于戏!吾闻贤者重进而轻退,廉者易愧而轻死。"于是弃其蔬而立槁于洛水之上。君子闻之,曰:"廉夫刚哉!夫山锐则不高,水径则不深,行磏者德不厚,志与天

---

① 《韩诗外传》卷一,第九章。屈守元:《韩诗外传笺疏》,第35页。
② 《韩诗外传》卷一,第二十六、二十七章。屈守元:《韩诗外传笺疏》,第89~94页。
③ 《韩诗外传》卷九,第二十一、二十二章。屈守元:《韩诗外传笺疏》,第798~800页。

第四章　韩婴儒学：儒学贵族化乐章之历史回响

地拟者其为人不祥。鲍焦可谓不祥矣,其节度浅深适至如是矣。"《诗》云:"亦已焉哉!天实为之,谓之何哉!"

《韩诗外传》卷九第二十一章说:

> 田子方之魏。魏太子从车百乘,而迎之郊,太子再拜谒田子方。田子方不下车。太子不说,曰:"敢问何如则可以骄人矣?"田子方曰:"吾闻以天下骄人而亡者有矣。由此观之,则贫贱可以骄人矣。夫志不得,则授履而适秦楚耳,安往而不得贫贱乎?"于是太子再拜而后退,田子方遂不下车。

《韩诗外传》卷九第二十二章说:

> 戴晋生弊衣冠而往见梁王。梁王曰:"前日寡人以上大夫之禄要先生,先生不留。今过寡人邪!"戴晋生欣然而笑,仰而永叹曰:"嗟乎!由此观之,君曾不足与游也。君不见大泽中雉乎?五步一啄,终日乃饱,羽毛悦泽,光照于日月,奋翼争鸣,声响于陵泽者何?彼乐其志也。援置之囷仓中,常啄梁粟,不旦时而饱;然犹羽毛憔悴,志气益下,低头不鸣。夫食岂不善哉?彼不得其志故也。今臣不远千里而从君游者,岂食不足?窃慕君之道耳。臣始以君为好士天下无双,乃今见君不好士明矣!"辞而去,终不复往。

韩婴视野中的这些榜样人物都是修身的典范,故《韩诗外传》卷九第十九章写道:

> 修身不可不慎也……君子不侥幸,节嗜欲,务忠信,无毁于一人,则名声尚尊,称为君子矣。《诗》曰:"何其处兮,必有与也。"[1]

《韩诗外传》卷九第十三章又写道:

> 传曰:君子之闻道,入之于耳,藏之于心。察之以仁,守之以信,行之以义,出之以逊。故人无不虚心而听也。小人之闻道,入之于耳,出之于口,苟言而已,譬如饱食而呕之,其不惟肌肤无益,而于志亦戾。诗曰:"胡能有定。"[2]

---

[1] 屈守元:《韩诗外传笺疏》,第795页。
[2] 屈守元:《韩诗外传笺疏》,第783~783页。

韩婴坦言："修身不可不慎也"，劝喻人们不应沉湎于物质利欲，而要坚守忠信的德行，斥责不致力修身的从学士人为"饱食而呕之"的小人。韩婴认为自己高扬的上述典范人物才是他理想中的楷模，这些人物将"道，入之于耳，藏之于心。察之以仁，守之以信，行之以义，出之以逊"，真正成为"不侥幸，节嗜欲，务忠信，无毁于一人，则名声尚尊"的君子。

值得一提的是，《韩诗外传》也多引《老子》之语，将道家的修养方法移入儒家的心性问题之中，如《韩诗外传》卷三第二十一章说：

> 公仪休相鲁，而嗜鱼，一国人献鱼而不受。其弟谏曰："嗜鱼，不受，何也？"曰："夫欲嗜鱼，故不受也。受鱼而免于相，则不能自给鱼；无受而不免于相，长自给于鱼。"此明于鱼为己者也。故老子曰："后其身而身先，外其身而身存。非以其无私乎？故能成其私。"诗曰："思无邪。"此之谓也。①

此处韩婴引《老子》第七章"后其身而身先，外其身而身存，非以其无私乎？故能成其私"②。《韩诗外传》卷一第二十三章说：

> 传曰：水浊则鱼喁，令苛则民乱，城削则崩，岸削则陂。故吴起削刑而车裂，商鞅峻法而支解。治国者譬若乎张琴然，大弦急，则小弦绝矣。故急辔御者，非千里之御也。有声之声，不过百里；无声之声，延及四海。故禄过其功者削，名过其实者损，情行合名，祸福不虚至矣。诗云："何其处也？必有与也。何其久也？必有以也。"故惟其无为，能长生久视，而无累于物矣。③

此段文字末尾一句话颇类《老子》五十九章"是谓深根固柢，长生久视之道"④之语。

此外，韩婴有时更将《老子》多处内容汇于一处，《韩诗外传》卷九第十六章说：

> 贤士不以耻食，不以辱得。老子曰："名与身孰亲？身与货孰多？得与亡孰病？是故甚爱必大费，多藏必厚亡。知足不辱，知止不殆。

---

① 屈守元：《韩诗外传笺疏》，第288～289页。
② 王弼：《老子道德经注》，第4页。
③ 屈守元：《韩诗外传笺疏》，第78页。
④ 王弼：《老子道德经注》，第36页。

第四章　韩婴儒学：儒学贵族化乐章之历史回响

可以长久。大成若敝，其用不穷。大盈若冲，其用不缺。大直若诎，大辩若讷，大巧若拙，其用不屈。罪莫大于多欲，祸莫大于不知足，咎莫憯于欲得。故知足之足常足矣。"①

上文引用了《老子》四十四章的全部文句和四十五、四十六章的部分文句。《老子》四十四章说："名与身孰亲？身与货孰多？得与亡孰病？是故甚爱必大费，多藏必厚亡。知足不辱，知止不殆，可以长久。"《老子》四十五章说："大成若缺，其用不弊。大盈若冲，其用不穷。大直若屈，大巧若拙，大辩若讷。静胜躁，寒胜热。清静为天下正。"《老子》四十六章说："天下有道，却走马以粪。天下无道，戎马生于郊。祸莫大于不知足。咎莫大于欲得。故知足之足常足矣。"②

韩婴引《老子》，既有将《老子》多处内容汇于一处的，也有对《老子》一语数引的，《韩诗外传》卷三第三十八章说：

> 昔者不出户而知天下，不窥牖而见天道。非目能视乎千里之前，非耳能闻乎千里之外，以己之情量之也。己恶饥寒焉，则知天下之欲衣食也。己恶劳苦焉，则知天下之欲安佚也。己恶衰乏焉，则知天下之欲富足也。知此三者，圣王之所以不降席而匡天下。故君子之道，忠恕而已矣。夫处饥渴，苦血气，困寒暑，动肌肤，此四者，民之大害也。害不除，未可教御也。四体不掩，则鲜仁人。五藏空虚，则无立士。故先王之法，天子亲耕，后妃亲蚕，先天下忧衣与食也。诗曰："父母何尝？心之忧矣，之子无裳。"③

此处韩婴引《老子》第四十七章"不出户知天下，不窥牖见天道"④。"不出户知天下，不窥牖见天道"又见《韩诗外传》卷五第二十三章：

> 夫百姓内不乏食，外不患寒，则可教御以礼义矣。诗曰："蒸畀祖妣，以洽百礼。"百礼洽则百意遂，百意遂则阴阳调，阴阳调则寒暑均，寒暑均则三光清，三光清则风雨时，风雨时则群生宁。如是，则天道得矣。是以不出户而知天下，不窥牖而见天道。诗曰："惟此

---

① 屈守元：《韩诗外传笺疏》，第787～788页。
② 王弼：《老子道德经注》，第27～28页。
③ 屈守元：《韩诗外传笺疏》，第346页。
④ 王弼：《老子道德经注》，第29页。

圣人,瞻言百里。于铄王师,遵养时晦。"言相养之至于晦也。①

总结地看,韩婴引用《老子》之语其实是将道家的修身功夫巧妙地用于儒家的心性修养。如《韩诗外传》卷三第二十一章引"后其身而身先,外其身而身存。非以其无私乎?故能成其私",这是要说明儒者士人不应计较个人之得失,而应体现无私情怀。《韩诗外传》卷一第二十三章前一部分是反对法家的苛刑严法,后一部分也是借道家观念说明修身之士人应该去除名利的搅扰,不为物累。而《韩诗外传》卷九第十六章引老子"名与身孰亲"之前有"贤士不以耻食,不以辱得",这显然也是告诫儒家士人要立志修身,不可因物质欲望迷失自己,而应该知足常乐。而《韩诗外传》多处引"不出户知天下,不窥牖见天道",则是说明儒家圣人可由己之感受以推及天下人之感受,是以能尽知天下,由此造福社会。韩婴这些借《老子》之语表达出来的思想已经无关乎《老子》的原意了。

韩婴解读《诗经》,一不训诂字句,二不探求本事,恰如《孟子·万章上》孟子所谓:"说《诗》者不以文害辞,不以辞害志。"② 完全是借《诗》阐发己见。他把"修身不可不慎也"视为重要议题,通过赞誉典范性的人物来倡导强调修身,通过大量征引老子之说与儒家修身之说以相证明。

修身作为一种实践性的问题,当然有其方法,而韩婴不仅将其视为重要议题,还非常注重修身的具体方法。韩婴所注重的修身办法是怎样的呢?《韩诗外传》卷一第十五章释《诗·邶风·雄雉》"不忮不求,何用不臧"③ 句,又称:

> 《传》曰:安命养性者,不待积委而富,名号传乎世者,不待势而位显。德义畅乎中,而无外求也。信哉,贤者不以天下为名利者也。④

"安命养性"能使人"不待积委而富","安命养性"带来的"名号传乎世",能使人"不待势而位显",由此韩婴声言:"德义畅乎中,而无外求。"在这里,韩婴告诉人们,修身就是要"安命养性",从而达到"德义畅乎中,而无外求"。由此可见,韩婴讲的修身实际上是立足于心性修养

---

① 屈守元:《韩诗外传笺疏》,第489~490页。
② 焦循:《孟子正义》卷九《万章章句上》,第277页。
③ 朱熹:《诗经集注》,第14页。
④ 屈守元:《韩诗外传笺疏》,第52页。

第四章 韩婴儒学：儒学贵族化乐章之历史回响

的。同样，《韩诗外传》卷一第二十四章释《诗·邶风·旄丘》"何其处也？必有与也。何其久也？必有以也"①句，其中又言：

> 中心存善，而日亲之。故独居而乐，德充而形。②

这是说，人应存善于心，日日体察自身的善性，由此做到"独居而乐，德充而形"。至于对"善"的理解，《韩诗外传》卷四第二十七章引孟子之语称："仁，人心也；义，人路也……学问之道无他，求其放心而已。"③在他看来，仁义之"善"是根植人心的。

《韩诗外传》卷八第二章的如下一段文字可以看作是韩婴对人成就心性必要性的说明：

> 人之所以好富贵安荣，为人所称誉者，为身也；恶贫贱危辱，为人所谤毁者，亦为身也。然身何贵也？莫贵于气。人得气则生，失气则死。其气非金帛珠玉也，不可求于人也；非缯布五谷也，不可籴买而得也。在吾身也，不可不慎也，《诗》曰："既明且哲，以保其身。"④

从文字上看，这里"人得气则生，失气则死"类似《管子·枢言》中所谓"有气则生，无气则死"⑤，《管子·枢言》的"有气则生，无气则死"是以"精气"释气，认为万物与人都是由这种精气所生。然韩婴称这种"气"是人所得的，且"非金帛珠玉也，不可求于人也；非缯布五谷也，不可籴买而得也"。他所主张的"气"仅针对人而言，又是人不能求之于外的，这说明在韩婴眼里这种"气"需要靠人为努力才能为人所具有，或者说，唯有人的主体力量才能使"气"充盈起来，这样说来，《韩诗外传》的"人得气则生，失气则死"的"气"显然不可看作是《管子》所说的"精气"。韩婴称"身何贵也？莫贵于气"，以为"气"构成生命的可贵之处，这么一种被韩婴说成是"气"的东西，既然是需要靠人为努力才能为人所获求，那它就不会是汉初以前其他思想家所主张的物质性之气，只应

---

① 朱熹：《诗经集传》，第16页。
② 屈守元：《韩诗外传笺疏》，第82页。
③ 焦循：《孟子正义》，第464页。
④ 屈守元：《韩诗外传笺疏》，第667~668页。
⑤ 戴望：《管子校正》，《诸子集成》（第5册），上海书店出版社，1986年影印本，第64页。

是类同于孟子所谓"浩然之气"那样的"气"的，是一种通过心性修养培养起来的道德精神。① 指出"人得气则生，失气则死"，这说明韩婴要求人们以心性追求为人生最高目标。韩婴在给"既明且哲，以保其身"注入儒家修身思想内容的解释时，也同时指出了心性修身的应然性——人只有通过成就心性才谈得上使生命躯体有其意义，亦即"人得气则生，失气则死"。

第二节　重建性善论——韩婴学说恢复孔孟儒学贵族精神的突出表现

致力于讨论成就心性人格，培养道德君子的问题，这体现了韩婴学说的贵族文化性格。韩婴思想以心性修养为主题，那么作为心性修养的人性基础是什么？在这个问题上，韩婴接受的是孟子性善论的思想，而性善论的接受更突出了韩婴学说的贵族性格。

徐复观先生与金春峰先生曾总结韩婴人性论思想。徐复观以为，韩婴"接受了孟子以心善言性善的主张"，并且他"未尝取荀子化性起伪之义"②；金春峰以为，韩婴"发挥了荀子的人性观点"，但"韩婴的主导思想是孟子性善的思想"③。

徐复观和金春峰都以为韩婴接受了孟子的性善思想，就此，我们看看能反映韩婴性善论思想倾向的有关材料。

徐复观立论的依据是《韩诗外传》卷四第二十七章所引孟子之语——"仁，人心也；义，人路也……学问之道无他，求其放心而已。"金春峰增加了另外两条材料举证：一是，卷二第三十四章提到"夫人者说人也，形而为仁义，动而为法则"④；另一是，卷六第十六章指出"天之所生，皆有仁义礼智顺善之心。不知天之所以命生，则无仁义礼智顺善之心。无仁义礼智顺善之心，谓之小人"⑤。其实，除他们指出的这三条外，还有两条重要的材料也明显可见韩婴对孟子性善思想的接受，《韩诗外传》卷一第十四章说："传曰：聪者自闻，明者自见，聪明则仁爱著，而廉耻分矣。"⑥

---

① 拙文《孟子"不动心"思想探析》，《齐鲁学刊》1995年第3期。
② 徐复观：《两汉思想史》（卷三），第34~38页。
③ 金春峰：《汉代思想史》，第105页。
④ 屈守元：《韩诗外传笺疏》，第222~223页。
⑤ 屈守元：《韩诗外传笺疏》，第552页。
⑥ 屈守元：《韩诗外传笺疏》，第51页。

这就是说，依循人的本然自有的感觉能力"聪""明"，人会显现仁爱之情感、廉耻之判别。《韩诗外传》卷五第三十章说得更明白："民非无仁义根于心也。"① 这已经把仁义视为人本来所具有，直接就是性善论说法。

韩婴的主导思想是性善论，且在人性善的立论上，韩婴有自己独到的思考和探讨。韩婴赞同孟子的性善论，但不是单纯重复孟子之说，《韩诗外传》卷六第十六章说："子曰：'不知命无以为君子。'言天之所生，皆有仁义礼智顺善之心。不知天之所以命生，则无仁义礼智顺善之心。无仁义礼智顺善之心，谓之小人。故曰：'不知命无以为君子。'"② "不知命，无以为君子"语出《论语·尧曰》③，韩婴以孟子性善观点解释孔子之言，借这样的解释韩婴把"天"和"命"与"性"联系起来，认为，具善性之"心"是"天之所以命生"，这是孟子没有说过的。

韩婴虽主性善论，但是《韩诗外传》中亦有不少同荀子性恶论有关的文字，对此，金春峰先生在指出"韩婴的主导思想是孟子性善的思想"之外，又称韩婴"发挥了荀子的人性观点"④。他引《韩诗外传》卷二第七章之语，"孔子曰：'口欲味，心欲佚，教之以仁。心欲安，身欲劳，教之以恭。好辩论而畏惧，教之以勇。目好色，耳好声，教之以义。'……故防邪禁佚，调和心志"⑤，然后指出，韩婴"肯定'口欲味，心欲佚'，'目好色，耳好声'正是荀子关于人性恶的观点"⑥。本书以为，《韩诗外传》将"口欲味，心欲佚""目好色，耳好声"等语认作是孔子之说，即意味着"口欲味，心欲佚""目好色，耳好声"这些反映性恶论主张的观点是引语，并非韩婴之见，退一步说，即使这是韩婴借孔子之口表达自己的观点，那么，就现存《韩诗外传》全篇看，此种说法也只此一见，这同韩婴称述性善观点的文句之出现次数相比是极少的，实在不足以代表韩婴思想。从这些分析看，徐复观以为韩婴并没有荀子"化性起伪"的观点，这并不为过。

荀子结合其性恶论主张提出了一套修为方法，尽管韩婴基本上没有接受荀子的性恶之说，但他对荀子谈到的从师习礼以成就修身之业的观点仍是有所借鉴的，韩婴在孟子心性论基础上将孟荀观点结合起来作进一步思

---

① 屈守元：《韩诗外传笺疏》，第505页。
② 屈守元：《韩诗外传笺疏》，第553页。
③ 刘宝楠：《论语正义》卷二十三《尧曰》，第419页。
④ 金春峰：《汉代思想史》，第105页。
⑤ 屈守元：《韩诗外传笺疏》，第135页。
⑥ 金春峰：《汉代思想史》，第105~106页。

考，探讨修身之途径。我们看看韩婴是如何在兼合孟荀两种思想时保持其性善论思想的。

《孟子·告子上》载：

> 仁，人心也。义，人路也。舍其路而弗由，放其心而不知求，哀哉！人有鸡犬放，则知求之。有放心而不知求。学问之道无他，求其放心而已。①

孟子言性善，并把修养当作是人的良知自悟，是对本心善性的回复。韩婴则搬用孟子这一说法，《韩诗外传》卷四第二十七章说：

> 孟子曰：仁，人心也。义，人路也。舍其路弗由，放其心而弗求。人有鸡犬放，则知求之。有放心而不知求，其于心为不若求鸡犬哉？不知类之甚矣。……学问之道无他，求其放心而已。②

韩婴引孟子之言，认为，人们并非不具天然善性，是"舍其路""放其心"造成了仁义礼智本性的丧失，所以他也强调人们当寻求对本心善性的回复。如何回复本心善性呢？《韩诗外传》卷二第三十二章引《荀子·修身》说："凡治心养气之术，莫径由礼，莫要得师，莫神一好。"③ 遵循礼是修身的门径，从师学是修身的良方，《韩诗外传》卷五第十章又说：

> 无礼何以正身？无师安知礼之是也。礼然而然，是情安于礼也。师云而云，是知若师也。情安礼，知若师，则是君子之道。④

就文句的出处说，这段话也基本出自《荀子·修身》的如下一节：

> 礼者，所以正身；师者，所以正礼也。无礼，何以正身？无师，吾安知礼之是也？礼然而然，则是情安于礼也。师云而云，则是知若师也。情安礼，知若师，则是圣人也。⑤

荀子这里没有谈到性恶，而是强调"情安于礼"和接受师教，从师习礼被看成修身成德的方法，韩婴大体引用这些文句，说明他接受此种见解。接

---

① 焦循：《孟子正义》卷十一《告子章句上》，第464页。
② 屈守元：《韩诗外传笺疏》，第423页。
③ 王先谦：《荀子集解》卷一《修身篇》，第16页。
④ 屈守元：《韩诗外传笺疏》，第462页。
⑤ 王先谦：《荀子集解》卷一《修身篇》，第20页。

第四章　韩婴儒学：儒学贵族化乐章之历史回响

受了这种见解，韩婴引用过的"学问之道无他，求其放心而已"之句所表达的显然不会是孟子的原意，孟子的"学"乃"有己之德性，而问学以通乎古贤圣之德性，是资于古贤圣所言德性，禅益己之德性也"①。韩婴的"学问之道"是从师习礼。也就是说，韩婴认为人的修养还应依靠师教和遵礼。由此可见，韩婴以性善论为思想基础，主张由从师习礼为途径以回复人的良善心性，完成修身成德的任务。

我们还可以比较一下上面两段引文的末句，荀子说："情安礼，知若师，则是圣人也。"韩婴却说："情安礼，知若师，则是君子之道。"韩婴将"则是圣人也"改为"则是君子之道"。不言"则是圣人也"，而称"则是君子之道"，这一改动正反映韩婴的思想面貌。在荀子看来，"尧舜之与桀跖，其性一也"②，"故圣人者，人之所积而致矣"③。荀子之"圣人"同样是性恶者化性起伪的结果，韩婴如果沿用荀子的"则是圣人也"，那就意味着这里表述的思想同荀子无别，它所指的是性恶者从师习礼成为圣人。韩婴持性善论的立场，即主人性本善的见解，所以韩婴不能完全照搬荀子之语，韩婴曾说："子曰：'不知命，无以为君子。'言天之所生，皆有仁义礼智顺善之心。"他的所谓"君子"也就是有"仁义礼智顺善之心"，能自我约束的那个君子，是性善论理论论域中的拾回仁义本性的修身成德者，因此之故，韩婴将"则是圣人也"改为"则是君子之道"④，"君子"的遣词造句传递出了韩婴源自孟子的"求放心"思想；"情安礼""知若师"则表明韩婴把荀子式的"学"认作是达到他所主张的求"放心"、致"良知"的修身手段，韩婴实现对孟荀之说的融合，但这种融合并无改变孔孟儒学的贵族文化性格特征。

《韩诗外传》卷五第十七章这段话为研究者重视：

---

① 戴震：《孟子字义疏证卷中·性》，戴震著、章锡琛点校《原善 孟子字义疏证》，北京古籍出版社，1957，第57页。
② 王先谦：《荀子集解》卷十七《性恶篇》，第294页。
③ 王先谦：《荀子集解》卷十七《性恶篇》，第296页。
④ 对"圣"一词的使用，西汉前后正有明显的不同，先秦时期君权不高，故德行上的出类拔萃者常被称为"圣"，但大致自西汉起，有德者多被称为"君子"，而不称为"圣"，"圣"用来专指君主，这样的情形可以在贾谊和董仲舒的著作里得到印证。不过，韩婴对"圣"的使用却并非如此，他也以德行为依据指普通人为"圣"，如《韩诗外传》卷五第三十二章说："圣人养一性而御大气，持一命而节滋味。"（屈守元：《韩诗外传笺疏》，第512页）该卷第三十三章又说："朝廷之士为禄，故入而不出；山林之士为名，故往而不返。入而亦能出，往而亦能返，通移有常，圣也。"（屈守元：《韩诗外传笺疏》，第513页）由此我们可以排除，韩婴更改"是圣人也"为"是君子之道"，是出于汉以后对"圣"一词的使用习惯的时代转变而造成的这种可能性。

> 茧之性为丝，弗得女工燔以沸汤，抽其统理，不成为丝。卵之性为雏，不得良鸡覆伏孚育，积日累久，则不成为雏。夫人性善，非得明王圣主扶携，内之以道，则不成为君子。①

金春峰先生以人性论的角度看待韩婴的这段话，赋予它开启董仲舒人性论思想的意义。② 由上文的分析，笔者以为，这段话的重要之处还在于它是韩婴关于修身途径看法的总结性表述。

韩婴把孟荀的修身成德思想结合起来，于是也就有了他的"茧""丝"和"卵""雏"之喻。茧成丝、卵成雏，有其自身根据，人的善性要得到实现，亦有其自身根据，此即人有先天之本心善性，所以成德应是人的良知自悟自显，是促使本心善性被发现出来。但与孟子不同的是，韩婴以为，如同茧和卵必须待一定条件才能成丝和雏，不借助外在条件，亦不能完成成德的任务。唯有借助外在因素，才能使人良知自悟自显，其本善之性被拾回，由于这个外在因素是"师"和"礼"，礼又为"明王圣主"所制，故韩婴有所谓"明王圣主扶携，内之以道"之语，以为明主圣王制定和推行礼使人有所师学，这是人们恢复本心善性的条件。至于"君子"，韩婴谈论它的目的很显然也不是如荀子那样着眼于从政治上范制社会平民化变化之后的社会大众，而是要培养为孔孟期盼的、专注心性修养的生命超越者，韩婴要让汉初的上层社会和士人成为心性贵族。

至此，我们比较一下韩婴与陆贾、贾谊的思想。

陆、贾儒学的思想理路由荀学发展而来，他们的思想显示了汉初社会结构上的细微变化。陆贾处于汉初上层社会第一代的历史时期，故他给儒学添加的平民文化性格成分达到极致的程度，而贾谊所处的是汉初上层社会的第二代，不同于其父辈，这个社会上层已经开始接受文化教育，所以，在贾谊那里有提倡贵族生活方式和意识观念的内容，贵族文化性格的思想因素已重现于他的学说中。不过，总体来说，贾谊的思想中依然有一些浸润平民文化性格的思想因素，心性追求也尚不构成贾谊的思想主题。而通观韩婴的思想理路，韩婴提出成德的思想主张，立意培养能实现生命超越的道德君子，他的"礼"不单是制欲的工具性手段，他注意到礼之下的"情"；他对德性的看待，也主要不是把握其工具性、功利性意义，而是着眼于心性人格；在人性论思考上，他提出性善论，更是让性善论这个蕴含

---

① 屈守元：《韩诗外传笺疏》，第476页。
② 金春峰：《汉代思想史》，第106页。

第四章 韩婴儒学：儒学贵族化乐章之历史回响

贵族精神最极致表现的理论又在汉初的思想舞台上闪亮起来，这是儒学贵族化历史乐章之回响！

同陆贾、贾谊的思想一样，如果我们联系形成韩婴思想理论的现实土壤，那么对其学说的特质也就不难理解了。韩婴构作思想的时期正是景武之际，首先，这个时期是第一代贵族退出历史舞台，第二代贵族向第三代过渡之际，所以我们看到在韩婴的思想里，如陆贾那种讲清静无为、尚俭的风貌已经一去不复返；其次，韩婴构作思想的年代比起贾谊理论活动时期，是更新一代的上层社会接受贵族化教育之际，因此这个时期也是对上层社会的贵族化教育更加深入的时期（贾谊和韩婴皆职太傅，贾谊为梁怀王太傅，韩婴为常山王太傅，梁怀王和常山王恰分别为汉初贵族的第三、第四代），所以，韩婴在这一历史背景下能够因时而动，提出更具贵族文化性格的心性理论。除上述原因外，就汉初社会结构的变化而言，本书上篇言及，在景武之际，经学教育已经有了一定的规模，经学教育也造成了讲求人文风范、致力于心性追求的思想性格上具有贵族气质的一批儒者。先秦孔子去掉贵族文化对血缘、身份的讲求，倡导人们通过心性追求培养起雅致的人格风范，养育出贵族气质，韩婴所处的景武之时，随着儒学思潮的逐步复兴，文化的再起接续先秦贵族文化性格的儒学之学脉，经学之士对儒家学说所倡导的贵族文化性格的认同和思想理路的应和，也最终反映在思想家的理论构作上。故此，由景武之时的社会结构变迁所造成的上述诸方面，构筑了形成韩婴思想的现实土壤，终于促成他对"内圣"课题的关注，对贵族精神的拾回，激起了先秦孔孟那种纯粹的贵族文化性格之儒学的历史回响。

第五章　董仲舒儒学：吸纳平民意识的儒学新体系与贵族、平民两种性格思想因素的整合

在思想史上，董仲舒是汉初最负盛名的儒家人物，《汉书·董仲舒传》称：

> 董仲舒，广川人也。少治《春秋》，孝景时为博士。下帷讲诵，弟子传以久次相授业，或莫见其面。盖三年不窥园，其精如此。进退容止，非礼不行，学士皆师尊之。
>
> 武帝即位，举贤良文学之士前后百数，而仲舒以贤良对策焉。
>
> ……天子览其对而异焉，乃复册之……
>
> 对既毕，天子以仲舒为江都相，事易王。易王，帝兄，素骄，好勇。仲舒以礼谊匡正，王敬重焉。久之，王问仲舒曰："粤王句践与大夫泄庸、种、蠡谋伐吴，遂灭之。孔子称殷有三仁，寡人亦以为粤有三仁。桓公决疑于管仲，寡人决疑于君。"仲舒对曰："臣愚不足以奉大对。闻昔者鲁君问柳下惠：'吾欲伐齐，何如？'柳下惠曰：'不可。'归而有忧色，曰：'吾闻伐国不问仁人，此言何为至于我哉！'徒见问耳，且犹羞之，况设诈以伐吴乎？由此言之，粤本无一仁。夫仁人者，正其谊不谋其利，明其道不计其功。是以仲尼之门，五尺之童羞称五伯，为其先诈力而后仁谊也。苟为诈而已，故不足称于大君子之门也。五伯比于他诸侯为贤，其比三王，犹武夫之与美玉也。"王曰："善。"
>
> 仲舒治国，以《春秋》灾异之变推阴阳所以错行，故求雨，闭诸阳，纵诸阴，其止雨反是；行之一国，未尝不得所欲。中废为中大夫。先是辽东高庙、长陵高园殿灾，仲舒居家推说其意，草稿未上，主父偃候仲舒，私见，嫉之，窃其书而奏焉。上召视诸儒，仲舒弟子吕步舒不知其师书，以为大愚。于是下仲舒吏，当死，诏赦之，仲舒遂不敢复言灾异。
>
> 仲舒为人廉直。是时方外攘四夷，公孙弘治《春秋》不如仲舒，而弘希世用事，位至公卿。仲舒以弘为从谀，弘嫉之。胶西王亦上兄

第五章 董仲舒儒学：吸纳平民意识的儒学新体系与贵族、平民两种性格思想因素的整合

也，尤纵恣，数害吏二千石。弘乃言于上曰："独董仲舒可使相胶西王。"胶西王闻仲舒大儒，善待之。仲舒恐久获罪，病免。凡相两国，辄事骄王，正身以率下，数上疏谏争，教令国中，所居而治。及去位归居，终不问家产业，以修学著书为事。

仲舒在家，朝廷如有大议，使使者及廷尉张汤就其家而问之，其对皆有明法。自武帝初立，魏其、武安侯为相而隆儒矣。及仲舒对册，推明孔氏，抑黜百家。立学校之官，州郡举茂材孝廉，皆自仲舒发之。年老，以寿终于家，家徙茂陵，子及孙皆以学至大官。

仲舒所著，皆明经术之意，及上疏条教，凡百二十三篇。而说《春秋》事得失，《闻举》、《玉杯》、《蕃露》、《清明》、《竹林》之属，复数十篇，十余万言，皆传于后世。掇其切当世施朝廷者著于篇。①

董仲舒少治《春秋》，孝景时为博士。他下帷讲诵，弟子众多，勤勉于学，"盖三年不窥园"。在举止风范上，董仲舒对体现贵族风范的礼仪认真奉行，"进退容止，非礼不行，学士皆师尊之"。不过，也值得一提的是，董仲舒一方面行止上极具贵族风范，但在另一方面对流行于民间乡野的如"推阴阳所以错行"、求雨、止雨这一类特定的文化小传统，亦有所好。

武帝即位，令各地举贤良文学之士，汉武帝元光元年（公元前134年），仲舒上"天人三策"，为武帝初年的政策调整提供了重要的思想依据。其后，任江都易王刘非的国相十年，告诫江都易王"正其谊（义）不谋其利，明其道不计其功"；元朔四年（公元前125年），又任胶西王刘端的国相，四年后辞职回家。此后，居家著书，朝廷每有大议，令使者及廷尉就其家而问之，仍受武帝尊重。

董仲舒思想产生于汉初景武之际，这个时期，尽管新一代上层人物去除了其先辈的平民气息，已经走向贵族化，但对于其统治下的整个汉初社会来说，当时的社会仍是一个经过平民化洗礼的社会，在随春秋晚期以来社会结构变化而出现的君主和臣民相对待的政治局面中，平民是直接的被统治对象。董仲舒创建思想所处的年代与韩婴几乎同时，所以，董仲舒思想形成的社会背景便包含了这样两个重要的方面：一方面，社会平民化带来特定的政治格局已经稳固下来；另一方面，汉初社会上层已经去除王朝第一代普遍具有的平民意识，具备了承载新文化意识的心理容积。韩婴思想折射出上述两方面社会背景中的后一方面，而董仲舒的学说则深刻地反

---

① 《汉书》卷五十六《董仲舒传》，第 2495~2526 页。

映了当时社会背景的两个方面。

第一节　新体系之儒学的建立与平民意识的吸纳

一

因应经平民化洗礼的社会，荀子提出具有工具化特征的理论学说，他以礼治欲，视礼为"仁义"的"经纬蹊径"，又接受法刑、重势和尊君等法家思想因素。荀子这样一番理论构作折射出社会平民化变化之后的社会普遍而强烈的平民气息，他的这条思想理路在汉初前期的陆贾、贾谊那里得到了进一步的延续和拓展，延及景、武之时的董仲舒，董仲舒对荀学所主张的一套政治操作方法依然是认同的。

首先，我们看董仲舒所说的"礼"。

当武帝"欲闻大道之要，至论之极"，诏令贤良对策时，董仲舒即奏：

> 道者，所繇适于治之路也，仁义礼乐皆其具也。故圣王已没，而子孙长久安宁数百岁，此皆礼乐教化之功也。①
>
> 教化大行，天下和洽，万民安仁乐谊，各得其宜，动作应礼，从容中道。②

董仲舒认为周代因礼乐教化而长治久安，这样的礼乐教化即是"道"，即是"适于治之路"。显见，董仲舒以礼治为合理的政治运行方式，他为汉王朝指出的治道就是礼治。董仲舒以为为政者行礼乐教化即是德政，故他要求"任德不任刑"，批评"今废先王德教之官，而独任执法之吏治民，毋乃任刑之意与！"③ 董仲舒言"礼治"，对这个"礼治"，他强调其规范性的一面，《春秋繁露》中称：

> 凡百乱之源，皆出嫌疑纤微，以渐浸稍长至于大。圣人章其疑者，别其微者，绝其纤者，不得嫌，以蚤防之。圣人之道，众堤防之类也。谓之度制，谓之礼节。故贵贱有等，衣服有制，朝廷有位，乡党有序，则民有所让而不敢争，所以一之也。④

---

① 《汉书》卷五十六《董仲舒传》，第 2499 页。
② 《汉书》卷五十六《董仲舒传》，第 2508 页。
③ 《汉书》卷五十六《董仲舒传》，第 2502 页。
④ 苏舆撰《春秋繁露义证》卷八《度制》，第 231 页。

第五章　董仲舒儒学：吸纳平民意识的儒学新体系与贵族、平民两种性格思想因素的整合

董仲舒的"任德"其中就包括了以这种规范性的"礼"对万民的约束。

其次，我们看看董仲舒对荀子一系而来的法刑、重势、尊君观点的延续。在肯定法刑上，董仲舒说：

> 刑者德之辅。①
>
> 民无所好，君无以权也。民无所恶，君无以畏也。无以权，无以畏，则君无以禁制也。……故圣人之治国也……务致民令有所好。有所好然后可得而劝也，故设赏以劝之。有所好必有所恶，有所恶然后可得而畏也，故设罚以畏之。既有所劝，又有所畏，然后可得而制。②

在重势上，他说：

> 为人主者，居至德之位，操杀生之势，以变化民，民之从主也，如草木之应四时也。③

在尊君上，他说：

> 君人者，国之元，发言动作，万物之枢机。……君人者，国之本也。④
>
> 一国之君，其犹一体之心也。……是故君臣之礼，若心与体，心不可以不坚……体不可以不顺，臣不可以不忠。⑤
>
> 立义以明尊卑之分，强干弱枝以明大小之职。⑥

这些话表明了董仲舒同荀子、陆贾、贾谊一样，对尊君、重势和肯定法刑等具法家思想要素的观点是有所认可的。

二

不过，尽管董仲舒与荀子、陆贾、贾谊等人在思想上有上述一致之处，在理论特征上，董仲舒与荀、陆、贾的学说之间有着极大的差异，荀、陆、贾大体是从工具操作的角度提出其儒家学说，而董仲舒则非如此，他建立

---

① 苏舆撰《春秋繁露义证》卷十一《天辩在人》，第336页。
② 苏舆撰《春秋繁露义证》卷六《保位权》，第172~173页。
③ 苏舆撰《春秋繁露义证》卷十七《威德所生》，第462页。
④ 苏舆撰《春秋繁露义证》卷六《立元神》，第166~168页。
⑤ 苏舆撰《春秋繁露义证》卷十七《天地之行》，第460~461页。
⑥ 苏舆撰《春秋繁露义证》卷五《盟会要》，第141页。

了一个以天为核心的目的论思想体系。① 而在构建这个体系时，董仲舒借助了广泛的平民意识，或者说，董仲舒通过大量吸纳平民意识建构起他的新儒学体系。

对此，我们由董仲舒学说的重要概念入手。

一般认为，"天"是董仲舒思想的重要概念，他的"天"是极有特点的。西周时期，天被看作是至上神，孔子创立儒学，高扬人文精神，摆脱人对天的从属。在由孔子开始的先秦儒学那里，神学意识大大淡化，这种思想趋势在荀子那里达到顶峰，荀子对天作了完全自然化的理解。"列星随旋，日月递炤，四时代御，阴阳大化，风雨博施，万物各得其和以生，各得其养以成，不见其事而见其功，夫是之谓神；皆知其所以成，莫知其无形，夫是之谓天。"② 但董仲舒的"天"倒退到孔子之前的时代，董仲舒恢复了天的神格的地位。金春峰分析董仲舒的"天"的概念，认为在董仲舒的"天"的几种含义里，"自然之天从属于道德之天，道德之天从属于神灵之天"③，这种概括是确当的。

董仲舒以"天"为神灵之天，"天"有意志，天人可互相感应。故他认为，人们应识天意、顺天意、合天道，按"天"的意志而行，为此，董仲舒言：

> 上谨于承天意，以顺命也。④
> 行有伦理，副天地也。⑤

至于作为天之子的帝王更应顺天、法天，其政治统治当遵循天人一致的法式，依天命而行，他称：

> 王者欲有所为，宜求其端于天。⑥
> 为人君者，其法取象于天。⑦

---

① 学界通常称董仲舒这种目的论思想体系为神学目的论体系，侯外庐、杜国庠、赵纪彬等主编的《中国思想通史》首提此说，其称："董仲舒的思想体系……乃是神学目的论的形式。"见侯外庐、杜国庠、赵纪彬、邱汉生的《中国思想通史》（第2卷），第100页。
② 王先谦：《荀子集解》卷十一《天论篇》，第206页。
③ 金春峰：《汉代思想史》，第151页。
④ 《汉书》卷五十六《董仲舒传》，第2515页。
⑤ 苏舆撰《春秋繁露义证》卷十三《人副天数》，第357页。
⑥ 《汉书》卷五十六《董仲舒传》，第2502页。
⑦ 苏舆撰《春秋繁露义证》卷十七《天地之行》，第458页。

第五章　董仲舒儒学：吸纳平民意识的儒学新体系与贵族、平民两种性格思想因素的整合

董仲舒把承自荀子、陆贾、贾谊的礼治视为这样一种符合天意的政治治理方法，他说：

> 礼者，继天地，体阴阳，而慎主客，序尊卑、贵贱、大小之位，而差外内、远近、新故之级者也……①

不仅礼治是符合天意的选择，前文我们指出，董仲舒接受尊君、重势和肯定法刑等法家思想观点也同样是将其纳入天意之下，他论法刑：

> 天道之大者在阴阳。阳为德，阴为刑；刑主杀而德主生。②
> 德之厚于刑也，如阳之多于阴也。③

他论尊君：

> 受命之君，天意之所予也。④

他论重势：

> 天下受命于天子。⑤
> 圣人之治国也，因天地之性情，孔窍之所利，以立尊卑之制，以等贵贱之差……⑥

按前文所述，陆贾、贾谊承继荀学的理路，重视仁义礼法的工具性意义。而从这里却可看出，董仲舒不同于他们，董仲舒由"天"出发，从宇宙论的角度论定仁义礼法，将德性之追求、人君对以往儒家政治运行方式的贯彻，乃至由荀学思路而来的那些浸润平民文化性格的思想因素，都当作是为天所支持的当然之则，把仁义礼法的贯彻由经验层面问题转变为超验层面问题。

董仲舒的"天"又并非单纯的抽象物，在构思"天"的时候他还给这个"天"附上了民间乡土风味，对此，我们还是由董仲舒的"天"来加以说明。

---

① 苏舆撰《春秋繁露义证》卷九《奉本》，第275~276页。
② 《汉书》卷五十六《董仲舒传》，第2502页。
③ 苏舆撰《春秋繁露义证》卷十二《阴阳义》，第342页。
④ 苏舆撰《春秋繁露义证》卷十《深察名号》，第286页。
⑤ 苏舆撰《春秋繁露义证》卷十一《为人者天》，第319页。
⑥ 苏舆撰《春秋繁露义证》卷六《保位权》，第173页。

董仲舒称：

> 天地之气，合而为一，分为阴阳，判为四时，列为五行。①
>
> 天有五行，一曰木，二曰火，三曰土，四曰金，五曰水。木，五行之始；水，五行之终；土，五行之中。此其天次之序也。②

天生万物，并使之依五行合规律地运行，天有天意，天之意也通过阴阳、五行表现出来，故董仲舒言：

> 天意难见也，其道难理。是故明阴阳、入出、实虚之处，所以观天之志。辨五行之本末顺逆、小大广狭，所以观天道也。③

董仲舒所称的天意是要具体显现为阴阳、五行的，那么阴阳、五行的本质是什么呢？

从文化人类学的角度看，阴阳五行观念的形成与早期人类特定的社会经验有关。阴阳可追溯于昼夜、日月、男女等原始对立观念，五行同样离不开人们的生活经验，《左传·襄公二十七年》即云："天生五才，民并用之，废一不可。"④ 汉代农业社会仍有大量的生产、生活经验与阴阳、五行观念搭配和对应，阴阳五行观念在"小传统"那里是深厚的。葛兆光先生在研究"秦汉时代的普遍知识与一般思想水平"时断言，天、阴阳和五行"这种数字式的概念……他们发生很早，经历了漫长的整合和论证过程，在秦汉时代终于以系统的形式固定下来，并渗透到各个领域，人们已经习惯了这一解释系统"⑤。在汉初，阴阳五行思想已扎根于民间意识中，而董仲舒正是通过大量运用这种已扎根于民间意识的思想来进行理论建构的，《春秋繁露》中许多冠以"阴阳"或"五行"之名的篇章往往都直接由生产、生活经验出发，找寻其与阴阳、五行的关系，最后再回归结论。如《春秋繁露》的《暖燠常多》以气候和万物长养与阴阳连接：

> 天之道，出阳为暖以生之，出阴为清以成之。是故非薰也不能有育，非溧也不能有熟，岁之精也。知心而不省薰与溧孰多者，用之必与天戾。与天戾，虽劳不成。是自正月至于十月，而天之功毕，计其

---

① 苏舆撰《春秋繁露义证》卷十三《五行相生》，第362页。
② 苏舆撰《春秋繁露义证》卷十一《五行之义》，第321页。
③ 苏舆撰《春秋繁露义证》卷十七《天地阴阳》，第467页。
④ 杨伯峻编著《春秋左传注》，第1136页。
⑤ 葛兆光：《七世纪前中国的知识、思想和信仰世界》，第336～337页。

第五章 董仲舒儒学：吸纳平民意识的儒学新体系与贵族、平民两种性格思想因素的整合

间，阴与阳各居几何，薰与溧其日孰多。距物之初生，至其毕成，露与霜其下孰倍。故从中春至于秋，气温柔和调。及季秋九月，阴乃始多于阳，天于是时出溧下霜，出溧下霜，而天降物固已皆成矣。故九月者，天之功大究于是月也，十月而悉毕。故案其迹，数其实，清溧之日少少耳。功已毕成之后，阴乃大出。天之成功也，少阴与而太阴不与，少阴在内而太阴在外，故霜加于物，而雪加于空，空者亶地而已，不逮物也。功已毕成之后，物未复生之前，太阴之所当出也。虽曰阴，亦以太阳资化其位，而不知所受之。故圣主在上位，天覆地载，风令雨施。雨施者，布德均也；风令者，言令直也。诗云："不识不知，顺帝之则。"言弗能知识，而效天之所为云尔。禹水汤旱，非常经也，适遭世气之变，而阴阳失平。尧视民如子，民视尧如父母。《尚书》曰："二十有八载，放勋乃殂落，百姓如丧考妣，四海之内，阕密八音三年。"三年阳气厌于阴，阴气大兴，此禹所以有水名也。桀，天下之残贼也；汤，天下之盛德也，天下除残贼而得盛德大善者再，是重阳也，故汤有旱之名，皆适遭之变，非禹汤之过。毋以适遭之变疑平生之常，则所守不失，则正道益明。①

董仲舒在这一段文字中，先从人们的日常观念入手，谈到阳气上升带来温暖使万物生长，阴气出现带来清爽使万物成熟，然后又谈到阳气和阴气在一年中分别占据的时间长短及其与万物生成的关系，由此再引申出人君之道。又如《春秋繁露》的《五行顺逆》以气候、农事、物候、万物养长与五行连接，再言及政治治理问题：

木者春，生之性，农之本也。劝农事，无夺民时，使民，岁不过三日，行什一之税，进经术之士。挺群禁，出轻系，去稽留，除桎梏，开门阖，通障塞。恩及草木，则树木华美，而朱草生；恩及鳞虫，则鱼大为，鳣鲸不见，群龙下。如人君出入不时，走狗试马，驰骋不反宫室。好淫乐，饮酒沉湎，纵恣，不顾政治，事多发役，以夺民时。作谋增税，以夺民财。民病疥搔，温体，足胕痛。咎及于木，则茂木枯槁，工匠之轮多伤败。毒水渰群，漉陂如渔，咎及鳞虫，则鱼不为，群龙深藏，鲸出现。

火者夏，成长，本朝也。举贤良，进茂才，官得其能，任得其力，赏有功，封有德，出货财，振困之，正封疆，使四方。恩及于火，则

---
① 苏舆撰《春秋繁露义证》卷十二《暖燠常多》，第347~349页。

火顺人而甘露降；恩及羽虫，则飞鸟大为，黄鹄出见，凤凰翔。如人君惑于谗邪，内离骨肉，外疏忠臣，至杀世子，诛杀不辜，逐忠臣，以妾为妻，弃法令，妇妾为政，赐予不当，则民病血壅肿，目不明。咎及于火，则大旱，必有火灾，摘巢探鷇，咎及羽虫，则飞鸟不为，冬应不来，枭鸱群鸣，凤凰高翔。

土者夏中，成熟百种。君之官。循宫室之制，谨夫妇之别，加亲戚之恩。恩及于土，则五谷成，而嘉禾兴。恩及倮虫，则百姓亲附，城郭充实，贤圣皆迁，仙人降。如人君好淫佚，妻妾过度，犯亲戚，侮父兄，欺罔百姓。大为台榭，五色成光，雕文刻镂，则民病心腹宛黄，舌烂痛。咎及于土，则五谷不成。暴虐妄诛，咎及倮虫，倮虫不为，百姓叛去，贤圣放亡。

金者秋，杀气之始也。建立旗鼓，杖把旄钺，以诛贼残，禁暴虐，安集，故动众兴师，必应义理。出则祠兵，入则振旅，以闲习之。因于搜狩，存不忘亡，安不忘危。修城郭，缮墙垣，审群禁，饬兵甲，警百官，诛不法。恩及于金石，则凉风出；恩及于毛虫，则走兽大为，麒麟至。如人君好战，侵陵诸侯，贪城邑之赂，轻百姓之命，则民病喉咳嗽，筋挛，鼻鼽塞。咎及于金，则铸化凝滞，冻坚不成。四面张罔，焚林而猎，咎及毛虫，则走兽不为，白虎妄搏，麒麟远去。

水者冬，藏至阴也。宗庙祭祀之始，敬四时之祭，禘祫昭穆之序。天子祭天，诸侯祭土。闭门闾，大搜索。断刑罚，执当罪，饬关梁，禁外徙。恩及于水，则醴泉出，恩及介虫，则鼋鼍大为，灵龟出。如人君简宗庙，不祷祀，废祭祀，执法不顺，逆天时，则民病流肿，水张，痿痹，孔窍不通。咎及于水，雾气冥冥，必有大水，水为民害。咎及介虫，则龟深藏，鼋鼍响。①

而《春秋繁露》的《治乱五行》则全讲气候、农事、物候的变化与五行：

火干木，蛰虫蚤出，蚿雷蚤行。
土干木，胎夭卵殰，鸟虫多伤。金干木，有兵。水干木，春下霜。
土干火，则多雷。金干火，草木夷。水干火，夏雹。木干火，则地动。
金干土，则五谷伤，有殃。水干土，夏寒雨霜。木干土，倮虫不为。火干土，则大旱。

---

① 苏舆撰《春秋繁露义证》卷十三《五行顺逆》，第371~381页。

第五章　董仲舒儒学：吸纳平民意识的儒学新体系与贵族、平民两种性格思想因素的整合 <<<

　　水干金，则鱼不为。木干金，则草木再生。火干金，则草木秋荣。土干金，五谷不成。
　　木干水，冬蛰不藏。土干水，则蛰虫冬出。火干水，则星坠。金干水，则冬大寒。①

在农业时代，气候、农事、物候等都直接与平民的生产生活直接相关，因而它们属于具备民间色彩的事物或观念，其平民性意味自不待言。阴阳五行思想在民间意识中拥有这样的位置，据此，我们可以认为，董仲舒将儒学同阴阳五行挂搭在一起，实际上是让平民大众以自身固有的思想观念对儒家学说加以"格义"，使其融会于平民的思想信仰之中，从而造成儒学贴合于"小传统"，走向平民化。②

　　人类学家恩斯特·卡西尔（Erst Cassirer）在论述神话与宗教时曾说："神话的真正基质不是思维的基质而是情感的基质。神话和原始宗教决不是无条理性的……它们的条理性更多地依赖于情感的统一性而不是依赖于逻辑的法则。……神话是情感的产物，他的情感背景使它的所有产品都染上了它自己所特有的色彩。"③ 董仲舒将人与天相比类，称"为人者天也。人之人本于天，天亦人之曾祖父也。此人之所以上类天也"④，又将万事万物都套入阴阳五行的模式。对比拥有理性特征的荀学，董仲舒的学说体系的确"不是依赖于逻辑的法则"进行理论建构的，它是将思想建构在"情感统一性"的基础上，⑤ 将儒学神学化的。在董仲舒那里，儒学失去理性

---

① 苏舆撰《春秋繁露义证》，第383～384页。
② 陈启云先生说："阴阳五行的理论符合体系，不但是汉儒整理学术文化传统的一有效工具，这理论符合体系本身也反映了汉人综合、调和、批判地接纳和继续发展变化文化传统的基本心态。……现代人一般批评此心态为汉代思想文化的庸俗化，甚至模糊化。但这汉人心态反映出汉代政治和文化界的精英（士、儒），不再像战国诸子时代那样，对低阶层平民的通俗文化思想（包括宗教迷信）采取排斥的态度……"陈先生注意到汉代思想家以阴阳五行体系为工具综合、整理社会各类各层次文化的思想特色，这一看法极其可贵。不过他未指出阴阳五行思想本身就是极具平民化的。（见氏著《儒学与汉代历史文化——陈启云文集二》，广西师范大学出版社，2007，第15～16页）
③ 卡西尔著《人论》，甘阳译，上海译文出版社，1985，第104～105页。
④ 《春秋繁露·为人者天》，苏舆撰《春秋繁露义证》，第318页。另，"人之人本于天"句，苏舆附卢文弨注："人之人，疑当作人之为人。"
⑤ 卡西尔指出："原始人绝不缺乏把握事物的经验区别的能力，但是在他关于自然与生命的概念中，所以这些区别都被一种更为强烈的情感湮没了：他深深相信，有一种基本的不可磨灭的生命一体化（solidarity of life）沟通了多种多样的形形色色的个体生命形式。"见其著《人论》，第105页。董仲舒的天人感应说，以及接受五行说，不仅将诸种生命看成有一体性的，而且将这种一体性扩大至自然界的万物上了。

的光辉，走向了信仰，要之，董仲舒借"天"所提出的是具有神圣化特征的理论。然而作为一体的两面，董仲舒的这个神学化的理论建构依靠阴阳五行这些流行于民间意识中的思想资源而完成，说明他的神学化特征的思想体系恰恰立基于对平民意识的吸纳。

三

还需要指出的是，董仲舒力图建立一套能充分满足王朝政治需求的思想系统，所以与荀子、陆贾、贾谊不同，他除了关注政治操作方法外，还关注王朝统治的合法性，因之，他的儒学新体系还包括了论证王朝统治合法性的内容，而且，董仲舒为王朝提供统治合法性论证时同样一如既往地注意到对平民思想意识的吸纳。在为王朝提供统治合法性证明之时，董仲舒不只是在论证中加入了天人感应、阴阳五行的内容，更值得我们注意的是，他竟不乏直接以民间的神力信仰为依托，以此展开对王朝的统治合法性论证。对此，我们从董仲舒对统治合法性理论的提出入手作具体的考察。

回顾之前陆贾、贾谊的见解，陆贾、贾谊寻求政治操作方法，其目的在于王朝统治的有效实施，然而，对于一个政权而言，统治的有效实施关切到这样一个不能回避的问题，这个问题就是：当权者贯彻其统治依靠的是什么样的理据？社会学家韦伯（Max Weber）说："没有任何一种统治自愿地满足于仅仅以物质的动机或者仅仅以情绪的动机，或者仅仅以价值合乎理性的动机，作为其继续存在的机会。毋宁说，任何统治多企图唤起并维持对它的'合法性'信仰。"① 韦伯所提出的合法性（legitimacy）即是指民众对一种政治秩序加以认可的根据所在。统治权力如果缺乏这种合法性，政权是难以维持下去的。董仲舒要建立一套适应王朝统治要求的系统的思想学说，所以他对这种统治合法性是应有所回答的。

韦伯曾将统治的合法性分为三种理想类型：合法型统治（legal authority）、传统型统治（traditional authority）和魅力型统治（charismatic authority）。韦伯是这样看待传统型合法性的："如果一种统治是建立在遗传下来的（'历来就存在的'）制度和统治权力的神圣的基础上，并且也被相信是这样的，那么这种统治就是传统型的。"② 至于魅力型统治，韦伯以为，"'魅力'应该叫做一个人的被视为非凡的品质。因此，他被视为[天分过人]，具有超自然的或者超人的，或者特别非凡的、任何其他人无法企及

---

① 韦伯：《经济与社会》（上册），林荣远译，商务印书馆，1997，第239页。
② 韦伯：《经济与社会》（上册），林荣远译，第251页。

第五章　董仲舒儒学：吸纳平民意识的儒学新体系与贵族、平民两种性格思想因素的整合

的力量或素质，或者被视为神灵差遣的，或者被视为楷模，因此也被视为'领袖'"。①

董仲舒是如何提出统治合法性主张的呢？董仲舒认为有一个"万世亡弊"的道，这个道自然是万古长存、永世不易的。在上古，这个道就是三王所行的具体之道的根据，"三王之道所祖不同，非其相反，将以捄溢扶衰，所遭之变然也"②。他又说："道之大原出于天，天不变，道亦不变，是以禹继舜，舜继尧，三圣相受而守一道，亡救弊之政也，故不言其所损益也。"③ 董仲舒把他认定的这个道当作上古圣王实施并传承下来的传统。"道者，所繇适于治之路也，仁义礼乐皆其具也，故圣王已没，而子孙长久安宁数百岁，此皆礼乐教化之功也。"在董仲舒看来，人民是安于接受这种统治的。他以为，这个道本身代表着传统，而且代表着传统的这个道必然在社会的诸方面反映出来，这些方面也都是应保持下去的，董仲舒说："若夫大纲、人伦、道理、政治、教化、习俗、文义尽如故，亦何改哉？"④ 道既代表一种传统，他要求以这种传统进行统治。

对照韦伯对统治合法性的三种分类，韦伯认为："如果一种统治是建立在遗传下来的（'历来就存在的'）制度和统治权力的神圣的基础上，并且也被相信是这样的，那么这种统治就是传统型的。"董仲舒认为"三圣相受而守一道，亡救弊之政也，故不言其所损益也"。故当以此传统之道进行统治，显然，他提出的实际上是一种传统型的合法性。

进一步分析董仲舒对这种统治合法性的具体说明，那么，我们还能看到，董仲舒也同样借助民间深厚的平民意识，说明这种统治合法性，以求这种统治合法性能够更好地被平民大众所认可。

董仲舒要求实行源远流长的礼治政治，前文言及，在谈到礼治时，董仲舒就将礼治政治同平民大众固有的思想观念相接榫，他曾说，"礼者，继天地，体阴阳，而慎主客，序尊卑、贵贱、大小之位，而差外内、远近、新故之级者也"，"天意难见也，其道难理。是故明阴阳、入出、实虚之处，所以观天之志。辨五行之本末顺逆、小大广狭，所以观天道"。

礼治与天、阴阳五行有紧密的联系，而阴阳五行在实际上又直接挂搭于气候、农事、物候等这样一些平民的生产生活，如此一来，下层的平民就可以通过自己耳熟能详的生产生活经验，去比附、去领会礼治政治的种

---

① 韦伯：《经济与社会》（上册），林荣远译，第269页。
② 《汉书》卷五十六《董仲舒传》，第2518页。
③ 《汉书》卷五十六《董仲舒传》，第2518~2819页。
④ 苏舆撰《春秋繁露义证》卷一《楚庄王》，第18页。

种具体要求，这样，董仲舒主张的属于传统型统治合法性的礼治政治与平民心理就顺利汇通了。平民通过自己的知识经验印证这种礼治政治，传统型统治合法性于是有了被平民接受和认肯的更充分的理由。由此，我们可以认为，董仲舒以如此方式提出传统型合法性，这显示出他力求借助平民意识中的天—阴阳五行这一套朴素观念，来引领平民阶级去确认政权统治的合法性。

除传统型合法性之外，董仲舒还为王朝提出了魅力型合法性，① 董仲舒为王朝所提出的魅力型合法性更显示其理论对平民意识的吸纳。

董仲舒说：

> 唯天子受命于天，天下受命于天子。②
> 受命之君，天意之所予也。③

在他看来，神灵之天使统治者拥有统治的合法性，它构成了权源。第一次对策时，董仲舒谈到统治者获得神灵之天的符证，他说：

> 臣闻天之所大奉使之王者，必有非人力所能致而自至者，此受命之符也。……《书》曰："白鱼入于王舟，有火复于王屋，流为乌。"此盖受命之符也。④

这个"受命之符"体现受命于天者的不同凡人之处。董仲舒又详尽提出祥瑞说和灾异说，他将祥瑞的出现说成是上天对统治者的品德和行为的嘉许，灾异则是上天对统治者行为失当的谴告。董仲舒描绘"五帝三王之治天下"的景象："毒蛇不螫，猛兽不搏，抵虫不触。故天为之下甘露，朱草生，醴泉出，风雨时，嘉禾兴，凤凰麒麟游于郊。"⑤ 此乃他所提出的祥瑞之显示。董仲舒称："国家将有失道之败，而天乃先出灾害以谴告之；不知自省，又出灾异以警惧之；尚不知变，而伤败乃至。"⑥ 又说："天地之物有不常之变者，谓之异，小者谓之灾。灾常先至而异乃随之，灾者，天

---

① 对董仲舒所提出的魅力型统治合法性，石元康《天命和正当性：从韦伯的分类看儒家的政道》一文（载《开放时代》1999 年，11、12 月号）有专文探讨，可参见。另外，石文未注意到董仲舒还为王朝提出了传统型合法性的问题。
② 苏舆撰《春秋繁露义证》卷十一《为人者天》，第 319 页。
③ 苏舆撰《春秋繁露义证》卷十《深察名号》，第 286 页。
④ 《汉书》卷五十六《董仲舒传》，第 2500 页。
⑤ 苏舆撰《春秋繁露义证》卷四《王道》，第 102~103 页。
⑥ 《汉书》卷五十六《董仲舒传》，第 2498 页。

之谴也；异者，天之威也。谴之而不知，乃畏之以威。《诗》云：'畏天之威'，殆此谓也。凡灾异之本，尽生于国家之失。国家之失乃始萌芽，而天出灾害以谴告之；谴告之而不知变，乃见怪异以惊骇之，惊骇之尚不知畏恐，其殃咎乃至。"① 此即他对灾异的说明。在这里，董仲舒以祥瑞和灾异来作为判断人君是否获得天命的准据：若获得天命，人君行政适当，则天将降祥瑞；人君行为失宜，则天示灾异予以谴告。总之，君主当获得天命的支持，而这种支持可通过祥瑞或灾异显现出来。

韦伯说道："'魅力'应该叫作一个人的被视为非凡的品质。"统治者被认为有这样的"非凡的品质"，统治者就体现出了魅力，这种魅力使统治者的政治统治获得人们的认可。这种"魅力"所自何来呢？韦伯说，他"或者被视为神灵差遣的"，这也就是说，有神性的根源，这是统治者能够拥有"魅力"的一条来源渠道，在这种情况下，非凡的品质是出于神灵的眷顾而有。董仲舒君权神授说指出神灵构成了统治的权源，又指出受命之君具有能使天降祥瑞或显灾异的"非凡的品质"，这相当于韦伯所指出的魅力，由此可见，君权神授与魅力型统治的说法符契若节。

由以上分析，我们看到，魅力型合法性的关键之处是人君须有"非凡的品质"这种魅力，借这种魅力，人君才享有民众对其统治的认可。研究秦汉时期代表民间思想的"小传统"，我们可以发现，在秦汉时期，民间社会是普遍相信神灵拥有超凡的力量。葛兆光先生在分析"秦汉时期的普遍知识背景与一般思想水平"时指出，在秦汉时期，"沟通天地人神的权力仍然被少数术士掌握。……巫觋一流人物，尽管在汉代他们渐渐失去了相当的地盘，也渐渐失去了大传统的许多知识领地，但其影响却在民间依然有决定性"。② 巫觋的影响"在民间依然有决定性"，这当然意味着当时人们是普遍相信神灵拥有着某种力量的。人们普遍相信神灵的力量，这种观念也造成了当时民间社会的一种流行见解——政治领袖应获得神灵的力量支持，所以，我们能看到，秦汉时期政治人物自命获得了神灵护持，从而唤来追随者的情形亦不乏其例：陈胜、吴广起义前置帛书"陈胜王"入鱼腹，又让人作狐鸣"大楚兴，陈胜王"③；刘邦起事时造赤帝子斩白帝子的神话，其后又有刘邦母"尝息大泽之陂，梦与神游……蛟龙于其上。已而有身，遂产高祖"④ 的传说流行；武帝继帝位，亦有先前其母王皇后

---

① 苏舆撰《春秋繁露义证》卷八《必仁且智》，第259页。
② 葛兆光：《七世纪前中国的知识、思想和信仰世界》，第337页。
③ 参见《史记》卷十八《陈涉世家》，第1951页。
④ 参见《史记》卷八《高祖本纪》，第341页。

"梦日入其怀"① 的说法。

魅力型合法性以神灵赋予的超凡力量为基础,与秦汉民间社会认同政治领袖的一套模式相比较,两者的主要构成要件是基本一致的,为王朝营造的这样一种统治合法性显示了董仲舒对民间观念的倚重。可以认为,董仲舒设计这种魅力型合法性,旨在为王朝指出一种新的合法性认同——一种借助和调动民间观念的资源来唤起民间社会对王朝政治的认可。

要之,董仲舒力求使自己的理论成为王朝的意识形态,故对汉初前期儒家思想家未曾涉足的统治合法性问题用力甚笃。董仲舒凭借天人感应、阴阳五行一套说法将荀学的礼治论同平民意识相接榫,在营建统治合法性时又未遗漏对平民意识的借助,故有董仲舒两种统治合法性——传统型和魅力型统治合法性的提出,其中,魅力型合法性的提出更凸显出他以民间的神力信仰作为支撑以确立统治合法性的努力。由他的这些思想设计可以看出,为使其儒学具有应时性,董仲舒对平民意识是广泛吸纳、充分利用的。

董仲舒建立起了具有新体系的儒学学说,从前文的叙述可见,无论在这个新儒学体系涉及的政治操作方法方面,还是在王朝统治的合法性问题方面,都可显示出董仲舒在构建思想理论时广泛借助了深厚和多样化的平民意识成分。董仲舒何以如此不遗余力地吸纳具平民意识的思想成分呢?

前文已叙,董仲舒期望平民大众以自身固有的思想观念对儒家学说加以"格义",使其融会于平民的思想信仰之中,从而造成儒学对"小传统"的贴合。本书是从社会结构变迁的视角展开问题探讨的,如果从这一视角考察引起董仲舒思想的成因,我们同样可以看到社会结构上的深刻根据。

春秋晚期开始的社会平民化延至战国后期,促成君与民相对的新政治格局最终稳定下来,尽管景武之际汉初社会上层完成了其贵族化转变,但就政治统治的方式来说,君与民相对的政治格局依然没有改变,人君以礼法规范社会上的平民大众这一政治态势不会因汉初社会上层的贵族化变化而改变。那么,在这一情形之下,如何让社会上的平民大众能认肯人君的统治,并接受礼法规范及其对应的一套观念,从而心悦诚服地接受礼法纲纪的规范?这成为经过社会平民化洗礼的汉初社会应当解决的重要的政治问题。对此,董仲舒不是简单地停留在维持前说上,他考虑更多的是如何因时制宜地将统治的合法性、政治的运作方式同平民大众固有的思想观念相接榫,使与其有关的一套思想同平民的意识观念相契合,从而迎合平民

---

① 参见《史记》卷四十九《外戚世家》,第1975页。

的心理要求，最终更有效地实现王朝的政治统治，由此，也就有了董仲舒吸纳平民意识而建立起的以"天"为核心的新思想体系。

第二节 董仲舒学说对贵族性思想成分的留存与贵族、平民两种性格思想因素的整合

不过，尽管董仲舒建立起的以"天"为核心的新思想体系吸纳了平民意识，但这不妨碍董仲舒思想依然有着浓烈的贵族意识。

贾谊在汉初新一代上层人物开始兴起的背景下提出其学说，他的学说已经带有贵族性格特征了。董仲舒提出思想的时期汉王朝上层社会普遍进入第三代，此时社会上层已经彻底去除了王朝第一代所带来的平民意识，新的社会上层更具有承载贵族性格文化意识的心理容积，加之，这一时期的经学教育也形成了经学之士接受贵族性格文化的社会心理背景，所以，在继汉初前期的陆贾、贾谊学说之后出现的董仲舒儒学里，作为当时社会存在的思想反映的贵族意识也不乏其见。

贾谊对礼节仪规作细致论述，并强调神情动作的协同，试图为汉初上层社会引入贵族礼仪文化，董仲舒亦倡导对繁复细碎的礼仪法式之尊崇。当汉武帝问及："盖俭者不造玄黄旌旗之饰。及至周室，设两观，乘大路，朱干玉戚，八佾陈于庭，而颂声兴。夫帝王之道岂异指哉？"① 董仲舒说：

> 臣闻制度文采玄黄之饰，所以明尊卑，异贵贱……所以应天也。然则宫室旌旗之制，有法而然者也。……俭非圣人之中制也。②

武帝称羡周代的礼仪隆盛的景象，董仲舒不仅对此肯定，而且将对此种礼仪的施行同"天"联系在一起，以其神圣化儒学所提出的意志之"天"作为其超验依据。

在《春秋繁露》里，董仲舒对具体的礼仪法式，特别是人君应行的礼制仪规阐述颇详，董仲舒提出"三统说"，"三统说"即可反映出他对礼制仪规细致和繁复的要求，《春秋繁露·三代改制质文》说：

> 三正以黑统初……故朝正服黑，首服藻黑，正路舆质黑，马黑，大节绶帻尚黑，旗黑，大宝玉黑，郊牲黑，牺牲角卵。冠于阼，昏礼

---

① 《汉书》卷五十六《董仲舒传》，第2506页。
② 《汉书》卷五十六《董仲舒传》，第2510页。

逆于庭，丧礼殡于东阶之上。祭牲黑牡，荐尚肝。乐器黑质。法不刑有怀任新产，是月不杀……

正白统者，历正日月朔于虚，斗建丑。天统气始蜕化物，物初芽，其色白，故朝正服白，首服藻白，正路舆质白，马白，大节绶帻尚白，旗白，大宝玉白，郊牲白，牺牲角茧。冠于堂，昏礼逆于堂，丧事殡于楹柱之间。祭牲白牡，荐尚肺。乐器白质，法不刑有身怀任，是月不杀……

正赤统者，历正日月朔于牵牛，斗建子。天统气始施化物，物始动，其色赤，故朝正服赤，首服藻赤，正路舆质赤，马赤，大节绶帻尚赤，旗赤，大宝玉赤，郊牲骍，牺牲角栗。冠于房，昏礼逆于户，丧礼殡于西阶之上。祭牲骍牡，荐尚心。乐器赤质。法不刑有身，重怀藏以养微，是月不杀……

……周爵五等，《春秋》三等。《春秋》何三等？曰：王者以制，一商一夏，一质一文，商质者主天，夏文者主地，《春秋》者主人，故三等也。

主天法商而王，其道佚阳，亲亲而多仁朴。故立嗣予子，笃母弟，妾以子贵。昏冠之礼，字子以父。别眣夫妇，对坐而食。丧礼别葬，祭礼先脾，夫妻昭穆别位。制爵三等，禄士二品。制郊宫，明堂员，其屋高严侈员，惟祭器员。玉厚九分，白藻五丝，衣制大上，首服严员。鸾舆尊盖，法天列象，垂四鸾。乐载鼓，用锡舞，舞溢员。先毛血而后用声。正刑多隐，亲戚多讳。封禅于尚位。

主地法夏而王，其道进阴，尊尊而多义节。故立嗣与孙，笃世子，妾不以子称贵号。昏冠之礼，字子以母。别眣夫妇，同坐而食，丧礼合葬，祭礼先亨，妇从夫为昭穆。制爵五等，禄士三品。制郊宫明堂方，其屋卑污方，祭器方。玉厚八分，白藻四丝，衣制大下，首服卑退。鸾舆卑，法地周象载，垂二鸾。乐设鼓，用纤施舞，舞溢方。先亨而后用声。正刑天法，封坛于下位。

主天法质而王，其道佚阳，亲亲而多质爱。故立嗣予子，笃母弟，妾以子贵。昏冠之礼，字子以父。别眣夫妇，对坐而食，丧礼别葬，祭礼先嘉疏，夫妇昭穆别位。制爵三等，禄士二品。制郊宫明堂内员外椭，其屋如倚靡员椭，祭器椭。玉厚七分，白藻三丝，衣长前衽，首服员转。鸾舆尊盖，备天列象，垂四鸾。乐程鼓，用羽禽舞，舞溢椭。先用玉声而后烹，正刑多隐，亲戚多赦。封坛于左位。

主地法文而王，其道进阴，尊尊而多礼文。故立嗣予孙，笃世子，

第五章　董仲舒儒学：吸纳平民意识的儒学新体系与贵族、平民两种性格思想因素的整合

> 妾不以子称贵号。昏冠之礼，字子以母。别眇夫妇，同坐而食，丧礼合葬，祭礼先祖妣，妇从夫为昭穆。制爵五等，禄士三品。制郊宫明堂内方外衡，其屋习而衡，祭器衡同，作秩机。玉厚六分，白藻三丝，衣长后衽，首服习而垂流。鸾舆卑，备地周象载，垂二鸾。乐县鼓，用《万舞》，舞溢衡。先亨而后用乐，正刑天法，封坛于左位。①

董仲舒对三统应有的不同仪法论列详尽，不厌其烦。在《春秋繁露》中，涉及贵族仪法的篇章还有很多，如《服制象》《服制》《度制》《爵国》《四祭》《执贽》等，从他对仪法制度的种种描述中可见，他对贵族传统礼制仪规充满热忱，《春秋繁露·郊事对》更记张汤奉旨请教董仲舒的一段对话：

> 臣汤问仲舒："祀宗庙或以鹜当凫，鹜非凫，凫非鹜，可用否？"
> 董仲舒对曰："鹜非凫，凫非鹜也。臣闻孔子入太庙，每事问，慎之至也，陛下祭躬亲，斋戒沐浴，以承宗庙，甚谨敬，奈何以凫当鹜，鹜当凫？名实不相应，以承太庙，不亦不称乎？"②

董仲舒坚持祀宗庙不能以鹜当凫，这段对话亦显示董仲舒对礼仪的细节精益求精，毫不含糊。

值得一提的是，董仲舒崇奉《春秋》，以其为孔子"微言大意"之作，故董仲舒借《春秋》经的权威，对他所注重的细致礼制仪规加以确证。如《春秋繁露·郊语》即据《春秋》之说以"郊"为祭天的专名，言："以郊为百神始，始入岁首，必以正月上辛日先享天，乃敢于地，先贵之义也。"③他指责说："夫岁先与岁弗行也，相去远矣。天下福若无可怪者（'福'，字疑误——苏舆注），然所以久弗行者，非灼灼见其当而故弗行也，典礼之官常嫌疑，莫能昭昭明其当也。"④

董仲舒不仅对贵族的礼制仪规饶有兴致，更冀求地位上经过去平民化而来的新一代的贵族能再加强精神陶冶，成为心性贵族。不仅如此，作为时代变迁的产物，教育的平民化带来士人意识的兴起，董仲舒亦如孔子，也期待将这种贵族化教育推广于平民，因此他更倡导人们进行心性修养，如他说：

---

① 苏舆撰《春秋繁露义证》卷七《三代改制质文》，第191～211页。
② 苏舆撰《春秋繁露义证》卷十五《郊事对》，第417页。
③ 苏舆撰《春秋繁露义证》卷十四《郊语》，第399页。
④ 苏舆撰《春秋繁露义证》卷十四《郊语》，第399页。

> 天之生人也，使人生义与利。利以养其体，义以养其心。心不得义不能乐，体不得利不能安。义者心之养也，利者体之养也。体莫贵于心，故养莫重于义，义之养生人大于利，奚以知之？今人大有义而甚无利，虽贫与贱，尚荣其行，以自好而乐生，原宪、曾、闵之属是也。……夫人有义者，虽贫能自乐也。①

这里的"原宪、曾、闵"即原宪、曾子和闵子骞。《庄子·让王》载原宪和曾子：

> 原宪居鲁，环堵之室，茨以蕙草；蓬户瓮牖，桑以为枢而瓮牖，二室，褐以为塞；上漏下湿，匡坐而弦。子贡乘大马，中绀而表素，轩车不容巷，往见原宪。原宪华冠縰履，杖藜而应门。子贡曰："嘻！先生何病？"原宪应之曰："宪闻之，无财谓之贫，学而不能行谓之病。今宪贫也，非病也。"子贡逡巡而有愧色。原宪笑曰："夫希世而行，比周而友，学以为人，教以为己，仁义之慝，舆马之饰，宪不忍为也。"
>
> 曾子居卫，缊袍无表，颜色肿哙，手足胼胝。三日不举火，十年不制衣，正冠而缨绝，捉衿而肘见，纳屦而踵决。曳縰而歌商颂，声满天地，若出金石。天子不得臣，诸侯不得友。故养志者忘形，养形者忘利，致道者忘心矣。②

《韩诗外传》第二卷十六章载闵子骞：

> 闵子骞始见于夫子，有菜色，后有刍豢之色。子贡问曰："子始有菜色，今有刍豢之色，何也？"闵子曰："吾出蒹葭之中，入夫子之门，夫子内切磋以孝，外为之陈王法，心窃乐之。出见羽盖龙旗旃相随，心又乐之。二者相攻胸中，而不能任，是以有菜色也。今被夫子之文漫深，又赖二三子切磋而进之，内明于去就之义，出见羽盖龙旗旃裘相随，视之如坛土矣，是以有刍豢之色。"③

三人见义忘利，安贫乐道，都具有超高的精神境界。董仲舒标举三人以明其说，正是孟子"天爵""人爵"说法的翻版，体现出其思想的贵族文化

---

① 苏舆撰《春秋繁露义证》卷九《身之养重于义》，第263~264页。
② 王先谦注《庄子集解》卷八《让王》，第191页。
③ 屈守元：《韩诗外传笺疏》，第126页。

第五章　董仲舒儒学：吸纳平民意识的儒学新体系与贵族、平民两种性格思想因素的整合

性格。

重要的是，董仲舒儒学保留有如此深厚的贵族意识，但是如前所述，他以"天"为核心的学说体系里又有具平民性格特征的思想因素。相较于陆贾和贾谊儒学，除了建立以"天"为核心的思想框架外，似乎董仲舒儒学与两人的儒学没有什么不同，如果不考虑董仲舒的以"天"为核心的思想框架，那么，董仲舒与陆贾、贾谊一样，他们的思想里也都兼有两种不同性格特征的思想因素。然而，认真考察董仲舒的学说，能够发现，不同于陆贾和贾谊，董仲舒的儒学的一大重要特色在于，他的儒学将分别具有平民性格与贵族性格两种不同性格特征的思想因素整合在一起，从而造成思想发展史上儒学面貌的改观。

董仲舒是如何整合两种不同性格特征的儒学因素的呢？

由上文可见，在董仲舒以"天"为核心的新体系中，一方面倡德行、重教化，另一方面又重法刑、尊君、重势，前者是具有贵族性格的思想因素，后者则是体现出平民化时代特点的平民性格思想因素。董仲舒以"天"的思想体系兼容、整合两者，从而有了他的"德主刑辅"的理论。除此之外，还有两个方面的重要问题更凸显出董仲舒对两类思想因素的整合，这就是董仲舒独特的人性论理论和"三纲五常说"，前者是支持董仲舒"德主刑辅"理论的思想基础，后者是贯彻"德主刑辅"理论的思想原则。

我们先看董仲舒独特的人性论理论。

前文曾言，性善论体现贵族意识，显示了儒学的贵族性格；性恶论理论则萌生自作为平民的"优势需求"的生理欲念，折射出社会平民化走向之后的平民群体意识。董仲舒主张"性三品"说，这个理论的重要内涵就是将这样两种人性理论整合在一起。

按照董仲舒的"性三品"说，人性分三品：圣人之性、中民之性、斗筲之性。对这三种"性"，董仲舒又认为：

> 名性，不以上，不以下，以其中名之。①
> 圣人之性不可以名性，斗筲之性又不可以名性，名性者，中民之性。②

董仲舒以"中民之性"言"性"。对于"中民之性"，他称：

---

① 苏舆撰《春秋繁露义证》卷十《深察名号》，第300页。
② 苏舆撰《春秋繁露义证》卷十三《实性》，第311~312页。

> ……吾以心之名,得人之诚。人之诚,有贪有仁。贪仁之气,两在于身。……身亦两有贪仁之性。①

董仲舒既不完全赞同显示儒学的贵族性格、体现贵族意识的性善论,也不全部肯定折射平民群体意识的性恶论,而是通过认定性中兼有善恶,将性善论和性恶论整合在一起。这样,董仲舒的"性"既容纳体现贵族意识的性善说,又包含反映平民化政治格局下平民群体意识的性恶论。

我们再看董仲舒独特的"三纲"和"五常"理论。

贵族社会推倡诸德,他们要以这些德目为准据,借心性修养实现贵族成员在他们看来的是有别于一般平民的高贵人格。孔孟沿袭这种思路,他们也以贵族社会认可的那些德目为枢要,倡导人们进行心性修养,建立君子人格,对比之下,荀子则更强调礼法纲纪对人的约束和引导。孔孟和荀子思想的这一差别也是两种不同特征之儒学分别具有的贵族性格特征和平民性格特征的反映。在董仲舒那里,我们看到,他同时提倡的"三纲"和"五常",其实是对孔孟和荀子两种不同特征儒学思想的吸收。

董仲舒在《春秋繁露·基义》里提出"三纲":

> 天为君而覆露之,地为臣而持载之;阳为夫而生之,阴为妇而助之;春为父而生之,夏为子而养之;秋为死而棺之,冬为痛而丧之。王道之三纲,可求于天。②

他的"三纲"确定的是君臣、夫妇、父子间的人伦纲纪。"三纲"的最早提出者是法家人物韩非,韩非言:"臣事君,子事父,妻事夫……此天下之常道也。"③ 由法家人物首创的"三纲",虽然不是荀子所提出的,但它是对君臣相对社会背景下平民大众的行为范制,在这一点上,它是循荀子的思想理路而来的,作为一种规范性的要求,"三纲"折射出社会的平民思想意识。

关于"五常",董仲舒说:

> 夫仁谊礼智信五常之道,王者所当修饬也;五者修饬,故受天佑,

---

① 苏舆撰《春秋繁露义证》卷十《深察名号》,第294~296页。
② 苏舆撰:《春秋繁露》卷十二《基义》,第351页。
③ 王先慎:《韩非子集解》卷二十《忠孝》,第358页。

第五章 董仲舒儒学：吸纳平民意识的儒学新体系与贵族、平民两种性格思想因素的整合

> 而享鬼神之灵，德施于方外，延及群生也。①

西周贵族社会就分别指出过仁、义、礼、智、信五德，将其当成贵族应有之德，孔子总结儒家思想时也分别提到仁、义、礼、智、信；孟子谈及"有诸己之谓信"②，又并称仁、义、礼、智。这样来看，"五常"所说的仁、义、礼、智、信先是由西周贵族提出，而后被孔孟纳入其思想学说中的德目，它们被看做是孔孟儒学所认定的心性贵族具有的道德品格。这样来说，董仲舒所言的"五常"，其实也是贵族思想意识在他的学说里的涵存。

董仲舒一方面言"三纲"，另一方面言"五常"，就把折射出当时社会的平民思想意识的思想同贵族意识结合在一起，在这样的结合中，平民性格的思想因素与贵族性格思想因素紧密统合。

前文言及董仲舒学说具有神圣性特点，我们看到，董仲舒无论是整合性善论和性恶论两种理论，还是并置"三纲""五常"，都没有离开他的"天"，董仲舒以他的"天"的权威赋予它们神圣性。对"中民之性"董仲舒说：

> 天两有阴阳之施，身亦两有贪仁之性。③
>
> 身之有性情也，若天之有阴阳也。言人之质而无其情，犹言天之阳而无其阴也。④

这就是说，人性中兼含善恶，根据在于"天"分阴阳，"天"有阴阳，决定人有性与情，性为阳，情为阴。董仲舒以"天"作依据，支持"中民之性"兼含善恶的说法。

董仲舒又分别这样谈到"三纲""五常"：

> 天为君而覆露之，地为臣而持载之；阳为夫而生之，阴为妇而助之；春为父而生之，夏为子而养之，秋为死而棺之，冬为痛而丧之。王道之三纲，可求于天。
>
> 东方者木，农之本。司农尚仁，进经术之士，道之以帝王之路，将顺其美，匡救其恶。……

---

① 《汉书》卷五十六《董仲舒传》，第2505页。
② 焦循：《孟子正义》卷十四《尽心章句下》，第585页。
③ 苏舆撰《春秋繁露义证》卷十《深察名号》，第296页。
④ 苏舆撰《春秋繁露义证》卷十《深察名号》，第299页。

> 南方者火也，本朝，司马尚智，进贤圣之士，上知天文，其形兆未见，其萌芽未生，昭然独见存亡之机……
> 中央者土，君官也。司营尚信，卑身贱体，夙兴夜寐，称述往古，以厉主意。……
> 西方者金，大理司徒也。司徒尚义，臣死君而众人死父。……
> 北方者水，执法司寇也。司寇尚礼，君臣有位，长幼有序。……①

此即是说，"三纲"是天所具有的阴阳属性决定的，"五常"也是由天之五行决定的，不管是人们须服膺"三纲"，还是应恪守"五常"，这都是天有意志的安排。

对人性的不同看待奠定了儒家思想家设计修身成德的两种道路，人性论又同时是我们评断儒学具有贵族性格或平民性格两种不同特征学说的基本根据；"三纲"反映的是人际道德规范，"五常"表达的是五种基本德性，儒学作为成德之学，有关人际道德规范与德性的见解对儒学的重要意义也是不言而喻的。在人性论上，董仲舒将性善论和性恶论整合在一起；在道德论上，董仲舒并置"三纲"和"五常"，无论在人性论上，还是在道德论上，都显示了董仲舒借"天"的思想框架，将贵族意识纳入平民性格特征的思想中，可以认为，董仲舒完成了以往平民性格特征与贵族性格特征之两种儒学的整合。

我们比较一下董仲舒与陆贾、贾谊、韩婴的思想。先由韩婴思想看，韩婴之学上承孔孟儒学的思想路数，是儒学的纯粹贵族精神的回响，显示为一种"内圣"之学，而董仲舒理论则注意到社会政治问题，两者所关注的向度是不同的。我们再看陆贾、贾谊的思想，陆贾儒学的思想理路由荀学发展而来，应对汉初伊始社会的平民性构成，他将儒学的平民性格思想成分推向极致。随汉初上层社会的贵族化演进，在贾谊学说里，贵族性格思想成分被相应唤起。承接贾谊，董仲舒继续保留儒学本有的贵族性格思想成分，在此基础上，董仲舒回应时势之变，吸纳平民思想意识，又将陆贾、贾谊承自荀子的工具化特征之学说转变为具神学特征之学说，更为重要的还在于，董仲舒思想完成了以往平民性格与贵族性格特征之两种儒学因素的整合，使儒学获得一次理论上的大改铸。

---

① 苏舆撰《春秋繁露义证》卷十三《五行相生》，第 362～364 页。

结语：儒家的文化性格及其启示

汉初儒学，上承接先秦儒学，下开启其后的儒学发展，是儒学发展史上的一段重要历程。在这段重要的历史进程中，作为一种社会思潮，儒学文化开始了由衰到盛的演变；作为一种思想学理，儒学理论也经历了由陆贾、贾谊、韩婴直至董仲舒思想的嬗变。而无论是作为社会思潮，还是思想学理，在本书的叙述中，这两方面的变化都涉及一个重要的问题，即儒学的文化性格问题。

在文化的性格上，贵族性格和平民性格相对，前者产生于贵族高贵、世袭的社会地位和生活方式。贵族享受世卿世禄，衣食无忧，细腻雅致，淡泊功利，从而形成了他们对礼乐仪法的重视，对心性问题的关注和超越世俗的精神追求，孔孟思想就是由对周代贵族这样一种文化传统总结、提炼和升华而来的，所以先秦孔孟儒学体现出一种贵族性格。具有这种贵族性格的文化重视德行，讲求礼仪，注重心性，挖掘人性之善，彰显了高雅的生活格调和对生命的超越性追求。在汉初儒家那里，韩婴思想最具其貌。而与贵族性格相对，平民性格则重实际、求朴实，因此其讲求生存性、功利性和世俗性。因为汉初伊始社会普遍的平民化气息，儒学在汉初伊始无法走红于社会，同样，汉初伊始颇有影响的儒家人物的思想也不能不受到当时平民化气息的影响，陆贾的思想即是如此，他的思想中有平民性格的因素，体现出儒家贵族性格的弱化。

在早期的贵族社会，宗法贵族内部存在着广泛的血亲关系，重视德行，讲求礼仪的贵族性格文化即使未必事事上都是可行，也至少是说得通的，但是，春秋末年以来社会平民化走向带来的大势，造成具贵族文化性格的儒学在现实面前力不从心。所以，应对社会平民化的走向，儒学思想的后继人也开始正视平民的现实生存和欲求，并进一步思考和探究在这种情势下进行有效的社会治理的方法。如此一来，这些思想家必然考虑到社会大众的饮食营为，由此，他们开始触及人性之"恶"，开始以"性恶"为理论基础去进一步吸纳法家所提出的社会治理方案，于是，在儒学思想家那里就有了浸润平民性格的思想要素。当然，即使有这些思想因素存在，儒学毕竟还是儒学，其总体上的贵族文化性格不是能完全抹掉的，如果完全抹掉了，那就蜕变成非儒学了。

>>> 社会的平民化变迁与儒学变化

汉初的社会平民化走向带来的大势,使得当时的陆贾、贾谊学说浸润着平民性格的思想因素,尤其是陆贾,因为处于汉初伊始的社会平民化气息最浓烈的时代,他的学说中透显的平民思想成分最多。一种思想理论有贵族文化性格,又混杂着与之相对的平民文化性格,处于同一思想整体中的两种思想因素是会互相抵牾的,比如说,贾谊一方面讲"仁义,明君之性",另一方面又讲"夫胡越之人,生而同声,嗜欲不异"。对董仲舒来说,他将浸润平民性格的这些思想因素整合进具有贵族性格的思想中,又配之以"天"的学说,从而形成一新体系。董仲舒思想的巧妙之处在于,他的新体系以阴阳五行之说解释问题,因此也就可以使不同甚至对立的观点从属于共同的思想体系,在这个统一的思想体系之下,用被高度神学化的"天"分别为它们各自的正当性找到解释。如此一来,原来看似有矛盾和冲突的不同性格特征的思想因素间的抵牾,就为董仲舒所泯灭了。

其实,董仲舒在理论上的改铸维护了儒家的贵族文化性格。董仲舒的新体系消除两种不同的思想要素间的相互抵牾,这让人们看到,原来性善和性恶与"天"的"阴"和"阳"的属性分别对应,它们可以统一在同一个"中民"身上;德教和法刑也并不冲突,可以互补,它们也都有形而上的根据。另外,在新体系下,虽有法刑,但"天重德不重刑",新体系的基本面貌依然是重视德性上的超越,讲求礼仪,注重心性,挖掘人性之善的。

在中国传统的思想谱系里,儒学思想无疑是最具贵族性格的了。同样,历史以来儒学的渐次推进,也伴随着对儒学贵族性格的再洗练。儒学从唐朝渐入佳境,在宋明展现出新局,我们看到当时诸儒的思想重心都是在讲求礼仪,注重心性,挖掘人性之善上,正因如此,所以才有《大学》《中庸》被确定为进学之阶,才有"天地之性""气质之性"与"人心""道心"的辩证,才有对"致良知"的顿悟,等等。

斗转星移,构作先秦汉初儒学的时代已远去,但讨论儒家的文化性格对我们当代文化的建设无疑是有启发意义的。

处于现实中的社会大众有其功利性、世俗性的一面,但就可能性而言,人又是具备理想性、超越性的。功利性和世俗性、理想性和超越性构成了现实社会大众发展的两个面向,其中的功利性和世俗性显示的是平民性格,而理想性和超越性则是贵族性格。儒家文化重视德行,讲求礼仪,注重心性,挖掘人性之善,体现了高雅、超越和崇高的生命追求,练就出一种理想性和超越性的追求。

回顾长期以来的文化建设,也是因为现代以来的社会结构的变迁,较长时间里，我们对具贵族文化性格的礼乐仪法、典雅风范、情趣心性等不以为意，而对更彰显世俗性的文化面向有较多的推重。最近三十多年来，中国与世界接轨，我们又置身于一个文化多元的时代，在这个文化多元化的时代里，因有广泛的覆盖面和巨大的影响力，大众文化流行开来，但大众文化的一般方向是世俗性、功利性以及消费性的，具有浓厚的平民文化性格。这样的大众文化当然有其价值，在市场经济极大地解放出人的感官欲望的今天尤其如此，它符合社会大众的普遍和基本的需求，问题在于，一个民族不能完全陷于世俗性、消费性、功利性，否则，社会易流于庸俗，文化生命易于枯萎。为此，一个社会应当重视具备贵族文化精神的思想资源的开发，追求高尚的精神生活，汲取贵族精神，建设贵族文化，以贵族文化的高雅性、超越性和精神性成为大众文化的制约力量。

　　回望传统，儒家思想为我们的文化重建提供了启发。抚平近代以来民族历史的创痛，呼唤传统的贵族文化，有助于中华民族的当代文化建设！

附 录

文献综述

讨论汉初儒学总体面貌,主要关涉这样两类课题:一是对作为社会史问题的汉初儒学思潮的复兴之研讨;二是对作为思想史问题的儒学思想的汉初演变之探究。就此,笔者分别对学术界在这样两个方面上取得的主要成果作一综述。

一 对汉初儒学思潮复兴的研讨

对汉初儒学思潮复兴的研究,至今还没有专门的论著,相关的探研只见诸论文和有关著作。

儒学在汉初是否复兴?如果不是把"复兴"理解成已经取代黄老思想在当时的主导地位,而是在比较宽松的尺度下,将"复兴"理解成功用上的"恢复"或规模上的"回复",那么研究者大致都肯定武帝之前儒学已有复兴。吕思勉言:"儒术之兴,实不自武帝矣。"[1] 认定在武帝之前儒学已发挥出它在政治上的作用,他的这一见解实际上肯定了儒学作为一种社会治理技术当时已经被运用开来。翦伯赞以汉初儒经的传授为据,认为:"当时儒家学说已卓然复兴了。"[2] 刘泽华等著的《中国古代史》比较汉初不同社会思潮的状况,认为:"汉初除黄老思想外,比较活跃的要属儒家了。"[3] 由李景明编的《中国儒学史》说:"儒学在汉初得以复兴。"[4] 此外,也有学者更大胆地认为,儒学在汉初武帝之前不仅已经复兴,而且其影响力超过了黄老,如鲁同群说:"汉初高祖至景帝时期朝廷治国思想并非黄老之学,而是以儒家学说为主。"[5] 惠吉兴说,在汉初"无论就其在思想界的地位还是对社会政治、文化生活的影响,儒学都超过了黄老之

---

[1] 《吕思勉读史札记》(上册),上海古籍出版社,1982,第642页。
[2] 翦伯赞:《秦汉史》,北京大学出版社,1999,第527页。
[3] 刘泽华等:《中国古代史》(上册),人民出版社,1979,第330页。
[4] 李景明编《中国儒学史》(秦汉卷),第41页。
[5] 鲁同群:《汉初以黄老为统治思想的质疑》,《南京师范大学学报》2004年第6期。

学"①。从统治策略、政治原则和社会接受三个方面看,"儒学都已经发挥出了统治和指导地位"②。

不过,尽管学者在不同层面上认定儒学在汉初已有复兴,但他们采取的研究进路以及对一些相关问题的看法未尽一致,就此,笔者再进一步从下面两个方面加以说明。

第一,研究进路方面。

文化研究中通常把文化划分为由知识精英代表的"大传统",以及不以思想文化活动为职业的一般人员所代表的"小传统"这样两个方面。在谈到汉初儒学复兴时,大部分学者留意或考察的是当时礼乐重现、儒学被阐释以及知识精英学习儒家经籍等情形,是"大传统"的方面。与此不同,余英时重视对汉代"小传统"中儒学文化的探讨,余英时认为"汉儒用阴阳五行的通俗观念取代了先秦儒家的精微论证"③,才使儒家思想深入到"小传统"中,尽管余英时实际上并未肯定董仲舒学说提出之前儒学在"小传统"中的存在,但由"小传统"展开研究进路,这在方法上是独特的。

王国维提倡二重证据法,主张用"地下"材料来印证"地上"材料。用他倡导的方法衡量,那么可以说,以往的研究多立足于"地上"材料,与此不同的是,江庆柏和费振刚、马庆洲所做的探讨,江庆柏以出土的汉初墓葬材料为据,说明"黄老、法家思想并未在汉初取得独尊地位……儒家思想在汉初极其活跃","在汉初思想界有重要地位"④。费振刚、马庆洲在讨论汉初《诗经》时也借汉初墓葬提供的材料指出:"文、景时期,这么多人都不约而同地把儒家典籍作为随葬品,充分说明了其时儒学有很高的地位。认为'儒学'在汉初受到赏识只是在高帝在位的较短的时间,从孝惠、高后起,一直到文、景二帝,儒家则处在被道家抑制、排挤的地位上,有失公允。"⑤

考察以往的研究还可发现:一些课题不直接探讨汉初儒学复兴,但它

---

① 惠吉兴:《汉初儒学的复兴及其历史地位——兼评汉初黄老之学占统治地位说》,《浙江学刊》1992年第6期。
② 惠吉兴:《试论儒学是汉初的统治思想》,《中华文化论坛》2006年第10期。
③ 余英时:《汉代循吏和文化传播》,见氏著《士与中国文化》,上海人民出版社,1987,第114页。
④ 江庆柏:《汉初墓葬与汉初思想的儒家特征》,《孔子研究》1989年第3期。
⑤ 费振刚、马庆洲:《从汉初〈诗〉学看当时儒学地位》,载中国诗经学会编《第四届诗经国际学术研讨会论文集》,学苑出版社,2000,第250~251页。

们的开展对儒学汉初复兴问题是有涉及的，这些课题研究所提供出来的成果丰富了我们对汉初儒学思潮兴起具体细节的认识，如华有根对西汉初期礼乐建设的研究①，王子今对秦汉区域文化的研究②、陈苏镇对汉初政治与《春秋》关系的研究③等。

第二，有关儒学汉初复兴的具体问题方面。

对促成儒家学说兴起以及造成儒学成为王朝统治思想的原因有不同认识，这是以往研究中存在的主要分歧。

首先我们看一看以往对促成儒家学说兴起原因的不同看法。

对儒家学说在汉初兴起的原因，翦伯赞注重文化的相对独立性给当时儒学思潮带来的影响，他说："'春草自绿，春水自波'，文化也是这样……在统治者禁令的缝隙中，在一群毫无知识的商人地主的侮辱与轻蔑中，（文化）自发地再生起来。"④陈启云也断定汉初儒学在独立于政治之外的自发性发展，并说："汉初独立发展的儒家学术工作和教育功能主动地影响了汉廷的政治，而不是被动受朝廷利用。"⑤李景明、马勇等注意到黄老学说影响下的政治环境对儒学再起的积极作用。李景明说："由于汉初实行无为而治的治道，对许多社会事务及民间事情少加干预（实际上也无力干预），同时在学术上不强求独专，因而形成了一种较为宽松的思想学说环境。于是各种学派趁机活跃起来，各家学说遂趁虚而起……在这种环境中儒学也得以复兴，逐步崛起。"⑥马勇称："汉初十几年思想管制的相对宽松，为学术的发展提供了相当大的空间，因此在先秦曾经出现过的各种思想学派都趁此机会而获得了发展。"⑦马亮宽对汉初儒学发展的原因则作这样的总结，"社会政治的需要，士人的儒家化、政治环境的宽松和儒家学派具有包容性和关注社会等"⑧是汉初儒学发展的原因。

我们再看一看对造成儒学被接纳为王朝统治思想原因的不同认识。

儒学成为官方思想，对造成这一历史变化的政治、社会原因，早有梁启超声称："孔学则严差等，贵秩序，而措而施之，则归结为君权……于

---

① 参见华有根《西汉礼学新论》，上海社会科学院出版社，1998。
② 参见王子今《秦汉区域文化研究》，四川人民出版社，1998。
③ 参见陈苏镇《汉代政治与〈春秋〉学》。
④ 翦伯赞：《秦汉史》，北京大学出版社，1983，第526页。
⑤ 陈启云：《儒学与汉代历史文化——陈启云文集二》，第117~118页。
⑥ 李景明编《中国儒学史》（秦汉卷），第39页。
⑦ 马勇：《秦汉学术——社会转型期的思想探索》，陕西人民教育出版社，1998，第22页。
⑧ 马亮宽：《试论汉初儒学发展的历史地位》，《孔子研究》1998年第2期。

帝王驭民最为适合，故霸者窃而取之，以宰制天下。"① 梁启超的这种观点受到广泛认同，如侯外庐等著的《中国思想通史》就以儒学之于建构国家意识形态的意义出发，进一步强调儒学地位变化的历史必然性，该书认为："从秦汉起，中央专制主义政权建立起来，通过家长制父权的折射，必然要建立国教化的神学系统。"② 又说，"到了武帝时代，一改'恭俭''遵业'的作风，而毅然采取了'雄才大略'的'有为'路线"③。任继愈主编的《中国哲学发展史》（秦汉卷）也称："西汉统治者为了寻求巩固中央集权的思想工具，最后找到了董仲舒为代表的儒家神学体系。"④ 而金春峰则在承袭梁启超的观点的同时，强调儒家思想在传统社会里的深厚根基，他指出："不只是有政治权力的支持，不只是由于符合大一统的中央集权的需要，主要原因还在于它反映了中国社会和中国民族性格的根本特征，在中国源远流长的宗法伦理中，有深厚根基。"⑤ 李泽厚也说，"儒学与中国古老的经济社会传统有更现实的理想"，儒学"在以家庭小生产农业为经济本体的社会中始终保持现实的力量和传统的有效性。即使进入专制帝国时期，也仍然需要它来维系社会"⑥。陈明更说："封建宗法社会的society内在结构决定了不能离开儒学来兴治，这才是问题的实质。"⑦ 除此之外，周桂钿注意到儒家"以仁义作为处理社会问题的人事关系的最基本原则"，并强调儒家"仁义"学说对于儒学地位提升的关键意义，他说，"班固认为儒学的兴盛是由于'禄利'的劝引。如果从中国整个封建史来看，只归结为禄利，似乎不妥。……在汉代，历史对思想做出了选择，选择儒学作为社会的指导思想"⑧。

以上各说所包含的诸种看法基本上包括了学界对儒学被接纳为王朝统治思想的原因的传统认识，这些认识可归结为四个方面：第一，作为一种统治工具看，儒学，特别是经董仲舒改造的新儒学适于封建王朝专制的中央集权政治的要求；第二，由宗法社会的文化根源看，立基于宗法血缘关

---

① 梁启超：《论中国学术思想变迁之大势》第40页，载于《饮冰室合集一·文集七》，中华书局，1989。
② 侯外庐、赵纪彬、杜国庠、邱汉生：《中国思想通史》（第二卷），第54页。
③ 侯外庐、赵纪彬、杜国庠、邱汉生：《中国思想通史》（第二卷），第95页。
④ 任继愈主编《中国哲学发展史》（秦汉卷），第321页。
⑤ 金春峰：《汉代思想史》，第6页。
⑥ 李泽厚：《中国古代思想史论》，安徽文艺出版社，1999，第144页。
⑦ 陈明：《儒学的历史文化功能——以中古士族现象为个案》，学林出版社，2005，第67～68页。
⑧ 周桂钿：《秦汉思想史》，第112页。

系的儒学顺应传统宗法社会；第三，就汉初政治、经济形势的要求看，儒家思想适合汉武帝建立有为政治的需要；第四，就新建的王朝需求统治的合法性说明看，董仲舒的思想体系作为神学系统可以为王朝提供统治根据。

对儒术独尊的原因，除了上述认识外，学者们还有如下一些值得注意的论点。

吕思勉批评学者将儒术被独尊的原因归结为王朝建立集权专制统治需要的说法，他指出："谓历代帝王尊崇儒术，乃以儒家有尊君之义，用以便其专制之私。而世之论者，多袭其说，实则不中情之谈耳。"[①] 他认为，"法制度，定教化，乃晚周以来言治者之公言，固非儒家莫能为"，所以武帝尊儒是"由于时会也"。[②]

牟宗三强调，汉武帝具有"发扬的理性人格"[③]，"儒家思想之富贵性与理想性，而正为武帝内心生活之所好"[④]，这促成儒学地位获得改变。

李宗桂看到，"由军事统一到思想统一，是中国社会从战国到汉初的统一的必然路径"，适于这种要求，儒学最终被确立为官方思想。他由军事统一到思想统一过渡的历史变化之必然性出发，领会儒学地位改变的历史进程。[⑤]

此外，也有一些论文着重分析儒学被独尊的直接原因。如苏诚鉴《汉武帝"独尊儒术"考实》[⑥]一文注意到"公羊学的'君子大居正'学术保证了汉武帝的继嗣权，决定了这个年方七岁的小皇子的雄才大略事业的命运"，故认为儒学能取代黄老之学与景帝时公羊学确立的继嗣权有关。陈桐生的《秦汉之际的受命改制说与儒学独尊》[⑦]则以为："儒家吸收了阴阳方士的受命改制说，适应了汉武改制的政治需求，这是促使汉武帝尊儒的直接契机。"白华注意到儒家的学派利益所起的作用，他说："儒学官学化的动力是君主专制和儒家的学派利益决定的。"[⑧]

---

① 吕思勉：《吕思勉读史札记》（上册），第637页。
② 吕思勉：《秦汉史》（上册），上海古籍出版社，1983年影印本，第99页。
③ 牟宗三：《历史哲学》，第259页。
④ 牟宗三：《历史哲学》，第287页。
⑤ 李宗桂：《秦汉思想的统一者——董仲舒 兼论从战国到秦汉之际的社会思潮》，中山大学硕士学位论文，1985。
⑥ 载《中国哲学史》，1985年第1期。
⑦ 载《齐鲁学刊》，1997年第1期。
⑧ 白华：《汉代儒学官学化的动力及其影响》，《甘肃社会科学》2004年第2期。

二 对儒学思想汉初演变之探究

汉初儒学在思想内容上发生了什么样的变化？徐复观有言："儒学思想发展到董仲舒，在许多地方变了形，在许多地方可以把董仲舒以前和他的新说及受新说影响的继起之说，划一个大分水岭。"① 在董仲舒那里，儒学新的思想体系形成，因之，探讨儒学思想变迁时，不少论者注意董仲舒思想相比于先秦儒学所发生的变化。

长期以来，海内外学术界对董仲舒思想进行了多侧面、多角度的研究，取得了丰硕成果，这些研究从各个方面指出董仲舒特有的创发性思想，所指出的这些思想当然是董仲舒对以往儒家思想的发展所在。我们看到，立足于心性论立场，海外新儒家学者强调董仲舒思想对孔孟心性论的疏离。如牟宗三以为，孔孟注重人之内在心性，"孔子与孟子俱由内转……俱由仁义出"②，董仲舒则展现"超越理性"，董仲舒所表现的"超越理性"是一驳杂的又虚而不实的外在体系，它未能遥契孔孟所开辟的精神主体。劳思光亦概括指出孔孟儒学是"心性论中心的哲学"，汉代儒学被改塑成"宇宙论中心之哲学"，董仲舒所倡"天人感应"之说，为汉儒"宇宙论中心之哲学"之总枢，认为，董仲舒用"宇宙论中心之哲学"的架构解说"心性"，造成心性之善恶问题本身亦由自觉根源问题变为材质问题，使孔孟心性论之精义全亡。③ 这些观点颇为精到，但蕴含着对当时儒学的批评。与此相反，同样着眼于对董仲舒儒学的本质及价值的探讨，冯达文更深刻地指出，"以敬畏与感恩为基础的人与天地宇宙的和同意识，这是汉唐宇宙论哲学建构起来的思想信念。……中国古典宇宙论儒学证成的价值观，却很好地确认了自我与世界、有限与无限的连续性与一体性"④。

此外，学者还分析了董仲舒学说的要点，就此，董仲舒思想的如下特质——同时也是可以体现为董仲舒对先秦儒学发展的方面——被人们所注意和研究：儒家的法家化⑤；将先秦儒学的自然之天化为宗教之天；融合

---

① 徐复观：《两汉思想史》（第2卷），第296页。
② 牟宗三：《历史哲学》，第120页。
③ 劳思光：《新编中国哲学史》，第312页。
④ 冯达文：《也谈汉唐宇宙论儒学的评价问题》，《中国哲学史》2011年第2期。
⑤ 余英时语，见余英时著《反智论与中国政治传统》，载《中国思想传统的现代诠释》，江苏人民出版社，1988。类似说法还有："内法外儒"，见侯外庐、赵纪彬、杜国庠、邱汉生著《中国思想通史》（卷二）；"阳儒阴法"，见张纯、王小波著《韩非思想的历史研究》，中华书局，1986。

百家学说等。

值得一提的是，周桂钿的《董学探微》①从宇宙论、人性论、仁义论、义利论、贤庶论、德才论、贵志论、名讳论、辞指论、常变论、中和论和大一统论这十二论分析董仲舒思想，这十二论也显示出董仲舒思想不同于以往儒学之处，可以看作是在思想的各具体方面上董仲舒儒学不同于以往儒学之所在。

分析先秦儒学同董仲舒思想的区别，确对儒学在汉初的思想变迁有所揭示，但这里的分析尚未涉及董仲舒之前汉初儒学相比以往具有的变化。

如果就陆、贾、韩三人思想作一合论，学者们注意到，董仲舒之前的汉初儒学已具有实用主义性格，并渐渐向政治意识形态的方向发展，如侯外庐等著《中国思想通史》称："汉初自高帝以至景帝，一方面儒家渐向正统的路上发展，另一方面古代诸子之学的传统还存在余绪，而在内容上显示出变质的改造。"②葛兆光《七世纪前中国的知识、思想与信仰世界》指出："从荀子起，儒学就已经具备了一种十分实用的入世倾向。"汉初"儒家理想主义终于向实用主义靠拢，而儒家的思想学说也终于向政治意识形态倾斜……"③冯良方说："汉初儒学……不单从儒学的经典中去坚守儒学的传统，而是更加注重同当时的社会现实相结合而且有兼综他家的倾向。"④

也有学者从对比汉儒和先秦诸家的思想特征的角度，看待汉初儒学在内容上的变化。郭沫若说，"杂家的面貌也正是秦以后的儒学的面貌，武帝以后学术思想虽统于一尊，儒家成为了百家的总汇"⑤；对汉代儒学有深入研究的金春峰比较陆贾、贾谊和韩婴不同于先秦儒学之处，也称他们还"未形成新的体系，杂家的特点比较突出"。不过，金春峰还把汉初诸儒的思想看成汉初儒学走向成熟过程中的不同阶段，他认为，从陆贾到董仲舒，儒家思想的演变，是"持续不断的前后相继的发展，一种有共同目标和倾向的向前的思想运动"，"又可以看做一种从量变到部分质变到质变（新体

---

① 周桂钿：《董学探微》，北京师范大学出版社，1989。
② 侯外庐、赵纪彬、杜国庠、邱汉生：《中国思想通史》（第2卷），第56页。
③ 葛兆光：《七世纪前中国的知识、思想与信仰世界》，第369页。
④ 冯良方：《汉初儒学的延续和嬗变》，云南孔子学术研究会编《孔学研究（第七辑）——云南孔子学术研究会第七次暨海峡两岸第五次孔子学术研讨会论文集》，云南人民出版社，2001
⑤ 郭沫若：《十批判书》，东方出版社，1996，第258页。

系建立)的'飞跃',在此基础上,董仲舒把儒家思想带向成熟"。①

　　谈到陆、贾、韩三人的学说同先秦孟荀思想的关系,金春峰认为,在三人的思想里"孟荀思想虽尚未分野,但荀子的影响占据了主导地位。其表现形式是儒法融合,以法家的精神理解儒家的仁义礼制,或在儒家思想中渗透以法家的思想和观点"②。丁原明则未比较他们理论中孟荀思想的含量,他以为,陆贾、贾谊、韩婴为代表的汉初儒家,"在行仁义、尚礼治及重人为的天人观方面,是一本孔子而综合了孟荀的思想"③。他还进一步认为:"汉初儒学不是对原始儒学简单的复制,而是根据当时的社会实践的选择和思想多元并存的情况进行拓展,从而表现出行仁义而不废'道术',尚礼治而不废法治、重人为而不废'天人感应'的思想庞杂的特点。"④

　　综观以上所论,我们看到,学术界对涉及汉初儒学复兴的两方面问题——作为社会史问题的儒学思潮在汉初的复兴和作为思想史问题的儒学思想在汉初的演变——都有过较为详尽的探讨。对于后续的研究,我们还可以借助新的研究方法、新的视角,如鉴于周、秦、汉的社会巨变,我们可以借鉴社会学社会结构的理论,以汉初社会结构的具体变化为视角展开探讨,由此进一步深化我们对汉初儒学的认识。

---

① 金春峰:《汉代思想史》,第109页。
② 金春峰:《汉代思想史》,第108页。
③ 丁原明:《汉初儒学对原始儒学的综合与发展》,《孔子研究》1999年第2期。
④ 丁原明:《汉初儒学对原始儒学的综合与发展》,《孔子研究》1999年第2期。

主要参考文献

一 古籍

班固撰，颜师古注《汉书》，中华书局，1962。

程树德撰，程俊英、蒋见元点校《论语集释》，中华书局，1990。

戴震著，章锡琛点校《原善 孟子字义疏证》，北京古籍出版社，1957。

范晔撰，李贤等注《后汉书》，中华书局，1965。

房玄龄等撰《晋书》，中华书局，1974。

葛洪撰《西京杂记》，中华书局，1985。

顾炎武撰，黄汝成集释，栾保群、吕宗力校点《日知录集释》，中州古籍出版社，1990。

何焯著，崔高维点校《义门读书记》（上册），中华书局，1987。

皇甫谧撰《高士传》，中华书局，1985年影印本。

焦循撰，沈文倬点校《孟子正义》（上、下），中华书局，1987。

孔鲋撰《孔丛子》，中华书局，1985年影印本。

黎靖德编，王星贤点校《朱子语类》，中华书局，1994。

刘盼遂著《论衡集解》，北京古籍出版社，1967。

刘汝霖著《汉晋学术编年》（上、下），（台湾）长安出版社，1979。

刘文典撰，冯逸、乔华点校《淮南鸿烈集解》（上、下），中华书局，1989。

陆玑撰，毛晋参《毛诗草木鸟兽虫鱼疏广要（一）》，上海商务印书馆，1985年影印本。

陆德明撰《经典释文》，中华书局，1983年影印本。

皮锡瑞撰，盛冬铃、陈抗点校《今文尚书考证》，中华书局，1989。

皮锡瑞著《经学通论》，上海商务印书馆，1936。

皮锡瑞著，周予同注释《经学历史》，上海书店出版社，1996年影印本。

屈守元笺疏《韩诗外传笺疏》，巴蜀书社，1996。

阮元校刻《十三经注疏》（上、下），中华书局，1980年影印本。

阮元、王先谦编《清经解 清经解续编》（第8册），凤凰出版社，2005

年影印本。

上海师范大学古籍整理研究所校点《国语》，上海古籍出版社，1988。

司马迁撰，裴骃集解，司马贞索隐，张守节正义《史记》，中华书局，1959。

苏舆撰，钟哲点校《春秋繁露义证》，中华书局，1992。

王夫之著，舒士颜点校《读通鉴论》（上、中、下），中华书局，1975。

王利器撰《新语校注》，中华书局，1986。

王聘珍撰，王文锦点校《大戴礼记解诂》，中华书局，1983。

王肃撰、廖明春、邹兴明校点《孔子家语》，辽宁教育出版社，1997。

王先谦撰，沈啸寰、王星贤点校《荀子集解》（上、下），中华书局，1988。

王先谦撰《汉书补注》（上、下），中华书局，1983年影印本。

王先谦撰，吴格点校《诗三家义集疏》，中华书局，1987。

王先慎撰，钟哲点校《韩非子集解》，中华书局，1998。

王应麟撰《玉海》，江苏古籍出版社、上海书店，1987年影印本。

许慎撰，段玉裁注《说文解字注》，上海古籍出版社，1988年影印本。

徐天麟撰《西汉会要》（上、下），上海人民出版社，1977。

徐天麟撰《东汉会要》，上海人民出版社，1978。

荀悦、袁宏著，张烈点校《两汉纪》（上卷），中华书局，2002。

严可均校辑《上古三代秦汉三国六朝文》，中华书局，1958年影印本。

杨伯峻编著《春秋左传注》，中华书局，1981。

应劭撰《风俗通义》，中华书局，1985年影印本。

永瑢等撰《四库全书总目》，中华书局，1965年影印本。

赵翼撰《廿二史札记》，中国书店，1987年影印本。

周振甫注《文心雕龙注》，人民文学出版社，2002。

朱彬撰，饶钦农点校《礼记训纂》，中华书局，1996。

朱熹撰《楚辞集注》，上海古籍出版社，1979。

朱熹注《诗经集传》，上海古籍出版社，1987年影印本。

朱熹撰《四书集注》，上海古籍出版社，1987。

《诸子集成》，上海书店出版社，1986年影印本。

二　出土整理文献

荆门市博物馆编《郭店楚墓竹简》，文物出版社，1998。

马王堆汉墓帛书整理小组编《马王堆汉墓帛书 经法》，文物出版社，1976。

江陵张家山汉简整理小组编《江陵张家山汉简（奏谳书）释文（一）》，《文物》1993年第8期。

江陵张家山汉简整理小组编《江陵张家山汉简（奏谳书）释文（四）》，《文物》1995年第7期。

张家山汉墓竹简整理小组编《张家山汉墓竹简》（二四七号墓），文物出版社，2001。

中国科学院考古研究所编辑室编《武威磨咀子汉墓出土王杖十简释文》，《考古》1960年第9期。

三　今人著述

陈来：《古代思想文化的世界——春秋时期的宗教、伦理与社会思想》，生活·读书·新知三联书店，2002。

陈明：《儒学的历史文化功能——以中古士族现象为个案》，学林出版社，1997。

陈启云：《儒学与汉代历史文化——陈启云文集二》，广西师范大学出版社，2007。

陈启云：《中国古代思想文化的历史论析》，北京大学出版社，2001。

陈苏镇：《汉代政治与〈春秋〉学》，中国广播电视大学出版社，2001。

程树德：《九朝律考》，中华书局，1963年影印本。

丁四新：《郭店楚墓竹简思想研究》，东方出版社，2000。

杜维明著，陈引驰编《一阳来复》，上海文艺出版社，1997。

费振刚、胡双宝、宗明华辑校《全汉赋》，北京大学出版社，1997。

冯达文、郭齐勇主编《新编中国哲学史》（上、下卷），人民出版社，2004。

冯达文：《宋明新儒学略论》，广东人民出版社，1997。

冯达文：《中国哲学的探索与困惑（殷商—魏晋）》，中山大学出版社，1989。

冯友兰：《中国哲学史新编》（第二册），人民出版社，1964。

冯友兰：《中国哲学史新编》（第三册），人民出版社，1985。

高怀民：《两汉易学史》，（台湾）中国学术著作奖助委员会，1970。

葛兆光：《七世纪前中国的知识、思想与信仰世界》，复旦大学出版社，1998。

顾颉刚：《汉代学术史略》，东方出版社，1996。

顾颉刚：《秦汉的方士与儒生》，上海古籍出版社，1998。

顾颉刚：《史林杂识初编》，中华书局，1963。

郭沫若：《十批判书》，东方出版社，1996。

郭沫若著作编辑出版委员会编《郭沫若全集》（历史编），人民出版社，1982。

甘肃省文物工作队、甘肃省博物馆编《汉简研究文集》，甘肃人民出版社，1984。

何怀宏：《世袭社会及其解体：中国历史上的春秋时代》，生活·读书·新知三联书店，1993。

洪治刚主编《章太炎经典文存》，上海大学出版社，2003。

侯外庐、赵纪彬、杜国庠、邱汉生：《中国思想通史》（第一、二卷），人民出版社，1957。

湖南省博物馆编《马王堆汉墓研究》，湖南人民出版社，1981。

胡适：《中国中古思想史长编》，安徽教育出版社，2006。

华友根：《董仲舒思想研究》，上海社会科学院出版社，1992。

华友根：《西汉礼学新论》，上海社会科学院出版社，1998。

黄克剑、林少敏编《徐复观集》，群言出版社，1993。

黄留珠：《秦汉仕进制度》，西北大学出版社，1985。

黄朴民：《天人合———董仲舒与汉代儒学思潮》，岳麓书社，1999。

翦伯赞：《秦汉史》，北京大学出版社，1983。

姜义华编《胡适学术文集 中国哲学史》（上、下），中华书局，1991。

金安槐：《中国考古》，上海古籍出版社，1992。

金春峰：《汉代思想史》，中国社会科学出版社，1997。

景海峰编《刘述先新儒学论著辑要 儒家思想与现代化》，中国广播电视出版社，1992。

劳干：《秦汉史》，（香港）华冈出版有限公司，1974。

劳思光：《新编中国哲学史》，（台湾）三民书局，1983。

李景明编《中国儒学史》（秦汉卷），广东人民出版社，1998。

李开元：《汉帝国的建立与刘邦集团》，生活·读书·新知三联书店，2000。

李泽厚：《中国古代思想史论》，安徽文艺出版社，1999。

李泽厚：《己卯五说》，中国电影出版社，1999。

梁荣茂：《陆贾新语研究》，台湾大学中文研究所，1964。

刘起釪：《尚书学史》，中华书局，1989。

刘泽华等编著《中国古代史》（上册），人民出版社，1979。

吕思勉：《秦汉史》（上、下），上海古籍出版社，1983年影印本。

吕思勉：《吕思勉读史札记》（上、下），上海古籍出版社，1982。

马勇：《秦汉学术社会转型时期的思想探索》，陕西人民教育出版社，1998。

马育良：《汉初三儒研究》，黄山书社，1997。

牟宗三：《历史哲学》，（台湾）学生书局，1988。

牟宗三：《中国哲学十九讲》，上海古籍出版社，1997。

钱穆：《国史大纲》，商务印书馆，1994。

钱穆：《两汉经学今古文平议》，商务印书馆，2001。

任继愈主编《中国哲学发展史》（秦汉卷），人民出版社，1996。

沈家本：《沈寄簃先生遗书》，中国书店，1990年影印本。

宋林飞编《西方社会学理论》，南京大学出版社，1999。

孙曜：《春秋时代之世族》，上海中华书局，1931。

田昌五、臧知非：《周秦社会结构研究》，西北大学出版社，1996。

田建业编《杜亚泉文选》，华东师范大学出版社，1993。

童庆炳主编《文学理论教程》（修订本），高等教育出版社，2005。

童书业：《春秋左传研究》，上海人民出版社，1983。

王葆玹：《西汉经学源流》，（台湾）东大图书股份有限公司，1994。

王兴国：《贾谊评传》，南京大学出版社，1992。

王学泰：《游民文化与中国社会》，学苑出版社，1999。

王学泰：《重读江湖》，福建人民出版社，2004。

王永祥：《董仲舒评传》，南京大学出版社，1995。

王子今：《秦汉区域文化研究》，四川人民出版社，1998。

吴光：《黄老之学通论》，浙江人民出版社，1985。

吴龙辉：《原始儒学考述》，中国社会科学出版社，1996。

夏传才：《十三经概论》，天津人民出版社，1998。

夏长仆：《两汉儒学研究》，台湾大学文学院，1987。

熊铁基：《秦汉新道家略论稿》，上海人民出版社，1984。

徐复观：《两汉思想史（第一、二、三卷）》，（台湾）学生书局，1985。

徐复观：《论经学史二种——中国经学史的基础》，（台湾）正中书局，1982。

徐复观：《中国人性论史（先秦篇）》，上海三联书店，1993。

阎步克：《阎步克自选集》，广西师范大学出版社，1997。
阎步克：《士大夫政治演生史稿》，北京大学出版社，1996。
于迎春：《秦汉士史》，北京大学出版社，2000。
余英时：《中国传统思想的现代诠释》，江苏人民出版社，1995。
余英时：《士与中国文化》，上海人民出版社，1987。
余治平：《唯天为大（建基于信念本体的董促舒哲学研究）》，商务印书馆，2003。
张纯、王小波：《韩非思想的历史研究》，中华书局，1986。
张友琴、童敏、欧阳马田编《社会学概论》，科学出版社，2000。
周桂钿：《秦汉思想史》，河北人民出版社，2000。
周桂钿：《董学探微》，北京师范大学出版社，1989。
周作人：《自己的园地》，岳麓书社，1987。
朱维铮编《周予同经学史论著选集》（增订本），上海人民出版社，1996。

四　译著

〔美〕埃里希·韦罗姆著《逃避自由》，刘林海译，国际文化出版公司，2007。

〔美〕保罗·福塞尔：《格调：社会等级与生活品味》，梁丽真、乐涛、石涛译，广西人民出版社，2002。

〔美〕比特·布劳：《不平等和异质性》，王春光、谢圣赞译，中国社会科学出版社，1991。

〔德〕马克斯·韦伯：《经济与社会》（上册），林荣远译，商务印书馆，1997。

〔美〕马斯洛等著，林方主编《人的潜能和价值》，华夏出版社，1987。

〔美〕约翰·R.霍尔、〔美〕玛丽·乔·尼兹：《文化：社会学的视野》，周晓虹、徐彬译，商务印书馆，2000。

五　英文著述

Piere Bourdieu, *Distinction*：*A Social Critique of the Judgment of Taste*. Poston：Harvard University Press. 1984。

Robert Redfield, *Peasant Society and Culture* Ⅲ：*The Social Organization of Tradition*. Chicago：The University of Chicago Press. 1956.

六　论文

白华：《汉代儒学官学化的动力及其影响》，《甘肃社会科学》2004 年第 2 期。

卜宪群：《秦制、楚制与汉制》，《中国史研究》1995 年第 1 期。

蔡方鹿：《汉唐儒学基本思想特征探讨》，《陕西师范大学学报》（哲学社会科学版）2011 年第 5 期。

陈博：《试论〈庄子〉外、杂篇中的黄老思想特征》，《西安电子科技大学学报》（社会科学版）2003 年第 2 期。

陈来：《春秋时代的德行伦理与早期儒家伦理学的特点——兼论孔子与亚里士多德伦理学思想的异同》，《河北学刊》2002 年第 6 期。

陈宁：《郭店楚墓竹简中的儒家人性言论初探》，《中国哲学史》1998 年第 4 期。

陈桐生：《秦汉之际的受命改制说与儒学独尊》，《齐鲁学刊》1997 年第 1 期。

丁原明：《汉初儒学对原始儒学的综合和发展》，《孔子研究》1999 第 2 期。

丁毅华：《荀子、贾谊礼治思想的传承》，《天津师范大学学报》（哲学社会科学版）1991 年第 6 期。

费振刚、马庆洲：《从汉初〈诗〉学看当时儒学地位》，载中国诗经学会编《第四届诗经国际学术研讨会论文集》，学苑出版社，2000。

冯达文：《也谈汉唐宇宙论儒学的评价问题》，《中国哲学史》2011 年第 2 期。

冯达文：《作为人文教养的早期儒学——兼谈先秦社会历史演变中的贵族与平民》，《中山大学学报》（社会科学版）2003 年第 4 期。

阜阳汉简整理组编《阜阳汉简简介》，《文物》1983 年第 9 期。

高建立：《从〈淮南子〉看汉初意识形态由黄老之术到独尊儒术的转变》，《商丘师范学院学报》2009 年第 1 期。

高敏：《从〈二年律令〉看西汉前期的赐爵制度》，《文物》2002 年第 9 期。

高敏：《汉初法律系全部继承秦律说——读张家山汉简〈奏谳书〉札记之一》，载中国秦汉史学会编《秦汉史论丛》第六辑，江西教育出版社，1994。

龚克昌：《庄读赋二题》，《社会科学战线》1989 年第 3 期。

古永继:《陆贾思想并非"黄老"论》,《惠州大学学报》(哲学社会科学版) 1994 年第 1 期。

郭胜团:《汉初黄老思想论辨》,载葛志毅主编《中国古代社会与思想文化研究论集(第二辑)——首届"古代社会与思想文化"国际学术研讨会专辑》,黑龙江人民出版社,2007。

韩国磐:《汉高祖除秦苛法质疑》,《求索》1992 年第 6 期。

韩晖:《汉赋的先驱孔臧及其赋考说》,《文史哲》1998 年第 1 期。

华友根:《试论贾谊的礼学观》,《江海学刊》1996 年第 3 期。

黄开国:《独尊儒术与西汉学术大势》,《哲学研究》1990 年第 4 期。

黄朴民:《简论儒学在汉初的初步思想复兴》,《社会科学辑刊》1992 年第 6 期。

黄宛峰:《叔孙通、陆贾与汉初儒学走向》,《史学月刊》1995 年第 3 期。

惠吉兴:《汉初儒学的复兴及其历史地位——兼评汉初黄老之学占统治地位说》,《浙江学刊》1992 年第 6 期。

惠吉兴:《试论儒学是汉初的统治思想》,《中华文化论坛》2006 年第 10 期。

蒋国保:《汉儒称"儒学"为"儒术"考》,《中山大学学报》(社会科学版) 2009 年第 2 期。

江庆柏:《汉初墓葬与汉初思想的儒学特征》,《孔子研究》1989 年第 3 期。

李存山:《秦后第一儒——陆贾》,《孔子研究》1992 年第 3 期。

李迪:《江陵张家山西汉墓墓主是谁?》,载李迪主编《数学史研究文集》第四辑,内蒙古大学出版社、(台北) 九章出版社,1993。

李锦全:《论我国传统文化中儒法互补问题》,《淮海学刊》1988 年第 1 期。

李均明:《张家山汉简所反映的二十等爵制》,《中国史研究》2002 年第 2 期。

李森:《从先秦到贾谊——民本思想的逻辑发展》,《华东师范大学学报》(哲学社会科学版) 1994 年第 5 期。

李思华、王龙:《浅论道家思想对汉赋之影响》,《黔南民族师范学院学报》2003 年第 2 期。

李玉梅:《陆贾体用之诠释学色彩》,中国秦汉史学会主编《秦汉史论丛》,中国社会科学出版社,1998。

李振纲:《董仲舒思想五题》,《河北学刊》1999 年第 1 期。

李知恕:《论〈韩诗外传〉的黄老思想》,《社会科学研究》2002 年第 2 期。

李宗桂:《秦汉思想的统一者——董仲舒 兼论从战国到秦汉之际的社会思潮》,中山大学硕士学位论文,1985。

李宗桂:《论董仲舒的政治哲学》,《中国文化月刊》1991 年第 6 期。

李宗桂:《论董仲舒对封建制度文化的整合》,《学术研究》1994 年第 1 期。

梁宗华:《董仲舒对儒学的建构及其意义》,《东岳论丛》1996 年第 4 期。

刘邦凡:《〈周髀算经〉与〈算数书〉的推类思想比较》,《科技信息》(学术版) 2007 年第 4 期。

刘欢、赵璐:《从〈二年律令〉看儒家思想对西汉立法的影响》,《人文杂志》2004 第 4 期。

刘修明:《贾谊的民本思想和汉初社会》,《学术月刊》1986 第 9 期。

刘周堂:《汉初儒学演进史略》,《江西社会科学》1998 年第 2 期。

鲁同群:《汉初以黄老为统治思想的质疑》,《南京师范大学学报》(社会科学版) 2004 年第 6 期。

罗新:《从萧曹为相看所谓"汉承秦制"》,《北京大学学报》(哲学社会科学版) 1996 年第 4 期。

罗新慧:《试论春秋战国之际的士和儒士》,《北京师范大学学报》(哲学社会科学版) 1998 年第 4 期。

罗义俊:《汉初学术复兴论》(上),《史林》1988 年第 4 期。

罗义俊:《汉初学术复兴论》(下),《史林》1989 年第 1 期。

吕锡生:《论陆贾在汉代的功绩》,《浙江师范大学学报》(社会科学版) 1985 年第 3 期。

马亮宽:《试论汉初儒学发展的历史地位》,《孔子研究》1998 年第 2 期。

马育良:《汉初治政与贾谊的礼治思想》,《孔子研究》1993 年第 3 期。

彭卫:《试论贾谊思想的历史渊源》,《西北大学学报》(哲学社会科学版) 1981 年第 3 期。

邵显霞:《论董仲舒的"教化成性"说》,《孔子研究》1995 年第 4 期。

邵宇:《论汉初儒学政治性格的基本转变》,《理论月刊》2006 第

12 期。

石元康:《天命和正当性:从韦伯的分类看儒家的政道》,《开放时代》1999 年第 11、12 期。

苏诚鉴:《汉武帝"独尊儒术"考实》,《中国哲学史》1985 年第 1 期。

汤其颂:《汉初"无为之治"源于陆贾论》,《史学月刊》1991 年第 4 期。

唐雄山:《郭店楚简儒家人性思想的现代诠释》,《佛山科技学院学报》(社会科学版) 1998 年第 4 期。

汪春泓:《汉初"黄老道德之术"剖析》,载《中国典籍与文化》编辑部编《中国典籍与文化论丛》第五辑,中华书局,2000。

汪高鑫:《论董仲舒对道家政治的吸收》,《江淮论坛》1997 第 5 期。

王葆玹:《中国学术从百家争鸣时期向独尊儒术的转变》,《哲学研究》1990 年第 1 期。

王东琥:《董仲舒道德教化思想述评》,《郑州大学学报》(哲学社会科学版) 1990 年第 2 期。

王启发:《秦代的儒生与儒学》,《中国哲学》编委会编《中国哲学》第十八辑,岳麓书社,1998。

王生平:《论贾谊的哲学思想》,中国社会科学院历史研究所、中国哲学编辑部编《中国哲学》第九辑,生活·读书·新知三联书店,1983。

王生平:《贾谊的"礼"治思想》,《社会科学》1990 年第 2 期。

徐麟:《试论董仲舒的五行观》,《河北学刊》1998 年第 4 期。

徐少华:《论竹书〈君子为礼〉的思想内涵与特征》,《中国哲学史》2007 年第 2 期。

徐宗文:《〈七发〉三问》,《徐州师范学院学报》(哲学社会科学版) 1986 年第 3 期。

杨朝明:《"汉家儒宗"叔孙通与汉初儒学》,《孔子研究》1994 年第 2 期。

杨春时:《贵族精神和现代性批判》,《厦门大学学报》(哲学社会科学版) 2005 年第 3 期。

杨国荣:《神学形式下的人文内涵》,《江淮论坛》1992 年第 3 期。

杨国荣:《兼容精神与独断原则的互补》,《争鸣》1992 年第 4 期。

尹江海:《论前汉儒学之隆兴》,《船山学刊》2008 年第 2 期。

余明光:《论陆贾的道家思想》,《湘潭大学学报》(社会科学版),

1992 年第 1 期。

于首奎：《董仲舒的"仁学"刍议》，《齐鲁学刊》1994 年第 1 期。

张爱军：《先秦至汉初儒家人性论的历程》，《华东师范大学学报》（哲学社会科学版）1993 年第 4 期。

张国华：《从〈天人三策〉到〈春秋繁露〉》，《中国社会科学院研究生院学报》1995 第 3 期。

张建国：《叔孙通定〈傍章〉质疑——兼析张家山汉简所载律篇名》，《北京大学学报》（哲学社会科学版）1997 年第 6 期。

张兆凯：《汉武帝与儒家关系新论》，《求索》1996 年第 3 期。

张政烺：《春秋事语解题》，《文物》1974 年第 1 期。

赵雷：《司马相如道家思想的来源及表现》，《邯郸学院学报》2007 年第 1 期。

郑明璋、李桂荣：《论汉代道家的人生观在汉赋中的表现》，《阜阳师范学院学报》（哲学社会科学版）2000 年第 5 期。

钟肇鹏：《董仲舒与汉代儒学》，《传统文化与现代化》1995 年第 2 期。

周桂钿：《董仲舒的"仁义论"》，《北京师范大学学报》（哲学社会科学版）1987 第 1 期。

周学军：《董仲舒儒学：儒士群体自我意识的调整》，《社会科学》1991 第 10 期。

朱红林：《汉代"七十赐杖"制度及相关问题考辨——张家山汉简〈傅律〉初探》，《东南文化》2006 年第 4 期。

朱光春：《论儒学在西汉时期传播的文化历程》，《河南大学学报》（哲学社会科学版）1989 年第 4 期。

朱绍侯：《西汉初年军功爵制的等级划分——〈二年律令〉与军功爵制研究之一》，《河南大学学报》（社会科学版）2002 年第 5 期。

朱绍侯：《从〈二年律令〉看汉初二十级军功爵的价值——〈二年律令〉与军功爵制研究之四》，《河南大学学报》（社会科学版）2003 年第 2 期。

踪凡：《汉赋研究基本课题的回顾与前瞻》（上），《洛阳大学学报》2006 年第 3 期。

踪凡：《汉赋研究基本课题的回顾与前瞻》（下），《洛阳大学学报》2007 年第 1 期。

邹学荣：《董仲舒哲学思想的形成及其历史作用》，《西南师范大学学报》（人文社会科学版）1986 第 3 期。

索　引

人名索引

安期生　25
白华　224，233
白起　11
白生　102，133
班固　133，223，228
鲍焦　182，183
比干　171，181，182
卞庄子　115
伯夷　181
薄太后　91
薄昭　61
卜宪群　42，234
布劳（Peter Blau）　2
蔡方鹿　234
蔡叔　61
蔡泽　12
曹参（曹相国、平阳侯）　14，22，25，34，40~44，53，54，65，131
曹窋　43
常山宪王　47
晁错（朝错）　23，47，66，67，91，95，100，101，155
陈博　25，234
陈来　165，230，234
陈明　223，230
陈宁　123，234
陈平（曲逆侯）　14，22，27，54，132，133
陈启云　38，58，110，203，222，230

陈胜（陈涉）　13，73，76，86，207
陈苏镇　3，28，222，230
陈桐生　224，234
陈豨　27，153，154
陈引驰　230
程树德　81，228，230
楚怀王孙心（楚怀王）　13
淳于公　61
淳于缇萦　62
戴宏　106
戴晋生　182，183
戴震　191，228
砀鲁赐　102
丁宽　98~100
丁四新　230
丁毅华　234
丁原明　227，234
东方朔　96
董公（新城三老）　87，88
董仲舒　1~3，48，72，100，103，106，108，109，111，174，191，192，194~201，203~209，211~218，221，223~226，231，232，236~238
窦太后（窦后）　3，27，49，50，51，68~72，92，97
杜国庠　1，26，197，223，225，226，231
杜维明　230
杜亚泉（伧父）　21，22，45，46，232
段玉裁　107，229

恩斯特·卡西尔（Erst Cassirer） 203
樊哙 14，22
范献子 19
范晔 228
范增 13
房玄龄 228
费振刚 32，33，221，230，234
冯达文 128，225，230，234
冯敬 64，65，149，150
冯友兰 1，2，35，36，58，150，230
伏生 23，96，100，101，103
扶苏 20
浮丘伯（鲍丘、包丘子、浮丘、包丘、浮邱伯） 102，107，133
盖公 25，34，41
甘茂 12
皋陶 138，139，141，178
高怀民 98，230
高建 234
高敏 15，42，234
高起 22
高堂生 103，104
葛洪 33，50，228
葛兆光 85，200，207，226，230
公刘 119，120
公孙臣 65
公孙弘 96，97，106，194
公羊高 106
公子高 20
龚克昌 33，234
古公亶甫 119，120
古永继 235
顾颉刚 8，9，231
顾炎武 86，228
管叔 61
贯高 27，28，153，154

贯公 107
灌婴（颍阴侯） 14，22，55，64，65
广国 51
郭沫若 76，226，231
郭齐勇 230
郭胜团 36，235
韩非（韩非子） 11，39，69，95，128，214，225，229，233
韩固 12
韩国磐 42，235
韩晖 32，235
韩王信 153，154
韩信（淮阴侯、楚王） 53，102，131，153，154，154
韩婴（常山太傅、韩生） 47，49，100，102，108，109，111，174~193，195，216，217，226，227
汉高祖（刘邦、高祖、刘季、沛公） 3，8，14~17，21，22，26，27，37，38，42，43，46，47，52~56，58，60，64，69，74~80，86~90，101，102，109，131~133，150，207，220，231，235
汉惠帝（刘盈、惠帝） 3，41，43，47，52，83，87，90，98
汉景帝（刘启、景帝） 26，28，29，47~49，52，53，56，57，67，68，69，85，90，92，97，100，102，106，109，174，220，224，226
汉文帝（刘恒、文帝） 23，24，25，26~29，47，48，50~52，55，56，58，60~69，87，85，87，90，91，93，95，100，101，107，132，149，150，153，174
汉武帝（刘彻、武帝、胶东王） 3，29，33，45，47~49，52，58，69~

72，87，93，94，96~98，103，109，110，174，194~196，207，209，220，223，224，226，237，238

何焯　97，228

何怀宏　9，10，19，113，231

河上丈人　25

洪兴祖　33，134

洪治刚　107，231

侯外庐　1，26，150，197，223，225，226，231

胡亥（秦二世）　20，33，86，134，153，163

胡适　90，231

胡双宝　32，33，230

胡毋生（胡毋子都）　103，106

华友根　82，231，235

皇甫谧　25，47，228

黄帝　7，24，25，27，30，40，49，138，141，145，146，176，177

黄开国　235

黄克剑　231

黄留珠　231

黄朴民　231，235

黄宛峰　235

惠吉兴　220，221，235

汲黯　29

贾公彦　82，134

贾辛　12

贾谊（梁怀王太傅）　30，32~34，47，48，62~65，67，93，101，105，107，108，111，149~158，160~165，167~173，175，180，191~193，196，197，199，204，209，213，216~218，226，227，232，234~237

翦伯赞　220，222，231

江都易王子建　92，93

江庆柏　221，235

姜义华　231

蒋国保　72，235

焦循　109，119~123，181，186，187，190，215，228

金春峰　3，26，35，38，40，140，151，152，188，189，192，198，223，226，227，231

晋文公　19，114

敬姜（公父文伯之母）　9，124

句践　31，119，194

厥妃　119

孔安国　102

孔鲋　75，228

孔颖达　82，103，136

孔臧　32，235

孔子　10，12，19，20，37，50，73，75，76，95，99，103~105，108，113~118，120~124，128，129，133，135，136，147，160，161，163，165~167，174，178，181，189，193，194，198，211，215，221，222，225~227，229，234~237

劳干　34，231

劳思光　121，122，225，231

黎靖德　80，228

李存山　147，235

李迪　26，235

李桂荣　34，238

李锦全　235

李景明　94，220，222，231

李均明　15，235

李开元　17，52，56，57，231

李悝　12

李森　235

李思华　34，235

李斯　20，21，75，107，133，149，150，152，153
李玉梅　235
李泽厚　26，223，231
李振纲　236
李知恕　177，236
李宗桂　224，236
郦商（曲周侯）　14，54
郦食其（辟阳侯）　14，54，91，74～77
梁荣茂　231
梁项生　99，100
梁宗华　236
僚安　12
林少敏　231
刘安（淮南王）　26，33，39，61，76，154
刘邦凡　26，236
刘宝楠　108，114～118，122，136，166，178，181，189
刘长（淮南厉王）　26，61，91
刘乘（清河哀王）　47，49
刘德（河间献王）　47，49，103，107，109
刘端（胶西王）　108，194，195
刘非（江都易王）　92，93，195
刘欢　93，236
刘交（楚元王）　23，46，76，77，102，133
刘买（梁孝王之子）　51，52
刘盼遂　11，80，228
刘起釪　114
刘荣（废太子）　47，48
刘胜（中山靖王）　33，47，49
刘述先　231
刘太公　88，131
刘文典　37，39，40，108，228

刘武（梁孝王）　28，33，50，68，92，97，100，165
刘骃　33，94
刘歆　23
刘修明　236
刘揖（梁怀王）　33，47，48，94，193
刘泽华　220，232
刘周堂　236
柳下惠　181，194
娄敬（刘敬、关内侯、建信侯）　14，15，22，47，55，74，76，77，79，90
鲁穆生　102
鲁同群　3，220，236
陆德明　103，107，150，228
陆玑　103，228
陆贾　14，33，37，38，74～78，106～108，111，131～148，150，151，155，156，161，167，172，175，180，192，193，196，197，199，204，209，213，216～218，226，227，231，235～237
吕产　55
吕后（吕太后、吕雉）　26，52，55，89，90，91，93，102，131，132
吕思勉　64，220，224，232
吕锡生　236
罗新　236
罗新慧　236
罗义俊　98，236
马克思　1，2
马亮宽　222，236
马庆洲　221，234
马斯洛（Abraham H. Maslow）　125
马勇　222，232
马育良　232，236

毛苌 103
毛亨（大毛公） 103
毛翕公 25
枚乘 33，34
孟丙 12
孟公绰 115
孟舒 27，28
孟僖子 114
孟懿子 114
孟子 63，108，109，113，118～124，129，171，181，186～192，212，215，225，228
苗润田 35
闵子马 19
闵子骞（闵子辛） 50，212
缪生 102
墨子 37
牟宗三 14，21，60，74，124，224，225，232
南宫敬叔 114
南越王（尉佗、赵佗） 131，132
倪宽（儿宽） 96，101
欧阳生 101
帕森斯 1，2
彭卫 236
彭越 153，154
皮埃尔·布迪厄（Piere Bourdieu） 2
皮锡瑞 24，61，62，105，228
齐服生 99
齐景公 128，179，180
齐宣王 118，119
钱大昕 24
钱穆 14，19，44，52，72，232
秦二世（二世） 20，21，33，86，134
秦始皇（始皇） 20，21，26，58，63，75

黥布（淮南王） 26，39，61，76～78，153，154
邱汉生 1，26，197，223，225，226，231
屈守元 108，115，174～192，212，228
屈原 33，48，64，101，134
阙门庆忌 102
冉求（冉有） 115，116
任敖（广阿侯） 14，22，54
任继愈 21，34，35，38，140，223，232
汝阴侯 26，50，53～55
阮元 82，83，105，228
邵显霞 236
邵宇 236
申包胥 181
申公（申培） 46，47，70，71，101～103，107，108，133
申徒狄 182
申屠嘉（故安侯） 14，22，55，56，58
沈家本（沈寄簃） 81，232
石奋（万石君） 47，48，58，91，92
石元康 206，237
叔本华（淑本好耳） 123，125，138
叔齐 181
叔孙通 14，23，24，47，53～55，74，76～84，90，104，105，235，237，238
舜 8，47，49，61，74，101，108，127，144，145，147，171，178，191，205
司城子罕 177
司马季主 30，32
司马弥牟 12
司马迁 17，41，99，100，103，155，229
司马乌 12
司马相如 33，34，238
宋林飞 232
宋忠 30，32

苏诚鉴　224，237

苏舆　108，196～203，205～207，211～216，229

孙膑　11

孙曜　9，232

孙诒让　37

汤其颂　237

唐雄山　123，237

唐晏　139

陶青　58

田昌五　9，13，232

田蚡　3，70～72

田何（淄川田生）　47，98～100，103，109

田建业　21，232

田叔（鲁相）　27～29，97

田子方　182，183

童庆炳　32，232

童书业　8，232

汪春泓　36，237

汪高鑫　237

王葆玹　98，103，232，237

王登　11

王东琥　237

王夫之　152，153，229

王翦　11

王利器　107，108，133～137，139，140，142，144～147，229

王陵（安国侯）　14，22，54

王龙　34，235

王聘珍　105，229

王启发　86，237

王生　29，30

王生平　237

王肃　117，229

王同（王同子中）　72，99

王先谦　7，83，95，101，105，122，125～128，133，139，143，144，150，179，190，191，198，212，228，229

王先慎　11，39，95，214，229

王小波　225，233

王兴国　171，232

王学泰　21，22，77，232

王应麟　24，82，229

王子今　222，232

韦伯（Max Weber）　204

卫绾（建陵侯、河间太傅、河间王太傅）　47～49，57，58，69，70

魏戊　12

魏献子　12

文翁　85，109

屋庐子　120

吴公　85，149，150

吴光　232

吴起　12，107，184

武王　7，99

邰毅　114

夏传才　95，232

夏侯婴　14，26，53～55

夏侯灶　26，50

夏宽　102

项梁　13

项羽　13，22，87，131

萧何（酂侯）　14，41～43，53，54，131

小毛公　103

邢昺　147

熊铁基　72，232

胥臣　19

徐复观　98，103，106，123，124，127，140，147，151，155，167，188，189，224，225，231，232

徐麟 237
徐少华 160，237
徐天麟 66，80，229
徐吾 12
徐偃 102
徐宗文 34，237
许慎 107，229
荀悦 71，229
荀子（荀卿、孙卿子） 7，63，103，107，113，125～130，133，134，136～139，141～145，147，148，150，151，155，161，171，172，178，179，188～192，196～199，204，214，216，226，227，229，234
严可均 46，140，229
严助 70，96，97
阎步克 9，28，233
颜师古 56，61，228
扬雄 96
杨伯峻 7，10，12，19，114，115，117，200，229
杨朝明 237
杨春时 123，124，237
杨国荣 237
杨向奎 35，36
尧 7，53，54，61，74，171，178，189，191，201，205
夷子 121
尹江海 110，237
应劭 24，26，229
永瑢 229
于首奎 238
于迎春 28，233
余嘉锡 107，133
余明光 237
余英时 9，41，80，85，128，221，225，233
余治平 233
虞卿 12，107
爰盎 28，66，67，91
袁盎 28，58，68，95，97
原宪 181，182，212
辕固（辕固生） 47，49，68～70，102，103
乐臣公 25
乐瑕公 25
乐霄 12
乐毅 11，25
宰我 117，118
臧武仲 115
臧知非 9，13，232
曾申 103，107
曾子 181，212
张爱军 238
张敖（赵王、宣平侯） 27，28
张苍（北平侯） 14，26，55，65，75，97，107，150
张敞 107
张纯 225，233
张国华 238
张建国 81，238
张良 14，15，53，76
张欧 29
张生 101
张释之（张廷尉） 29，30，56，65
张相如（东阳侯） 47，48，64，65，149，150
张仪 12，69
张友琴 1，233
张兆凯 238
张政烺 50，238
赵朝 12

赵高　20，107，163

赵纪彬　1，26，197，223，225，226，231

赵雷　34，238

赵璐　93，236

赵岐　109，181

赵衰　114

赵绾　70，71，103

赵午　27，28

赵襄子（襄主）　11

赵鞅　117

赵翼　1，11，12，14，52，229

郑当时　29

郑明璋　34，238

郑玄　82，103，122，134

直不疑（不疑、塞侯、信侯）　29，55，57

钟肇鹏　238

周霸　101，102

周勃（绛侯）　14，15，22，51，53～55，64，65，132，133

周公　7，8，61，83，104，146，162，176

周桂钿　3，223，226，233，238

周苛（高景侯）　14，22，53

周王孙　99，100，109

周文王（文王）　18，31，119

周学军　238

周予同　24，98，228，233

周振甫　33，94，229

周作人　123～125，138，233

朱彬　8，18，39，51，105，113，114，116，151，229

朱光春　238

朱红林　89，238

朱买臣　96，97

朱绍侯　15，16，238

朱维铮　233

朱熹（朱子）　10，34，62，80，115，119，120，122，123，177，186，187，228，229

庄子　25，26，31，32，34，95，122，212，234

子贡　12，174，182，212

子夏　98，103，106，117，178

宗明华　32，33，230

踪凡　33，238

邹忌　12

邹学荣　238

左丘明　107

重要名词索引

本质义　122

出土材料　25

出土汉简　15

大传统　84，85，94，98，110，207，221

德目　165～167，169，170，173，214，215

德行　20，87，88，107，122，133，165，167，169，173，184，191，213，217，218，234

德治　41

等级制度　8，154

独尊儒术　3，29，45，58，72，110，224，234，235，237

法家　28，38～40，47，57，58，63，75，80，128，129，133，137，151，152，154，155，174，177，186，196，197，199，214，217，221，225，227

法治 35，38~40，42~44，64，134，152，227

方法论 1

焚书坑儒 1

观念领域 2

官方思想 58，222，224

贵族化 10，12，45~47，51，52，59，68，72，77，84，111，128，133，137，144，148，155，156，160~165，167，173，174，193，195，208，211，216

贵族化思想因素（贵族思想因素） 155，160

贵族教育 18，173

贵族精神 18，19，21，23，37，113，116，118，121，123，124，188，192，193，216，219，237

贵族社会 12，13，17~19，21，22，37，45，74，113，114，116，124，133，137，165~167，172，214，215，217

贵族文化 10，19~21，37，38，52，53，94，113，118，123，124，129，130，133，137，143~145，148，155，161，165，167，173，188，191~193，212，217~219

贵族性（贵族性格） 118，124，128，138，139，145，148~150，167，173，188，209，213~218

贵族意识 17，18，45，73，116，209，213~216

汉初社会（西汉初期社会） 2，3，14，21，23，39，43~45，58，74，84，85，90，104，111，195，208，236

汉初乍始（汉初前期、汉初伊始） 7，13，23，26，34，36，37，38，45，52，58，73，78，85，93，94，95，134，137，138，145，147，150，167，111，155，177，196，208，209，216~218

汉赋 32~34，230，235，238

汉墓 25~27，40，50，88~90，93，96，103，145，146，229~231，235

合法性 204~208，224

黄老（黄老之学、黄老学、黄老思想、黄老之说） 23，24~30，32，34~45，50，56，58~60，62，64，65，67~70，73，92，94，95，97，109，145~148，155，156，173，174，176，177，178，220，221，222，224，232，234~237

黄老思潮 5，24，33，35，36

教化 21，52，72，74，85~87，139，142，164，196，205，213，223，224，236，237

教育 8，18，19，21，32，42，46，47，49~52，60，65，68，69，72，73，90，94，96，113，114，116~118，141，161~165，173，192，193，209，211，222，229，231，232，234

经济基础 1，41

经济领域 2

经学 23，24，58，72，95，98，103，105，106，173，193，209，221，228，232~234

精神风貌（精神风范） 13，18，19，36，39，113

军功授爵 15

孔孟儒学 113，126，128~130，143，145，155，191，215~217，225

孔学（孔子学说） 59，113，116，118，124，222，226

礼仪 19，23，24，47，51，52，57，58，73～75，78～84，92，93，95，104，110，114，116，120，126，128，143，144，156，160，161，195，209，211，217，218

礼义 20，21，63，88，105，126，128，131，138，139，141～143，150，162，175，178，185

礼治 40，41，151，152，178～180，196，199，205，206，208，227，234，236

理论建构 200，203，204

刘邦创业集团（刘邦平民创业集团） 53，69，74，75，77～79，150

民风 37，73，84，85，90，92，93，105，110，146

民间意识 200，203，204

平民构成 13，14，52，53

平民化 5，7，13，17，39，44～46，73，74，77，79，84，85，94，95，109，111，124～126，128，129，133，134，137，138，140，142，144，145，147，150，151，155，156，192，195，196，203，208，211，213，214，217，218

平民化思想因素 148，155，173

平民性（平民性质、平民性格） 17，23，18，52，67，109，124，131，137，145，147，148，149，150，151，203，213，216，215～218

平民意识 17，21，23，37，38，40～45，53，58～60，68，72～74，78，79，85，86，94，125，129，139，144，155，173，194～196，198，204～206，208，209

平民政府 14，44，52，74，145

平民政制 78

普遍心理倾向 22

器物 73～75，78，110，145，148，156，157

清静无为 36，38～40，42～44，58，64，65，69，94，95，109，145，147，155，156，173，193

人格塑造 77

人性论 123，124，188，192，213，216，226，232，238

儒学复兴 98，221，227

儒学史 1，94，220，222，231

儒学思潮 2，3，5，7，45，110，111，193，220，222，227，231

三老 86～88，90，95

上层建筑 1，2，86

上层社会的新一代（新一代上层社会、上层社会新一代） 52，58，59，60，68，133，156

社会阶层 2，10，15～17，92，113

社会结构 1～3，5，7，9，13，14，17，37，44，74，95，111，150，151，156，172，173，192，193，195，208，218，227，232

社会结构变化 5，195

社会结构理论（社会结构论） 1，2

社会流动 2，3

社会身份 17，78

社会思潮 2，23，32，36，37，44，217，220，224，236

社会位置 2，7～11，13，14，23

社会下层（平民阶层） 8，11，14，17，74，96，98，124

社会心理 13，17，36，37，209

社会意识 2，17，45，126
生活方式 17，18，116，192，217
诗书礼乐 10，19，21，59，113
世官世袭制 9，12，13
事实义 122
思想成分 80，150，208，209，216，218
思想观念 2，17，35，36，51，52，59，62，118，144，203，205，208
思想史 1，3，11，26，35，38，40，90，125，140，147，151，152，155，167，188，189，192，194，198，220，223，225～227，231～233
思想性格 22，28，37，53，193
王朝中央与地方诸侯 35，36
文化教养 18，19，21，46，47，50～53，59，67，69
文化认同 2
文化性格 22，113，116，118，123，124，129，130，133，137，143～145，148，150，151，155，167，172，173，188，191～193，199，212，217～219
五行之德（五德） 62，63，65，215
小传统 84，85，93，110，195，200，203，207，208，221
孝亲观念 85，86，88，90，92～94，110
心性 113，117，118，121，122，124，128～130，137，139，142，143，165，171，172，180，184，187～189，191～193，211，215，217～219，225
心性修养 122，123，165，172，174，180，186，188，192，211，214
新体系（新思想体系） 194，196，204，208，209，213，218，226

刑法 21，42，43，48，61，62，81，91，117，132
性恶论 129，139，189，213～216
性格特征 191，209，213，214，216，218
性善论 121～124，129，188～192，213～216
荀学 113，124，129，133，134，137，139，145，192，196，199，203，208，216
仪法 62，63，74，80，81，84，95，149，209，211，217，219
阴阳五行 200，203～206，208，218，221
游民 17，21～23，37，38，40，42～44，53，74，75，77，86，87，94，144，145，147
游民品性 23
游民文化 21，22，232
游民意识 17，21，23，37，38，42～44，74，94，144，145
长者 18，27～30，32，42，51，65
政治操作 39，127，129，142，155，196，204，208
政治格局 39，195，208，214
政治领域 2，5，45
知识精英 85，94，110，221
执政人员 14，15，44，45，52，58，68
指导思想 3，23，34～36，40，44，58，59，68，71，94，223
中国社会 1～3，21，22，223，224，231～233，235，237，238
中央集权 35，36，223
周代贵族文化 37，114
周文化 10
自然主义 27，38，41，43
宗法 8，10～13，37，59，133，165，167，217，223

249

宗法社会 8，223，224

宗法制度 8~10

重要文献索引

春秋繁露 108，196~203，205~207，209，211~216，229，238

春秋时代的德行伦理与早期儒家伦理学的特点——兼论孔子与亚里士多德伦理学思想的异同 165，234

春秋事语 50，238

大戴礼记 105，229

道德经 28，41，145，146，177，184，185

董学探微 3，226，233

读通鉴论 153，229

风俗通义 26，60，229

阜阳汉简简介 50，234

高士传 25，47，228

古代思想文化的世界——春秋时期的宗教、伦理与社会思想 165，230

管子 21，93，187

贵族的与平民的 123

贵族精神和现代性批判 123，237

郭店楚简儒家人性思想的现代诠释 123，237

郭店楚墓竹简 123，229，230，234

郭店楚墓竹简中的儒家人性言论初探 123，234

国史大纲 14，19，44，232

国语 9，19，124，158，166，229

韩非子 11，39，95，128，214，229

韩诗外传 100，108，115，174~192，212，228，236

汉初"黄老道德之术"剖析 36，237

汉初黄老思想论辨 36，235

汉初墓葬与汉初思想的儒学特征 235

汉初儒学对原始儒学的综合和发展 234

汉代思想史 3，26，35，38，40，140，151，152，188，189，192，198，223，226，227，231

汉帝国的建立与刘邦集团 17，52，231

汉赋研究基本课题的回顾与前瞻 33，238

汉儒称"儒学"为"儒术"考 72，235

汉书 15，16，22~26，28，29，33，40，42，43，46~52，56，59~70，72，74~77，79~81，83~88，90~92，94，96~104，106~109，131~133，149，152，165，174，194~196，198，199，205，206，209，214，228，229

汉武帝"独尊儒术"考实 224，237

后汉书 47，80，86，228

黄老之学通论 232

贾谊集 93，101，105，108，151~158，161~164，167~172

贾谊评传 171，232

江陵张家山汉简（奏谳书）释文 230

经典释文 103，107，150，228

经济与社会 204，205，233

经学历史 24，228

孔丛子 75，228

孔子家语 116，117，229

礼记 8，18，39，51，82，83，104，105，113，114，116，151，160，229

历史哲学 14，21，60，74，124，224，225，232

两汉经学今古文平议 72，232
两汉思想史 140，147，151，155，167，188，225，232
两汉易学史 98，230
吕思勉读史札记 64，220，224，232
论汉代道家的人生观在汉赋中的表现 34，238
论衡 11，80，228
论经学史二种——中国经学史的基础 98，106，232
论语 108，109，114~118，122，128，136，140，160，166，178，181，189，228
孟子 63，108，109，113，118~124，129，171，181，186~192，212，215，225，228
廿二史札记 1，11，12，14，229
七世纪前中国的知识、思想与信仰世界 226，230
秦代的儒生与儒学 86，237
秦汉史 34，42，220，222，224，231，232，234，235
秦汉思想史 3，223，233
秦汉新道家略论稿 72，232
秦汉学术社会转型时期的思想探索 232
秦汉之际的受命改制说与儒学独尊 224，234
秦后第一儒——陆贾 147，235
全汉赋 32，33，230
人的潜能和价值 125，233
人论 203
儒学的历史文化功能——以中古士族现象为个案 223，230
儒学与汉代历史文化——陈启云文集二 38，58，110，203，222，230

尚书 23，60~62，82，95，96，100，101，103，107，108，114，119，201，228，232
沈寄簃先生遗书 81，232
诗经 10，48，50，62，103，119，120，177，186，187，221，229，234
史记 7，8，12，13，15，17，20~22，25~30，32，33，37，38，40~43，47~50，60~68，70，71，73~79，86，90~92，95~104，106，109，131，150，155，181，207，229
士与中国文化 9，41，85，221，233
世袭社会及其解体：中国历史上的春秋时代 9，10，19，113，231
试论汉初儒学发展的历史地位 222，236
试论儒学是汉初的统治思想 221，235
天命和正当性：从韦伯的分类看儒家的政道 206，237
武威磨咀子汉墓出土王杖十简释文 88，230
西京杂记 33，50，228
先秦政治思想史 11，125
新编中国哲学史 122，225，230，231
新语 103，106~108，132~140，142，144~147，229，231
荀子 7，113，125~130，133，134，136~139，141~145，147，148，150，151，155，161，171，172，178，179，188~192，196~199，204，214，216，226，227，229，234
也谈汉唐宇宙论儒学的评价问题 225，234
易经 30，98
游民文化与中国社会 21，22，232
张家山汉简所反映的二十等爵制

15,235
中国古代思想文化的历史论析 230
中国人性论史 123,124,232
中国思想通史 1,26,150,197,223,225,226,231
中国哲学发展史 21,34,35,38,140,223,232
中国哲学史新编 2,36,150,230
中国政治革命不成就及社会革命不发生之原因 21,22,46
周礼 82,127,134
周秦社会结构研究 9,13,232
朱子语类 80,228
庄子 25,26,31,32,34,95,115,122,212,234
作为人文教养的早期儒学——兼谈先秦社会历史演变中的贵族与平民 128,234

后　记

　　生于安和静逸的闽北，学于堂皇深邃的京城，小成于喧腾开阔的岭南，行于悦目心怡的集美，这是我迄今的人生履迹。

　　闽北是我生命世界的开始。闽北这片地域，朱子九百年前即在此潜心向学，其综罗百代，开一代新学，衣被天下，闽北的安和静逸实乃近千年人文化成的结果。在上大学之前，我在那里度过了十几年的时光，庆幸自己的人生起步从这里迈出。

　　1982年和1993年，我两次入读北京师范大学哲学系，在这里我有幸受教于周桂钿和郑万耕两位先生，两位老师的春风化育，使我有机会系统了解中国传统哲学与文化思想。1997年，又承蒙冯达文先生不弃，赴广州中山大学哲学系攻读博士学位，冯师的大家风范，点滴在心，仰之弥高，历久弥新。回味北京和广州两地的求学，周桂钿、郑万耕和冯达文三位老师都予我治学方面的甚多指导、点提，遗憾的只是我学业不精，得一漏万。今时过境迁，在治学方法上，周桂钿和郑万耕两位老师对文献典据的强调，仍为我反复咀嚼，而冯达文老师对问题意识的注重，尤有深感。

　　汉初儒学研究是我博士论文的选题，论文完成于2002年，这篇七万字论文以社会的平民化变迁为视角对汉初儒学展开讨论，但论文通过答辩后，觉得虽然论文的视角新颖，但全文不足亦非常明显，在两个方面上尤甚。第一，论文以社会结构视角探讨汉初儒学变化，社会平民意识排斥儒学成为社会主导思想；平民意识促成汉初儒学文化在礼仪、器物、民风等层面上的展开，这是本书的两个重要论点，但两个论点之间存在怎样的关联，论文的论述尚不通透。其二，以平民化变迁为视角论述儒学由先秦到汉初的学理变化，仍然乏力。

　　除了闽北和京广两地的求学，剩余的其他主要时岁，我是在就职的城市——厦门度过。在厦门，我供职于集美大学，这所大学脱胎于嘉庚先生百年前创办的数所学校。嘉庚先生早在20世纪30年代就说过"吾民族赖以不堕者，统一之文化耳，今日一人之文化可传他日千人万人之文化"。在晚年，嘉庚先生又将自己为集美学村建设的最后一栋校舍命名以"道南"，使自己一生的倡教兴学落笔于"吾道南矣"之"道南"二字，于此可见嘉庚先生期待中国文化兴盛的内心情愫！从广州回到厦门，在嘉庚先生创设的这样一个文化天地里,我接续博士论文的后续工作,这项工作又恰是对传统儒学文化的研究,此地斯情,甚有荣焉!

经过三年时间的审读和梳理文献资料,补充添加,尤其在充实考古挖掘新材料的基础上,论文的论述得以完善,并最终能作为国家社科基金后期课题成果以书稿形式交付出版社。

从闽北出发,入读在北京师范大学和中山大学,一路走来,最后在集美学村这片文化天地里自由徜徉,这本书算是我在这个旅程上的一大收获。这本书能得以出版,我尤其要感谢冯达文、周桂钿和郑万耕三位可敬可亲的老师,也尤其要感谢与我相伴、相知的家人、亲人。此外,我还要诚挚感谢在我成长途程中帮助和支持过我的众多师长,衷心感谢在我文化探究途程上相互激励、共同偕行的诸多友人、同道。当然,我还要感谢对我的课题进行评议的几位不具名的评审专家,因为有他们对我的课题的充分肯定,才使我的研究能够入列国家社科基金项目。最后,我要特别感谢社会科学文献出版社的杨春花、张剑和许力三位编辑,因为她们的细致而认真的工作,才使拙作避免文字和表达上的诸多缺漏或失误,得以顺利面世。

图书在版编目（CIP）数据

社会的平民化变迁与儒学变化：对汉初儒学的一种审视／肖仕平著 .—北京：社会科学文献出版社，2013.11（2017.9 重印）
（国家社科基金后期资助项目）
ISBN 978－7－5097－4616－5

Ⅰ.①社… Ⅱ.①肖… Ⅲ.①儒学－研究－中国－汉代 Ⅳ.①B222.05

中国版本图书馆 CIP 数据核字 （2013） 第 097931 号

国家社科基金后期资助项目
社会的平民化变迁与儒学变化
——对汉初儒学的一种审视

著　　者／肖仕平

出 版 人／谢寿光
项目统筹／宋月华　杨春花
责任编辑／张　剑　许　力

出　　版／社会科学文献出版社·人文分社（010）59367215
　　　　　地址：北京市北三环中路甲 29 号院华龙大厦　邮编：100029
　　　　　网址：www.ssap.com.cn
发　　行／市场营销中心（010）59367081　59367018
印　　装／北京京华虎彩印刷有限公司

规　　格／开　本：787mm × 1092mm　1/16
　　　　　印　张：16.5　字　数：290 千字
版　　次／2013 年 11 月第 1 版　2017 年 9 月第 3 次印刷
书　　号／ISBN 978－7－5097－4616－5
定　　价／69.00 元

本书如有印装质量问题，请与读者服务中心（010－59367028）联系

▲ 版权所有 翻印必究